钟 泰 著

钟泰著作集

庄子发微

上

2

上海古籍出版社

整　理　说　明

  《庄子发微》系钟泰先生晚年最重要的著作,为其毕生研治庄学的结晶。在早年著作《中国哲学史》中,钟泰认为庄子"学贯孔、老二家",而在《庄子发微》中则认为自己此前仍旧"不免影响之见",最终确立庄子之学根本孔子,为孔门颜子一脉正传。

  庄学源远流长,派别繁多,有以道解庄者如褚伯秀《义海纂微》,有以儒解庄者如宣颖《南华经解》,有以佛解庄者如憨山德清《内篇注》,有以文解庄者如刘凤苞《雪心编》。《庄子发微》或可归入"以儒解庄"一脉,但其丰富性非只"以儒解庄"四字便可囊括。钟泰先生深于训诂,对清代朴学家治庄成果多有驳正;长于义理,于庄子繁难论说皆剖析精微;又时时会通庄子与六经及先秦诸子,同异互见;尤可称道的是其注重内七篇乃至三十三篇的内在联系,以庄解庄,真正做到了"道通为一"。《庄子发微》甫一问世,便为当时学界所推重,如熊十力致钟泰信札中,便盛赞其"诚不朽之作,庄子之学,如后来有人研究,必不能忽视此书也"。

  书成后,在六十年代前期曾以石印本印行,惜流传不广,今已罕

见。八十年代末据此印本,由骆驼同志重为标点,排印出版。钟泰弟子蒋礼鸿先生为本书撰写了"引言"。

此次收入《钟泰著作集》,除订正旧版部分标点、文字疏误外,又划分了段落,以便利读者。

目　　录

1

目　录

庄子发微卷之五

庄 子 发 微 引

　　先师钟钟山先生以邃于老庄闻,其于庄子之书沉潜盖数十年,以为庄子之书一淈于道家,再淈于神仙家而其旨晦。其淈于神仙家,学者能辨之;其淈于道家,鲜有能辨者。韩退之、苏子瞻,或以为周之学出于子夏,或以为周之于孔子阳挤而阴助,乃与世之论庄周者异。然亦但求之于文,未能会通庄书之蕴与其宗本,未知周之内圣外王之学乃宗于孔氏而为颜渊之传也。即师之所见,亦尝以为周之学盖兼综儒老,晚乃知其不然,斯可谓学与年进,探本握枢者矣。既病解庄者之多失,乃比类六经之旨,较以苦县之书,以为《庄子发微》一书,沈吟篇章,反复义旨,博考而详说之,其于阐发庄旨,粹然成一家之言,尚论者必不得而遗也。予小子,于庄书之闳深而肆,师说之缜密以栗初无会解,既以其书介上海古籍出版社刊行,姑缀数言以为引云。

一九八二年八月二十二日,弟子蒋礼鸿志。

庄 子 发 微 序

　　自司马迁作《史记》以庄子附《老子传》中，班固《汉书·艺文志》用刘歆《七略》入庄子于道家，逡世遂以老、庄并称，而庄子之学半晦；自方技之神仙家与诸子之道家混，隋、唐之际被《庄子》以《南华真经》之名，其后疏注《庄子》者如成玄英、褚伯秀之伦，多为黄冠羽士，视《庄子》为修真炼气之书，而庄子之学全晦。庄子之非神仙家，今之学者或能辨之；若其非道家而不同于老子，则能辨之者鲜矣。

　　予之始读《庄子》也，于《天下篇》庄子自述其学特与老子异，已窃疑之。及观《说剑篇》中乃有"夫子必儒服"之语，以为如《史记》列传所言庄子方剽剥儒、墨，以诋訾孔子为事，何其门下为文反称其儒服？使非其实，门人又何为而诬之？疑之益深。其后读韩愈、苏轼之文。愈谓孔子之道源远而末益分，子夏之徒有田子方，"子方之后流而为庄周"；见《昌黎集·送王埙秀才序》轼则云"庄子盖助孔子者"，又云庄子于孔子，盖"实予而文不予，阳挤而阴助之"，"其论天下道术，自墨翟、禽滑釐、彭蒙、慎到、田骈、关尹、老聃以至于其身，皆以为一家，而孔子不与，其尊之也至矣"。见《东坡集·庄子祠堂记》于是而知古之人固已有先我而疑《史记》、《汉书》为不足信，而不欲从之者，则予之疑为非妄发，因

1

复尽检《庄子》三十三篇之书而研核之。其称孔子,或曰孔子,或曰夫子,而于老子,则每曰老聃,轻重之间固已甚有别矣。其引述孔子之言,除《盗跖》《渔父》之篇出于其末流假托者外,多至二十有八,若老子之言才十有四,又什九皆与孔子相问对。夫孔子尝问学于老子,老子于孔子不时有箴砭之辞,此皆无足深讳。《寓言篇》:"庄子谓惠子曰:'孔子行年六十而六十化,始时所是,卒而非之,未知今之所谓是之非五十九非也。'"以是意推之,则其引老子之所以箴砭孔子者,正以见孔子之学之化而日进,是固孔子之大,而非必老子之道果胜于孔子也。以庄子表章之意而目之为诋訾,不亦谬乎?

抑《田子方篇》有云:庄子见鲁哀公,曰:"鲁少儒。"哀公曰:"举鲁国而儒服,何谓少乎?"庄子曰:"公固以为不然。何不号于国中曰:'无此道而为此服者,其罪死!'"于是哀公号之,五日,而鲁国无敢儒服者。独有一丈夫儒服而立乎公门,公即召而问以国事,千转万变而不穷。庄子曰:"以鲁国而儒者一人耳,可谓多乎?"注家于此皆言此一丈夫意指孔子,夫曰丈夫指孔子是已。然庄子何以推尊孔子如是其极?岂非以其所愿学者孔子,故托为此文以自见其意欤?是观于《天下篇》致慨于内圣外王之道暗而不明、郁而不发,而特叙六经于百家之上,向往于邹鲁之士、搢绅先生犹能明之,不难比类而得。然则庄子之为儒而非道,断断然矣。

若其言论时出入于老氏,则小大精粗道术本自有其相通之处。予向亦尝以为庄子殆兼孔、老两家之传,及今思之,是犹不免影响之见。庄子之学,盖实渊源自孔子,而尤于孔子之门颜子之学为独契,故其书中颜子之言既屡见不一,而若"心斋",若"坐忘",若"亦步亦趋","奔轶绝尘,瞠若乎后"云云,皆深微精粹不见于他书。非庄子尝有所闻,即何从而识之?更何得言之亲切如此?故窃谓庄子为孔门颜子一派之传,与孟子之传自曾子一派者,虽同时不相闻,而学则足以并峙。由是以观韩、苏之言,虽亦微有窥见。韩言出于子夏之徒田子方,既无有佐

证,不足据。若苏云阳挤孔子而阴助之,实予而文不予。遍翻内外诸篇,即未见有挤孔子而不予之文;若其有之,则亦唯有子瞻所不取之《盗跖》、《渔父》等篇而已。是不得不深惜夫二子之仅通乎庄子之文,而犹未能穷庄子之学之真际也。

或曰:庄子信为儒而非道矣;则其数讥儒、墨之是非,且有儒以诗礼发冢之论,抑又何欤?曰:子不读《荀子》之言乎?《荀子·儒效篇》差儒之等为三,曰俗儒,曰雅儒,曰大儒;而《非十二子篇》则曰子张氏之贱儒,子游氏之贱儒,子夏氏之贱儒,颇肆其丑诋。夫荀子岂非儒哉?盖欲存儒之真者,必绌儒之伪,孔子之所以恶似而非者也。庄子之意讵异于是?且读一书,必观其全,探其本,而后始能得其宗趣之所在。《庄子》之文,已固参差而难齐,深闳而难竟,而况注家又缴绕之以玄言,错乱之以训诂,则宜乎究其趣旨者之不易得也。予无似,其沈潜于是书者固有年矣。病夫旧注之多失也,因比附六经之义,亦兼采老子之说,为之疏通而诠释之,名之曰《庄子发微》。其有由是而上穷庄子之蕴以补予之不逮,使内圣外王之道不终湮没于世,此则区区之深望也夫。

庚子年秋九月钟泰序于海上之寓庐

3

庄子发微卷之一

内 篇

《汉书·艺文志》,《庄子》五十二篇。无内篇、外篇之名。至唐陆德明作《经典释文》,所收崔撰注二十七篇,云:"内篇七,外篇二十。"向秀注二十六篇,云:"一作二十七篇,一作二十八篇。亦无杂篇。"其云无杂篇者,谓分内、外篇与崔本同也。司马彪注五十二篇,云:"内篇七,外篇二十八,杂篇十四,解说三。"郭象注三十三篇,云:"内篇七,外篇十五,杂篇十一。"又李颐《集解》三十篇,云:"一作三十五篇。"孟氏注五十二篇,并未及内、外篇之别。自陆氏作《音义》,以郭为主,兹后,崔撰各本并绝,所行惟有郭注。

说者每疑《庄子》内、外篇之目,率由注家意为更订,非庄学之徒相传之旧。顾细考之,外篇、杂篇,崔本以下虽各不同,若夫内篇,则各家皆七,无有违异。此自有所依据,当庄书原本如是。不然,安得各家皆巧合也?《艺文志》不言内、外者,盖本《七略》旧例。如儒家《孟子》十一篇,实内篇七,外篇四,赵岐《孟子题辞》言之甚详,而《志》则不分。今据《汉志》,遂谓《庄子》本无内、外篇,殆非其实矣。陆氏《庄子释文·齐物论篇》"夫道未始有封"条引崔云:"《齐物》七章,此连上章。而班固说在外篇。"据此,则《艺文志》五十二篇,即已有内篇、外篇之分矣。七篇篇名,各有其义,与外、杂篇取篇首二三字为名者迥殊,是岂郭子玄辈所能臆造?即此一端,七篇之别于外、杂篇而自为一类,彰彰显甚。

故窃以为外、杂篇有可疑,而内七篇则无可疑;外、杂篇有非庄子自作,而内七篇则非庄子莫能为。《天下篇》深致慨于内圣外王之道暗而不明,郁而不发。而此内七篇,则所以反复发明内圣外王之学者也。是故《消摇游》之辨小大,为内圣外王之学标其趣也。《齐物论》之泯是

非，为内圣外王之学会其通也。《养生主》，内圣外王之学之基也。《人间世》，内圣外王之学之验也。《德充符》，则其学之成，充实而形著于外也。若是，斯内可以圣，而外可以王矣。故以《大宗师》、《应帝王》二篇终之。"宗师"者，圣之异名。"帝"者，王之极致也。是故内七篇分之则七，合之则只是一篇。观《消摇游》以南冥北冥起，而《应帝王》以南海之帝、北海之帝收，首尾照应，亦可见也。

是故欲通《庄子》，当以内七篇为本经，而以外篇、杂篇为佐训。外篇十五，杂篇十一，纵说横说，莫有能出七篇外者。而其瑕瑜纯驳，以七篇印之，则如判黑白，无所隐遁。校勘之家，未能观于《庄子》大旨，因后世诸书所引《庄子》内、外篇文与今本间有出入，乃进而疑及内篇亦多伪托，是则区区所未敢苟同者也。

消摇游第一

"消摇",叠韵谜语也。外篇《天运》曰:"以游消摇之虚……消摇,无为也。"此谓无为则得消摇,非以消摇即是无为也。试析而言之。

"消"者,消释义。《田子方篇》云:"物无道,正容以悟之,使人之意也消。"杂篇《则阳》云:"非相助以德,相助消也。"是也。"摇"者,动荡义。外篇《天地》云:"大圣之治天下也,摇荡民心,使之成教易俗。"《则阳》篇云:"复命摇作,而以天为师。"是也。盖消者,消其习心,摇者,动其真机,习心消而真机动,是之谓消摇。惟消摇而后能游,故曰"消摇游"也。

训诂家每谓谜语当求其义于声,不得求其义于字。不知声与字不相隔,离字而专求声,则堕入于虚,未为得也。读《庄子》不可不通训诂,而泥于训诂,则不能以读《庄子》。此亦其一例也。

"游"者,出入自在而无所沾滞义。一字曰游,双言之则曰浮游。外篇《山木》云:"乘道德而浮游。"又云:"浮游乎万物之祖。"是也。言游又言浮者,浮者,不沈溺也。惟能浮而后能游。此其理,善泅者无不知之。故外篇《达生》言丈夫之游于吕梁也,曰:"与齐俱入,与汩偕出,从水之道,而不为私焉。""与齐俱入"者,游也。"与汩偕出"者,浮也。

5

游之义盖取诸此。孟子谓宋句践曰："子好游乎？吾语子游：'人知之，亦嚣嚣；人不知，亦嚣嚣。'"见《尽心篇》赵岐注曰："嚣嚣，自得无欲之貌。"就己言则曰"自得无欲"，对物言则曰"不为私"。庄子之言游，与孟子之言游，意略同矣。

窃谓《庄子》一书，一"游"字足以尽之。故今三十三篇，内篇以《消摇游》始，外篇以《知北游》终，其余各篇，语不及游者殆鲜。而《天下篇》自道其学，则曰："彼其充实不可以已，上与造物者游，而下与外死生、无终始者为友。"旨趣所寄，不尤为可见乎？

"消摇"，各本多作"逍遥"；"游"，多作"遊"，实非其旧。《释文》云"亦作"者，是也。因正之。

北冥有鱼，其名为鲲。鲲之大，不知其几千里也。化而为鸟，其名为鹏。鹏之背，不知其几千里也；怒而飞，其翼若垂天之云。是鸟也，海运则将徙于南冥。南冥者，天池也。

"冥"，一作溟。冥其本字，加水旁作溟者，后人改也。何以知之？外篇《在宥》云："至道之精，窈窈冥冥。"《天地篇》云："视乎冥冥，听乎无声。冥冥之中，独见晓焉。无声之中，独闻和焉。"《知北游篇》云："昭昭生于冥冥，有伦生于无形。"一书所以发端于"北冥"者，即取冥冥之义。若径作溟，则其义失矣。《释文》引梁简文帝云："窅冥无极，故谓之冥。"观"窅冥"之解，亦作冥不作溟之证。且下文曰："穷发之北，有冥海者，天池也。"于"海"上加"冥"字，作冥则可，若作溟，则曰溟又曰海，为不辞矣。北于《易》为坎之方，南为离之方。《说卦传》曰："离也者，明也。万物皆相见，南方之卦也。圣人南面而听天下，向明而治，盖取诸此也。"夫离南为明，则坎北为暗可知。鲲化为鹏，由北而南徙，象昭昭生于冥冥也。然南亦谓之冥者，名从其朔，且以见微显一源，非有二也。老子曰："此二者同出而异名，同谓之玄。"庄之言冥，犹

老之言玄,故扬子云以玄对白,义可见也。见雄所作《解嘲》,曰"人有嘲雄以玄之尚白"云云。

曰"鱼"者,取象于卦之中孚。《中孚》曰:"豚鱼吉。"是也。"豚鱼",从虞氏《易》。卦气起于中孚。郑康成(玄)曰:"中孚为阳,贞于十一月子。"正坎之方也。"其名为鲲"者,"鲲"之为言混也。老子曰:"有物混成,先天地生。"是也。继之曰"鲲之大不知其几千里",则所谓"吾不知其名,字之曰道,强为之名曰大"者也。并见老子书。

"化而为鸟"者,取象于卦之小过。《小过》曰:"有飞鸟之象焉。"是也。中孚旁通小过,故鱼化而鸟。康成曰:"小过为阴,贞于六月未。"则正离之方也。中孚阳而小过阴者,中孚之大象为离,而小过之大象为坎也。大象为离而居坎方,大象为坎而居离方,阴阳互根,是乃所以为易也。知夫阴阳互根之理,则知北称冥,而南亦可曰冥矣。"其名为鹏","鹏"之为言明也。《坤卦》曰:"利西南得朋。"得朋犹得明也。详见虞氏《易》。

鹏言"背",艮之止也。言"怒而飞",震之动也。"海运"者风,巽也。"天池"者泽,兑也。盖于是坎离震巽艮兑,六子之卦,无不具备。六子之卦备,即六十四卦无不备,而总之者则为乾坤,故后有"乘天地之正,而御六气之辨"之言也。

若以乾卦六爻说之,则鲲者,初爻之潜龙;豚鱼,犹潜龙也。化者,二爻之见龙;怒者,四爻之或跃在渊;飞者,五爻之飞龙在天;后言飞而有待于风之积,则三爻之终日乾乾;去以六月而必息,又所以免于上爻之亢而至悔也。是故庄子之言,多取象于《易》,而取义于老。取义于老,人或知之;取象于《易》,则知之者鲜矣。兹故特为发之。又当知庄出于《易》,老亦出于《易》。苟不明《易》,不能通庄,即亦不能通老。不能通老,则庄之取义于老者,实亦不能通也。故吾尝谓学者不可不先明《易》,以此也。

齐谐者,志怪者也。谐之言曰:"鹏之徙于南冥也,水击

三千里，抟扶摇而上者九万里。去以六月息者也。"野马也，
尘埃也，生物之以息相吹也。天之苍苍，其正色邪？其远而
无所至极邪？其视下也，亦若是则已矣。

　　鲲化鹏飞，羌无事实。此《寓言篇》所谓"卮言日出，因以曼衍"者
也。"卮言"者，司马彪注云："谓支离无首尾言也。"彪之注最得庄意。
支离急读之则成卮，故假卮字用之，义不在其成为酒器也。以其为支
离之言，故又托于"齐谐"以实之。曰谐曰怪，明其为"谬悠之说、荒唐
之言"，语见《天下篇》欲读者之忘言而得意也。"得意忘言"，语见《外物篇》。
孟子言"齐东野人之语"，此云"齐谐"，盖齐地滨海，滨海者人多玄想，
多玄想者多诞辞，邹衍之伦所以谈大九州也。

　　"水击"者，翼击水面而行也。翼击水面三千里，然后"抟扶摇而上
者九万里"，言其不轻举也。《易·升卦》曰："南征吉。"象曰："君子以
顺德，积小以高大。"顺之为言渐也，即不轻举之义。下文言"水之积"、
"风之积"，盖根于此矣。"扶摇"者，飚也。《尔雅·释天》曰："扶摇谓
之猋。"猋与飚同。郭璞注曰："暴风从下上。"是也。古扶字读重唇，故
急读之则曰飚，缓读之则为扶摇。此不言飚而作扶摇者，亦取有摇荡
之义。摇荡犹鼓舞也。"抟"之为言专也。老子曰："专气致柔。"此言
风犹言气，观"以息相吹"语可见，故曰"抟扶摇而上"，以表抟风即是专
气。各本"抟"有作"搏"者，则传写之讹。章太炎《庄子解故》反以作
"抟"为形误，而曰风不可抟，盖未明庄子之旨也。"上者九万里"，《乾
卦》九五飞龙之象也，后云"乘云气，御飞龙，而游乎四海之外"，即承此
文而言。"去以六月息者也"，谐之言止此。"息"者，止也。六月而止，
所以免于亢龙之悔，已见前注。

　　《庄》书"息"字有两义：一者息止之息，如此"以六月息"，及《大宗
师篇》"息我以老"是也；一者气息之息，如此"生物之以息相吹"，及《大
宗师篇》"其息深深，真人之息以踵，众人之息以喉"是也。或"以六月

息"之息与"以息相吹"之息一例释之,误之甚也。

"野马"者,泽地游气,晓起野望可以见之,形如群马骤驰,故曰野马。野马、尘埃,皆气机之鼓荡,前后移徙,上下不停,故曰"以息相吹"。此云"以息相吹",犹《齐物论篇》之言"大块噫气"矣。野马尘埃而谓之"生物"者,所谓生生之谓易,见《易·系辞传》以其流动而变化言,非如今人之言生物无生物比也。"野马"三句,盖借小以明大。"天之苍苍"三句,下之视上也。"正色"犹言本色。本色如是,抑以远而无极,故望之如是,不能臆定,故作疑辞而两用"邪"字。类书引此,"邪"有作"也"者,"也"犹"邪"也。此借下以明上,故曰"其视下也,亦若是则已矣"。"其"指鹏言;"若是"者,上之视下与下之视上无二致也。

"三千里"言其远,"九万里"言其高,"六月"言其久。三也、九也、六也,亦皆《易》象,三一卦爻数、九老阳数、六老阴数也。老子曰:"大曰逝,逝曰远,远曰反。"三"曰"字皆与"则"同。道无有不反。故曰"去以六月息",息则反矣。

且夫水之积也不厚,则其负大舟也无力。覆杯水于坳堂之上,则芥为之舟;置杯焉则胶,水浅而舟大也。风之积也不厚,则其负大翼也无力。故九万里,则风斯在下矣,而后乃今培风;背负青天而莫之夭阏者,而后乃今将图南。蜩与学鸠笑之曰:"我决起而飞,枪榆枋;时则不至,而控于地而已矣。奚以之九万里而南为?"适莽苍者,三飡而反,腹犹果然;适百里者,宿舂粮;适千里者,三月聚粮。之二虫又何知?

"负",犹载也。"覆",倾也。"杯水",一杯之水。"坳堂",堂坳也。堂坳而曰坳堂,犹《兔罝》之诗逵中曰中逵、林中曰中林。见《诗·国风·周南》古人自有此语法也。"坳",地之窊也。"芥",芥子。"胶",胶著也。"风斯在下",见鹏之在风上,而可以御风也。"培",益也,养也。

9

《庄子》言"培风",犹孟子言"养气"。见《公孙丑篇》气而不养,则暴其气,
曷以任重致远乎?"图",谋也。曰培曰图,审慎之至,其中固大有工夫
在,故两言"而后乃今",难之也。王念孙解"培"为冯。见王氏《读书杂志》
此禅师家所讥以活句为死句,不唯失其义,兼亦亡其神,不可不辩也。
"背负青天",《易·大畜卦》:"上九,何天之衢之象也。""何","荷"之本字。
负、荷一义。"天",屈也。"阀"与遏同。无有屈之、遏之者,何天之衢之
所以亨也。故此言"积",即《大畜》之畜。《大畜》言畜德,见《大畜象辞》
孟子言集义,见养气章庄子则以积风、培风为譬,其实一也。

　　"蜩",蝉之小而青色者,俗谓之知了。知了即蜩之缓读。舌头舌
上,古音相通。"学"一作鸴。"学鸠",山鹊也。"笑之"者,老子所谓
"下士闻道则大笑之,不笑不足以为道"也。"决起",决然而起,起之易
也。"枪",《汉书·路温舒传》"见狱吏则头枪地",颜注云:"枪,抵也。"
从木作枪者,言如枪之刺,见其飞势之疾也。各本有作"抢"者,妄人所
改,不可从。"榆枋",二木名。"枋",檀之类也。"时则不至",谓不至
一时,倒文也。或解"不至"为不至于榆枋者,误。"控",犹投也。不时
而投于地,时之暂也。起易、飞疾、时暂,正与"水击三千里,抟扶摇而
上者九万里,去以六月息"之文对照。盖浅学速成之徒类如此,故鸠曰
学鸠,用一"学"字微露其意。读《庄子》若此等处,皆未可轻易放过也。
"之九万里而南","之",适也。

　　"莽苍",草木翁郁之状,谓郊野也。"飡"同餐。古者抟饭而食,一
抟食为一飡,三飡而告饱,故一飡实一饭也。详见《仪礼·公食大夫礼》"果
然",谓腹饱充实,如果然也。"宿",先一宿也。"粮",行道之食。孟子
云"行者有裹粮"是也。见《梁惠王篇》"宿舂粮",豫为备也。"三月聚粮",
"聚"犹积也。久积而后足用也。"之二虫",此二虫也,指蜩与学鸠言。
"又何知",言其不足知于此也。郭象注云:"二虫谓鹏、蜩。对大于小,
所以均异趣也。"又云:"夫小大虽殊,而放于自得之场,则物任其性,事
称其能,各当其分,消摇一也。岂容胜负于其间哉?"见《消摇游》篇名下此

10

以《齐物论》义作释，非本篇之旨。本篇赞大而斥小。下文曰："小知不及大知，小年不及大年。"又曰："此小大之辨也。"其意明甚。安得谓以均异趣而无胜负于其间也。郭子玄之说，实足贻学者之惑，故特著而辩之。

　　小知不及大知，小年不及大年。奚以知其然也？朝菌不知晦朔，蟪蛄不知春秋，此小年也。楚之南有冥灵者，以五百岁为春，五百岁为秋；上古有大椿者，以八千岁为春，八千岁为秋。而彭祖乃今以久特闻。众人匹之，不亦悲乎！

　　言"知"而忽及"年"，曼衍而无极，此其所以为"卮言"也。然年为宾而知为主，故下文"不知晦朔"、"不知春秋"，仍要归于知。

　　"朝菌"，朝生之菌也。《列子·汤问篇》曰："朽壤之上，有菌芝者，生于朝，死于晦。"此"晦"谓暮。朝生而暮死，一日之物耳，故曰"不知晦朔"。"朔"，月之始。"晦"，月之终也。"蟪蛄"，蜩属。《楚辞》所云寒螀者也。春生者夏死，夏生者秋死，故曰"不知春秋"。"冥灵"，冥海灵龟也。"椿"，《禹贡》"杶榦栝柏"之杶。特曰"大"者，言其非常杶也。"彭祖"，姓钱名铿，见《世本》与刘向《列仙传》。《列子·力命篇》云："彭祖智不出尧、舜之上，而年八百。"《列仙传》有"彭祖殷末已七百六十七岁而不衰老"语，与《列子》略相近，而本书《大宗师篇》则曰："彭祖得之，上及有虞，下及五伯。"是其生于舜时，至春秋尚存，历夏、商、周三代，殆千数百岁矣。疑出语增，未可执以为实。"以久特闻"，犹言特以久闻。"久"，谓寿考也。"匹"，比也。言欲比并之。"悲"者，悲其知有小年而不知大年也。

　　汤之问棘也是已。"穷发之北有冥海者，天池也。有鱼焉，其广数千里，未有知其修者，其名为鲲。有鸟焉，其名为

鹏,背若大山,翼若垂天之云,抟扶摇羊角而上者九万里,绝云气,负青天,然后图南,且适南冥也。斥鹦笑之曰:'彼且奚适也? 我腾跃而上,不过数仞而下,翱翔蓬蒿之间,此亦飞之至也。而彼且奚适也?'"此小大之辨也。

此《寓言篇》之所谓"重言"也。"重言"者,引古先之说以为重,以见己说之未始无所根也。

"汤",殷王成汤。"棘",夏人名。《列子·汤问篇》作殷汤问于夏革。革、棘古一音,故字得通也。"穷",尽也。"穷发"犹言不毛,谓荒漠之北也。上言"南冥者,天池也",此"穷发之北有冥海",而亦曰天池者,明南北皆假象,非果为异地也。"修",长也。"大"读太,即泰山。"羊角",风名,以其盘旋回转如羊角然,故谓之羊角。"且适南冥",将适南冥也。"斥",斥泽。"鹦"一作鹦,字同,鹑之属也。上蜩与学鸠曰"时则不至,而控于地而已矣",拟自弃者之言也。"翱翔蓬蒿之间,此亦飞之至也",拟自暴者之言也。自弃与自暴虽不同,要其为小知则一也。"仞",七尺。"翱",翼一上一下。"翔",回飞也。自"穷发之北"至"而彼且奚适也",述夏棘之言。言问不言答,省文,可知也。"此小大之辨也",总结篇首以来之文。"辨",犹分也。

故夫知效一官,行比一乡,德合一君而征一国者,其自视也亦若此而已矣。而宋荣子犹然笑之。且举世而誉之而不加劝,举世而非之而不加沮,定乎内外之分,辨乎荣辱之竟,斯已矣。彼其于世,未数数然也。虽然,犹有未树也。夫列子御风而行,泠然善也,旬有五日而后反。彼于致福者,未数数然也。此虽免乎行,犹有所待也。若夫乘天地之正,而御六气之辨,以游无穷者,彼且恶乎待哉! 故曰,至人无己,神人无功,圣人无名。

"知"同智。"行"读去声。"效"谓能其事也。"比"犹周也。"征"，见信也。"若此"，"此"，斥鷃也。由知而行而德，由一官而一乡而一君一国，其中亦自有小大，然要之皆徇名而务外。故宋荣子犹笑之。"犹"言犹然，犹今当言当然。"然"者，加强语势之辞。注家有以"犹然"为笑貌者，非也。"宋荣子"即《天下篇》之宋钘、《孟子》之宋牼。见《告子篇》牼、钘、荣，并一声之转。加"子"者，尊称之也。《韩非子·显学篇》曰："宋荣子之议，设不斗争，取不随仇，不羞囹圄，见侮不辱。"与《天下篇》言"宋钘见侮不辱，救民之斗，禁攻寝兵，救世之战"，其说正合。故知是一人也。

"劝"，勉也。"沮"，沮丧之沮。"分"读去声。"辨"，别也。"竟"同境，界也。自"举世"以下，盖宋荣之所得。"且"者，发端之辞。"斯已矣"，犹言斯可矣。故曰"彼其于世未数数然也"。"数数"，犹汲汲。"世"者，世情，即指非誉、荣辱，所谓外也。"树"，立也。"未树"，言未有以自立。自立者，自得也。鷃之笑鹏，以小笑大。宋荣之笑"知效一官"数者，则以大笑小，似有间矣，顾曰"斯已矣"，犹是自足之见，斯其所得亦浅哉，故断之曰"犹有未树"。

"列子"，名御寇，书中屡称之，不独杂篇有《列御寇篇》也。《汉书·艺文志》道家有《列子》八篇。今列子之书，多后人附益，盖非其旧。其《黄帝篇》曰："列子师老商氏，友伯高子；进二子之道，进与尽同乘风而归。尹生闻之，从列子请蕲其术。中有节文列子曰：'自吾之事夫子，友若人也，三年之后，心不敢念是非，口不敢言利害，始得夫子一眄而已；五年之后，心庚念是非，口庚言利害，庚与更同夫子始一解颜而笑；七年之后，从心之所念，庚无是非，从口之所言，庚无利害，从读纵夫子始一引吾并席而坐；九年之后，横心之所念，横口之所言，横读去声亦不知我之是非利害欤，亦不知彼之是非利害欤，亦不知夫子之为我师若人之为我友，内外进矣。进同尽而后眼如耳，耳如鼻，鼻如口，无不同也。心凝形释，骨肉都融，不觉形之所倚，足之所履，随风东西，犹木叶龂壳，

鵒与干同竟不知风乘我邪？我乘风乎？’”其写乘风之状，与所以致之之功，为文甚美，为义甚密。然疑即因《庄》文，此文从而敷衍增饰之者。实则御风恃守气之譬喻耳。观外篇《达生》子列子问关尹“至人”之言可以见也。“泠然”，轻嫖貌。“福”犹善也。“致福”，即指上定内外之分、辨荣辱之竟。“旬有五日而后反”，与“去以六月息”之文相应。“旬有五日”，一旬又五日也。“六月”，阴阳消长之期数也。“旬又五日”，朔望盈亏之期数也。“有所待”，犹待乎风也。

“乘天地之正”，“正”者，《易·既济卦象传》所谓“刚柔正而位当”也。“御六气之辨”，“辨”者，变也。见《释文》。古辨、变可通用。《乾卦象传》所谓“六位时成，时乘六龙以御天”也。“恶”音乌，“恶乎待”者，《礼·中庸篇》所谓“夫焉有所倚”也。惟无所倚，是以能游于无穷。此节为一篇之正文。“至人无己”三句，则一篇之要旨。而“无己”，尤要中之要。盖非至“无己”不足以言“游”，更不足以言“消摇”也。“圣人”、“神人”、“至人”，虽有三名，至者圣之至，神者圣而不可知之称。《孟子》曰：“圣而不可知之之谓神。”见《尽心篇》。其实皆圣人也。而“无己”必自“无名”、“无功”始，故先之以“无名”，次之以“无功”。“无名”者，不自有其名。“无功”者，不自有其功。不自有者，“无己”之渐也。故终归于“无己”而止焉。

　　尧让天下于许由，曰：“日月出矣，而爝火不息。其于光也，不亦难乎！时雨降矣，而犹浸灌。其于泽也，不亦劳乎！夫子立而天下治，而我犹尸之。吾自视缺然。请致天下。”许由曰：“子治天下，天下既已治也。而我犹代子，吾将为名乎？名者，实之宾也。吾将为宾乎？鹪鹩巢于深林，不过一枝；偃鼠饮河，不过满腹。归休乎君，予无所用天下为！庖人虽不治庖，尸祝不越尊俎而代之矣。”

　　此以“圣人无名”，寄之于尧与许由之让天下，所谓“寓言”者也。

"尧",帝尧,陶唐氏也。"许由",当时之隐士也。尧以天下让许由,许由不受,亦见杂篇《让王》。司马迁《史记·伯夷列传》云:"说者曰:'尧让天下于许由,许由耻之,逃隐。'由义至高。其文辞不少概见,何哉?"盖疑于说者之言或非实也。然又云:"余登箕山,其上盖有许由冢云。"则由又似实有其人。十口相传谓之古。庄子之言最达,曰:"妄言之,妄听之。"必欲考其真伪,惑矣。

"爝火",燋火也。爝之与燋,犹嚼之与噍,古今音上下之别也。"日月"、"时雨"以比由,"爝火"、"浸灌"以自比。"难"、"劳"一义,皆言为力之多而收功之小也。"立而天下治",外篇《在宥》所谓"从容无为,而万物炊累焉"。"尸"者,尸其位也。"缺然",不足也。

"子治天下","治"读平声,下"治庖"之"治"同,余"治"读去声。辞之动静之别也。"将为名乎"、"将为宾乎",两"乎"字同,而其用则异,为名者疑辞,为宾者则决辞。言不欲为宾,反言之,故曰"将为宾乎"也。"为名"、"为宾",两"为"字皆读去声。

"鹪鹩",鸟之小者,善于为巢,取木叶而口缀缉之,俗谓之巧妇鸟。鸟小而谓之鹪鹩,犹人小而谓之僬侥矣。"偃鼠",田鼠也,以其偃行地下,故谓之偃鼠。或亦作鼹,则后起字也。"不过一枝"、"不过满腹",皆言赡己之易足也。"归休乎君",犹言"君归休乎"。"无所用天下为",犹言"无所为而用天下"。皆倒文也。

"庖",掌庖厨者。"尸",祭祀之尸。古者祭祀,以神不可见,因立人之年少而习于礼者以为之主,是谓之尸。上言"我犹尸之",亦即此义而引申者也。"祝",代主人通辞于神者。"尊",一作樽,盛酒之器。"俎"则所以载牲体者。"不越尊俎,而代之",言各有其分位,不得而挽夺也。《淮南子·泰族训》亦有此说,而文稍异,曰:"今夫祭者:屠割烹杀,剥狗烧豕,调平五味者,庖也;陈簠簋、列樽俎、设箧豆者,祝也;齐明盛服、渊默而不言,神之所依者,尸也。齐读斋宰祝虽不能,宰即庖也。尸不越樽俎而代之。"下续曰:"故法者,治之具也,而非所以为治

也，犹弓矢，中之具，而非所以中也。"两"中"字并读去声。观此，其设喻之
意可益明已。

肩吾问于连叔曰："吾闻言于接舆，大而无当，往而不反。
吾惊怖其言，犹河、汉而无极也；大有迳庭，不近人情焉。"连
叔曰："其言谓何哉？"曰："'藐姑射之山，有神人居焉，肌肤若
冰雪，淖约若处子；不食五谷，吸风饮露；乘云气，御飞龙，而
游乎四海之外。其神凝，使物不疵疠而年谷熟。'吾以是狂而
不信也。"连叔曰："然！瞽者无以与乎文章之观，聋者无以与
乎钟鼓之声。岂唯形骸有聋盲哉？夫知亦有之。是其言也，
犹时女也。之人也，之德也，将旁薄万物以为一。世蕲乎乱，
孰敝敝焉以天下为事！之人也，物莫之伤，大浸稽天而不溺，
大旱金石流、土山焦而不热。是其尘垢粃穅，将犹陶铸尧、舜
者也，孰肯以物为事！宋人资章甫而适诸越，越人断发文身，
无所用之。尧治天下之民，平海内之政，往见四子藐姑射之
山。汾水之阳，窅然丧其天下焉。"

此寄之接舆、连叔之言，以明"神人无功"也。

"接舆"，见《论语·微子篇》，谓之楚狂，则楚人也。接舆，实非名，
以其迎孔子之车，歌而过之，故记者称之接舆，犹荷蒉者称之荷蒉，见
《论语·宪问篇》晨而启门者称之晨门也。同上皇甫谧《高士传》曰："楚人
陆通，字接舆。"谓接舆姓陆名通，不知何据；若其以接舆为字，则误之
甚也。肩吾、连叔并无征。《大宗师篇》有"肩吾得之以处大山"语，然
其名在堪坏、冯夷之次，而黄帝、颛顼之前，故司马彪注以为山神，则与
此肩吾名同而实异矣。《庄子》寓言多出虚构，人之有无，可勿问也。

"大而无当"，"当"读去声，中也，谓不中事实也。"往而不反"，谓
无有归宿也。"怖"，惶骇也。言惊又言怖者，甚之之辞也。北方之水，

河为大,楚之水,汉为大。"犹河、汉而无极"者,言如河、汉之水不可得而穷其原委也。"迳"同"径",袤也。"庭",直也。袤直参差,故曰"大有迳庭",以形其不近人情有如是者。注者或用迳庭本义作释,谓如门内地与门外路之分,失之矣。

"藐姑射"之下,肩吾复述接舆之言。"藐"同"邈",远也。"藐姑射之山",言远哉姑射之山也。"姑射",山名,见《山海经》;然此特假以托意,不必实指其地。"淖约",叠韵謰语,亦作绰约,有敛约义,兼有柔弱义。"处子"犹处女也。"肌肤若冰雪",喻其纯白之备。"纯白备",语见《天地篇》。"淖约若处子",喻其守静之笃也。"守静笃",老子语。"不食五谷,吸风饮露",如《楚辞·远游》云"餐六气而饮沆瀣,漱正阳而含朝霞",喻其保神明之清澄,精气通而粗秽悉除也。"其神凝","凝"如《易·鼎卦象》曰"正位凝命"之凝,葆固而不散也。"物不疵疠",物各遂其生也。"疵"、"疠"皆病,而疠甚于疵,疫之类也。"年谷熟",无旱涝之灾也。此即《中庸》"致中和天地位焉,万物育焉"之义也。"狂而不信",以其言为狂而不信之也。"狂"读如字,从接舆为楚狂来。训诂家谓当读作诳,似之而实非也。

"与"、"观"并读去声。"知"同"智"。"无与",犹无涉也。"盲"同"瞽"。"知亦有之"者,知亦有聋盲也。"是其言",谓彼接舆所言也。"时",如《论语》"时其亡也"之时,见《阳货篇》义犹当也。"女"读汝。"犹时女"者,意谓接舆当汝,故言之只如此。若其实则犹有未尽也,故下更进而嗟叹之曰:"之人也,之德也。"既言此人,又言此德,盖几于"嗟叹之不足而咏歌之,咏歌之不足而不知手之舞之、足之蹈之"者矣。旧注如司马彪读"女"如字,以时女为即处子,固误。而或者知读"女"为"汝"矣,以"时"为"是"、"也"同"邪",谓接舆之言岂犹是汝等之见邪,混接舆与连叔之言而等量观之,失文章之层次,即亦未见其当也。"将旁薄万物以为一"八字为句,"薄"如《书·皋陶谟》"外薄四海"之薄。"旁薄"谓广被也。广被万物而包孕之,故曰"以为一"。《淮南子·俶

17

真训》云:"旁薄为一,而万物大优。"即本此文。是读至"以为一"句绝,由来旧矣。注家有以"一"字连下"世"字读,作"以为一世蕲乎乱"者,大非也。"蕲"读同"期"。"乱"如《论语》"武王曰:'予有乱臣十人'"之乱,治也。"世蕲乎乱"者,言世自期于治,若神人则何劳之有,故曰"孰敝敝焉以天下为事"。"敝敝",犹劳劳也。

"大浸"谓洪水也。"稽",至也。"稽天",犹《书》云"滔天"也。见《尧典》"金石流",镕化而流也。"土山焦",土与山并焦也。"物莫之伤",喻无"人事之患"。大浸不溺,大旱不热,喻无"阴阳之患"也。人事之患、阴阳之患,并见《人间世篇》。"尘垢粃穅",犹言糟粕也。范土曰陶,范金曰铸。"尘垢粃穅,将犹陶铸尧、舜者",即杂篇《让王》所云"道之真以治身,其绪余以为国家,其土苴以治天下,帝王之功,圣人之余事"者也,故曰"孰肯以物为事"。上文言"旁薄万物以为一",犹见有物也,此云"孰肯以物为事",则并物而忘之,盖意又更进矣。老子曰:"处无为之事,行不言之教,万物作焉而不辞。生而不有,为而不恃,是以功成而不居。"义正类此。盖于是而无功之蕴阐发无遗矣。此其所以归之于神人也。

"宋",微子封国,其都在今河南睢县。"资"犹货也。"章甫",殷冠名。宋,殷后,其冠犹存殷制,故称冠为章甫。"诸越",犹於越也。诸、於皆越人发语辞。越国,夏后,今之绍兴即其地。诸暨县之称诸,亦其声之遗也。"断",一作敦,义同。断发者无用于冠,喻无功者无用于天下与物也。"文身",涅其身以为文也。因断发而并及之,以见越人之俗不与诸国同,而宋人不能知也。"四子",设辞。郭子玄注云:"盖寄言以明尧之不一于尧耳。"然谓"明尧之不一于尧",未若言明神人之不一于神人也。若李桢以王倪、啮缺、被衣、许由实之,凿矣。"汾水之阳"四字属下读,尧都平阳,临汾水,故曰"汾水之阳"。"窅然丧其天下",盖谓见四子而归,其进境如此。"窅然",自失貌,犹怃然也。"丧其天下",忘其天下也。忘其天下,斯忘其治天下平海内之功矣。

惠子谓庄子曰:"魏王贻我大瓠之种,我树之成,而实五石;以盛水浆,其坚不能自举也;剖之以为瓢,则瓠落无所容。非不呺然大也。吾为其无用而掊之。"庄子曰:"夫子固拙于用大矣。宋人有善为不龟手之药者,世世以洴澼絖为事。客闻之,请买其方百金。聚族而谋曰:'我世世为洴澼絖,不过数金;今一朝而鬻技百金,请与之。'客得之,以说吴王。越有难,吴王使之将,冬与越人水战,大败越人,裂地而封之。能不龟手,一也;或以封,或不免于洴澼絖,则所用之异也。今子有五石之瓠,何不虑以为大樽而浮于江湖,而忧其瓠落无所容?则夫子犹有蓬之心也夫!"惠子曰:"吾有大树,人谓之樗。其大本,拥肿而不中绳墨;其小枝,卷曲而不中规矩;立之涂,匠者不顾。今子之言,大而无用,众所同去也。"庄子曰:"子独不见狸狌乎?卑身而伏,以候敖者;东西跳梁,不辟高下;中于机辟,死于罔罟。今夫斄牛,其大若垂天之云。此能为大矣,而不能执鼠。今子有大树,患其无用,何不树之于无何有之乡,广莫之野;彷徨乎无为其侧,消摇乎寝卧其下。不夭斤斧,物无害者,无所可用,安所困苦哉!"

此二节,寄之己与惠子之问答,以明"至人无己",亦"寓言"类也。

顾不曰"无己",而曰"无用"者,承上"肩吾"节"无所用之"而言,其意则以为人之有恒,己自有用而生,而其用愈大,斯其为己也亦愈坚。故必肯自居于无用,而后己始可得而无也。曾子曰:"以能问于不能,以多问于寡。有若无,实若虚,犯而不校。昔者吾友,尝从事于斯矣。"见《论语·泰伯篇》能而问于不能,不自见其能也。多而问于寡,不自见其多也。若无若虚,不自见其有,不自见其实也。要之自见其无用,自居于无用而已。注者谓"吾友"盖指颜子而言,以非颜子不能及此,故孔

子曰："回也其庶乎,屡空。""空"者,空诸所有,所谓"无己"也。然则"无用"之与"无己",其不可析也明矣。

又言无用而必先之以用大者,盖无用者,用而不自用,非实无用之谓也。是有二义:能用大而后可以无用,此一义;亦惟无用而后能用其大,此又一义也。《易·系辞传》曰:"显诸仁,藏诸用,鼓万物而不与圣人同忧,盛德大业,至矣哉!"以"藏诸用"言,则无用矣;以"显诸仁"言,则用大矣。至人之所以为至,在于盛德大业。而德之所以盛,业之所以大,则在于鼓万物而不与圣人同忧。鼓万物而不与圣人同忧,非"无己"莫能望,此"无己"之所以为至。世之解《庄子》者,每谓:"庄子之学,非不高且远也,而施之于世,则无所用。"此其见正与惠子等,恶足以窥庄子哉?

"惠子",名施,为梁惠王相,见于《国策》,其学概见《天下篇》,庄子之友也。"魏王"即惠王,名莹,魏其故封,后迁大梁,因亦称梁。"瓠",壶也。《七月》之诗曰:"七月食瓜,八月断壶。"是也。瓠、壶一音之转,缓读之则曰胡卢。"种"读上声,谓种子也。"树",植也。"实五石",实之大可容五石也。"石",量名,十斗曰石。但古斗小,不可不知。"浆",熟水。"其坚不能自举"者,瓠之为物脆而不坚,举之则将不堪,故曰不能自举也。"剖",分之为两胖也。"瓠落"犹濩落,空廓也。"无所容",无物以纳之。成玄英疏云:"平浅不容多物。"失之。果平浅不容多物,下文安得云"呺然大"乎?"呺"与枵通。李善注《文选》谢灵运《初发都》诗引此文作枵,可证。《尔雅·释天》:"玄枵,虚也。"虚而大,故曰"枵然大也"。"掊",击破之也。

"拙于用大",谓不善用大也。"龟"读如字。手坼裂如龟文,故谓之龟手。注家或读为皲。龟以形其皲,而皲非龟也,其义自别,则读皲实误也。"洴澼",漂也,漂缓读之则为洴澼,犹飙缓读之为扶摇矣。"絖"与纩通,絮也。"请买其方百金",请以百金买其方也。古金方寸重一斤,是为一金,百金则金百斤也。"聚族而谋"者,世业本不传人,

故决之于全族也。"鬻"者，賣之假借，读育，卖也。始言药，继言方，终言技者。"技"，术也。无方不能成药，不得其术则虽有方犹不成也。故在客但知买其方耳，而在宋人则必曰鬻技，谓由是而术不复可以自秘。此《庄子》文字之极细密处，读者往往忽过，可惜也，故兹聊一发之。

"说"读去声，"难"谓兵患，"将"谓将兵，亦皆去声。"大败越人"，盖得药力，不明点者，以言"冬"，言"水战"，读者自知之也。"裂地而封之"，封为邑君也。"所用之异"，用之有巧拙而其效之大小遂以判也。"虑"，计也。"计"、"忧"皆以心言，故后有"犹有蓬之心"之语。司马彪注以"虑"为结缀。虑何得有结缀之训？注家不明，而有从之者，非也。"樽"本酒器，而浮水或以用之，韩信破魏王豹，从夏阳，以木罌缶度军，袭安邑。见《汉书·韩信传》。度与渡同。罌缶即樽之类。《鹖冠子》曰："中流失船，一壶千金。"亦谓其可以浮渡也。"蓬之心"，犹《孟子》言"茅塞子之心"。见《尽心篇》心中有物，则失其虚灵之用，如蓬茅生之，故曰蓬心，亦以与上"翱翔蓬蒿之间"之文相应也。

"樗"，叶似椿，而有恶臭，俗谓之臭椿。"拥肿"，肥短而不端直也，故曰"不中绳墨"。"绳墨"，匠人所以取直者。"卷"，读如拳，不可以为方圆，故曰"不中规矩"。两"中"字皆去声，合也。"立"，树也。"涂"，大道。"匠人"，攻木之工也。见《考工记》"不顾"，过而不视也。"众所同去"，"去"与取相反。言去，犹言不取也。

"狸"，野猫。"狌"，鼪，即俗所谓黄鼠狼者。"候"，觇也。"敖"，放也，如《孟子》有"鸡犬放"之放。见《告子篇》谓放出在外，主人所不戒者也。"跳梁"同跳踉，踉亦跳也。"不辟"之"辟"读如避。"机辟"之"辟"读如闢。"机辟"犹机括、机关。阖则谓之括、谓之关，开则谓之闢，其实一也。"中"，著其中也，读去声。"罔"同网，罔其本字。"罟"亦网类。《易·系辞传》云："作结绳而为罔罟，以佃以渔。"是也。"斄牛"，旄牛也，字亦作犛，牛之最大者，毛特长，尾可以饰旄，因谓之旄牛。今

21

康藏犹畜之。"能为大矣,而不能执鼠",言其不如狸狌,此喻君子可大受而不可小知。孔子曰:"君子不可小知,而可大受也。"见《论语·卫灵公篇》。亦以应上"用大"之文也。

"无何有之乡",即"无己"之境地。"无己"则大,故又曰"广莫之野"。"广"、"莫"皆大也。"彷徨"犹徜徉。"无为",无事也。"寝卧",禅师家所谓大休歇也。"不夭斤斧,物无害者",就树言。"夭",折,犹言摧残也。"无所可用,安所困苦哉?"归结于人言。《老子》曰:"吾所以有大患者,为吾有身。及吾无身,吾有何患。"是其义也。

齐 物 论 第 二

    "齐物论"者,齐物之不齐,齐论之不齐也。言论先及物者,论之有是非、然否,生于物之有美恶、贵贱也。刘勰《文心雕龙·论说篇》云:"庄周齐物,以论为名。"后人因之,遂谓庄子有齐物之论。此大谬也。若曰论,则《消摇游》以次七篇皆论也,安得此独以论名哉!齐之为言,非如《孟子》"比而同之"之云也。"子比而同之,是乱天下也",见《滕文公篇》。美者还其为美,恶者还其为恶;不以恶而掩美,亦不以美而讳恶,则美恶齐矣。是者还其为是,非者还其为非;不以非而绌是,亦不以是而没非,则是非齐矣。《至乐篇》曰:"名止于实,义设于适。"止者不过其当,适者不违其则。不过当,不违则,此齐物、齐论之要旨也,故篇中特举《春秋》以为说,曰:"《春秋》经世,先王之志,圣人议而不辩。"夫《春秋》者,正名之书也。子曰:"名不正则言不顺,言不顺则事不成。"见《论语·子路篇》言之不顺,过当其当也。事之不成,违其则也。过当在不能明,违则在不知因。故篇中特标"以明"、"因是"两端,反复言之。文虽极其变,义则极其平,要之曰正名而已矣。人于正名则安之,于齐物论则骇之,无他,习与不习之故也。虽然,欲能明,必先去其固必之执。语本《论语》曰:"毋意、毋必、毋固、毋我。"见《子罕篇》。而去执莫如"无己",故篇以"丧

23

我"发端。欲知因,必先洞夫万物之情,而洞物莫如顺化,故乃以"物化"作结也。

南郭子綦隐几而坐,仰天而嘘,嗒焉似丧其耦。颜成子游立侍乎前,曰:"何居乎? 形固可使如槁木,而心固可使如死灰乎? 今之隐几者,非昔之隐几者也。"子綦曰:"不亦善乎,而问之也! 今者吾丧我,女知之乎? 女闻人籁而未闻地籁,女闻地籁而未闻天籁夫!"子游曰:"敢问其方。"子綦曰:"夫大块噫气,其名为风。是唯无作,作则万窍怒呺。而独不闻之翏翏乎? 山林之畏佳,大木百围之窍穴,似鼻、似口、似耳,似枅、似圈、似臼,似洼者、似污者,激者、謞者、叱者、吸者、叫者、譹者、宎者、咬者,前者唱于,而随者唱喁。泠风则小和,飘风则大和。厉风济,则众窍为虚。而独不见之调调之刀刀乎?"子游曰:"地籁则众窍是已,人籁则比竹是已。敢问天籁。"子綦曰:"夫吹万不同,而使其自已也,咸其自取,怒者其谁邪!"

"南郭子綦",以居南郭,遂以南郭为号;"綦",其字也;《徐无鬼篇》作南伯子綦。《人间世篇》亦云:"南伯子綦游乎商之丘。""伯"者,长称。"南郭"或单称南,犹南宫容亦称南容也。"隐几而坐",言其静也。"仰天而嘘",言其动也。静中有动,即《在宥篇》所云"尸居而龙见,渊默而雷声,神动而天随"之象也。下文"天籁"之义,盖已尽露于此矣。"嗒焉似丧其耦",即《田子方篇》所云"遗物离人而立于独"也。独则无耦,故曰"似丧其耦"。"嗒",一作答。"嗒焉"犹块然,故子游有形如槁木、心如死灰之问也。

"何居"犹何为也。"子游",南伯弟子。"颜成",如广成子、伯成子高之类,当是复姓也。《达生篇》言痀偻者之承蜩也,曰:"吾处身也若

24

厥株拘,吾执臂也若槁木之枝。"此形如槁木之解也。《应帝王篇》言神
巫季咸之相壶子也,壶子示之以地文,出而谓列子曰:"子之先生死矣!
吾见怪焉,见湿灰焉。"此心如死灰之解也。"如"之云者,譬况之辞,非
真成槁木死灰也。

"不亦善乎而问之也"八字句,"而"犹尔也。称其问之善,所以发
其悟也。"丧我"承上篇"无己"来。惟丧我而后能尽执,惟尽执而后能
超然于物论之外,而物论始可得而齐矣。"我"者人也。"丧我"者天
也。惟人而能天,可以齐物论之不齐,故后文曰"圣人不由,而照之于
天"。又曰"圣人和之以是非,而休乎天均"。又曰"孰知不言之辩、不
道之道,此之谓天府"也。

"人籁"、"地籁"、"天籁",虽分三名,而所欲发明者,亦惟天籁而
已。顾天籁非言语文字所可模拟状绘,不得已因托于地籁以言之,是
以子游"敢问其方",而子綦独称地籁也。"方"犹类也。"籁",箫也,即
所谓比竹。是故籁本人籁之名,地籁、天籁皆从人籁而推说之。此《庄
子》之巧于为文也。老子曰:"有无相生,难易相成,长短相形,高下相
倾,声音相和,前后相随。"夫有无、难易、长短、高下,所谓物论之不齐
也。而声音相和,前后相随,有似于此,故尽声音之道,可以通于物论。
《庄子》地籁之说,其亦本于此乎?

"大块"者,地也。"噫"读去声,犹嘘也。"是唯无作",言不作则已
也。"呺"通号,亦即號也,读平声。"翏翏",长风声,今作飂。"畏佳"
同嵔崔,状山林之高大而参差也。"百围",见下《人间世篇》。"窍"、
"穴"皆孔也,细曰窍,大曰穴。

"似鼻"以下,举窍穴之形。鼻、口、耳,取之人身。枅、圈、臼,取之
器物。"枅"即《徐无鬼篇》铏钟之铏,酒器也,似钟而长颈,或从金,或
从木者,木制则从木,金制则从金,犹盤作槃亦作鎜也,读如刑,与训横
栌音鸡者非一字也。"圈",杯圈也。"洼者"、"污者",取之地势,洼大
而深,污小而浅也。

"激者"以下,写众窍之声。"激者"、"谪者",取之水火。"激",水之击也。"谪"同熇,_{见《尔雅疏》}火之发也。"叱者"、"吸者"、"叫者"、"濠者",取之人畜。"宎者"、"咬者",取之杂声。"宎"之为言夭也。"咬"之为言交也。"宎者"声转折,"咬者"声交杂也。"前者唱于,而随者唱喁","于"、"喁"犹舆、谓也。《吕氏春秋·淫辞篇》曰:"今举大木,前呼舆谓,后亦如之。"《淮南子·道应训》作"邪许"。于喁、舆谓、邪许,并一声之转。此盖引举重之声以相况,故继之云"泠风则小和,飘风则大和"也。

"泠风",风之微者。"飘风",风之疾也。"厉风",烈风也。古厉山氏亦作烈山氏。厉、烈声通也。"济",风过也。风过则众窍为虚,与无作之前无异矣。"调调"、"刁刁",林木枝叶之摇曳也。"刁刁"如字,今俗犹有此语。各本作"刀",不知者所改也。风济声息,故不曰闻而曰见。曰"独不闻",曰"独不见",皆亲切指点处,不仅文字之妙,能绘声绘影也。

"吹"承"噫气"言,易噫而言吹者,就万窍而说之,亦切籁而名之也。"自已"之"已",读如已止之已。"使其自已",承"厉风济而众窍为虚"言。此从已者自已,以见喝者自喝,故继曰"咸其自取",言皆出于自尔,非有所主张造作于其间也。《天运篇》曰:"风起北方,一西一东,有上彷徨,孰嘘吸是?孰居无事,而披拂是?"彼但有问而无答,亦此义也。"怒者其谁邪?"反诘子游,欲其自领会天籁之旨也。《消摇游》云:"怒而飞。"《外物篇》云:"春雨日时,草木怒生。"凡怒皆天机之动也。"谁"虽疑辞,然老子言道曰:"吾不知其谁之子,象帝之先。"彼以"谁"表道,此以"谁"表天,亦在读者善会耳。

此段文字,首云"是唯无作",终云"众窍为虚",皆极有关系所在。而读者往往忽之,所以疑子綦始终未谈及天籁也,不知地籁有作止,而天籁无作止,能于无作无止处著眼,天籁固不在地籁外,亦且不在人籁外也。

大知闲闲，小知閒閒；大言炎炎，小言詹詹。其寐也魂
交，其觉也形开；与接为构，日以心斗。缦者，窖者，密者。小
恐惴惴，大恐缦缦。其发若机括，其司是非之谓也；其留如诅
盟，其守胜之谓也；其杀如秋冬，以言其日消也。其溺之所为
之，不可使复之也；其厌也如缄，以言其老洫也；近死之心，莫
使复阳也。喜怒哀乐，虑叹变慹，姚佚启态；乐出虚，蒸成菌。
日夜相代乎前，而莫知其所萌。已乎，已乎！旦莫得此，其所
由以生乎！

非彼无我，非我无所取。是亦近矣，而不知其所为使。
若有真宰，而特不得其眹。可行己信，而不见其形；有情而无
形。百骸、九窍、六藏，赅而存焉，吾谁与为亲？女皆说之乎？
其有私焉？如是，皆有为臣妾乎？其臣妾不足以相治乎？其
递相为君臣乎？其有真君存焉？如求得其情与不得，无益损
乎其真。一受其成形，不亡以待尽。与物相刃相靡，其行尽
如驰，而莫之能止，不亦悲乎！终身役役，而不见其成功；苶
然疲役，而不知其所归，可不哀邪！人谓之不死，奚益！其形
化，其心与之然，可不谓大哀乎？

人之生也，固若是芒乎？其我独芒，而人亦有不芒者乎？
夫随其成心而师之，谁独且无师乎？奚必知代而心自取者有
之？愚者与有焉。未成乎心而有是非，是今日适越而昔至
也。是以无有为有。无有为有，虽有神禹，且不能知。吾独
且奈何哉！

"大知"、"小知"，承上篇"小知不及大知"言，然上篇褒大贬小，此
篇则大小俱遣，不可不知也。先知于言者，言从知生也。自"其寐也魂
交"以下，皆就知言。至下节"夫言非吹也"，方及于言。知与言者，物

27

论之权舆也。

"闲闲",广博貌。"閒閒",有所分别也。"炎炎",美盛貌。"詹詹"犹沓沓,多言而枝也。"魂交"、"形开"互文,"魂交"则形亦交,"形开"则魂亦开。形者魄也。"接"谓所接物也。"与接为构","构"与交一义,犹《孟子》言"物交物矣"。"斗",争也。"日以心斗",《人间世篇》所谓"知出乎争,知也者争之器。"是也。"缦"、"窖"、"密"三者,由疏而密,由缓而紧,皆言心斗之状也。斗则不能无胜负,虑胜而忧负,而心无一时之恬愉矣。"小恐"、"大恐"盖生于此。"惴惴"犹可言也。"缦缦"则张极而弛,精神涣散,不可言也。

抑疏密、缓紧虽有三,而皆不离乎发与守之二境。"发若机括",言其速也。"留如诅盟",言其坚也。"留"者止也。曰守胜不言负者,欲胜不欲负也。胜负是非,于文相对,于事则相承。随是二者,胶胶扰扰,日与天远,终至不能复其初矣。"杀"谓减杀,读去声。"消",消铄也。"其溺之所为之,不可使复之也"十二字为一句,"溺"如《孟子》"陷溺其心"之溺。此"不可使复",其病在发而不知节。"厌"读如《礼记·大学篇》"见君子而后厌然"之厌,与《孟子》言"乡原阉然媚于世"之阉,音义亦通,谓闭藏也。故曰"如缄"。"洫",败也。"老洫",老而败坏也。"近死之心莫使复阳",此"莫使复"病在守而非其理。发之病毗于阳,守之病毗于阴。惟其毗于阴,故曰"近死之心",而下更明揭之曰"莫使复阳"也。《易·复卦》初爻曰:"不远复,无祇悔,元吉。"上爻则曰:"迷复凶,有灾眚。"此两不复,皆所谓迷复之凶者也。

"喜怒"以下十二字,并两两相对。"虑"在事前,"叹"在事后。"慹"同执,谓不变也。"姚"如票姚之姚,轻捷也。"佚"者安佚,"姚"之反也。"启",如《书·尧典》"胤子朱启明"之启,通达也。"态"有故为义,今俗犹有作态之言,亦"启"之反也。"乐出虚,蒸成菌",皆譬喻之辞。而"乐出虚"又遥与上人籁相应。"日夜相代乎前,而莫知其所萌","萌",始也,生也,言此十二者迭生于心,不能测其所由始也。虚

之出乐,蒸之成菌,正同乎此。

"已乎,已乎",叹辞,《庄子》书中屡有之。《人间世》云:"已乎,已乎,临人以德。"《则阳篇》云:"已乎,已乎,且无所逃。"皆是也。或读作我已之己,非也。此已字正承上"使其自已"之文。人惟不能自已,故泪没于此心之变幻中而不能自脱。叠言已乎,亦此老之亲切为人处,未可放过也。"旦莫得此,其所由以生乎","莫"同暮,"旦暮"犹后人言早晚,谓几时也。"此"即指上十二种心"相代乎前"者。此"其所由以生",直穷其源,起下真宰、真君之文也。老子曰:"万物并作,吾以观其复。夫物芸芸,各归其根。归根曰静,静曰复命。"老子于复处要其终,庄子于生处原其始,其意一也。

"非彼无我"以下一转。"彼"即"此其所由以生"之"此",以对我言,故易曰彼。离彼心,即不复有我。而离我,则又谁取此心者。故又曰"非我无所取"。"取"根上"咸其自取"言。彼我本不相离,故曰"是亦近矣。而不知其所为使","使"根上"使其自已"之"使"言。夫果有使之者,此当为吾人之主宰。然索之而"不得其朕"。"朕",兆也。故亦曰"若有真宰"而已。"若"之云者,疑似之间之辞也。"可行己信","信"如老子"其精甚真,其中有信"之信。"信",消息也。消息存乎己,故曰"己信"。"行",心行也。信虽行于心之中,而实不见其形,故结之曰"有情而无形"。"情"即信之谓也。此就夫心而欲推勘出其使之宰之者何在也。

自"百骸、九窍、六藏"以下,又就身而推勘之。"百骸",百骨节也。"九窍",眼、耳、口、鼻并下前后窍而九。"六藏",心、肝、脾、肺、肾兼命门而六也。"赅",备也。"说"同悦。"有私",谓私说也。承上"皆说"而言。"有私",则私说之外皆其隶属矣。故曰"如是,皆有为臣妾乎?""如是"二字当读。^{同逗}而臣妾无上下之分,势不足以相治,将谓其迭为君臣乎?又理势之所不能有,于是始断之曰"其有真君存焉"。"真君"即真宰,以承"君臣"言,故曰真君。真宰、真君,并直接前"怒者其谁"

29

一线说下,"谁"字虚点,"宰"与"君"则明示也。"如求得其情与不得,无益损乎其真","如"犹而也。得其情与不得,于真君并无加损。此犹佛氏言本性不以迷悟而存亡也。"成形"谓身也。"不亡以待尽",破世人常见,执此身为实有,以为可以久驻,而不知无时不在迁变以尽,故曰"不亡以待尽"也。

"靡"同劘,谓剀切之。"与物相刃相劘",指"与接为构,日以心斗"者,日消日淈,有若切劘者然。"行尽如驰,而莫之能止",所谓"溺之所为之不可使复之"、"近死之心莫使复阳"者也。此"止"与上"其留如诅盟"之"留"训止者异。"止"者已也。《易》艮上为剥,覆之则震下为复。盖惟止而后能复也,莫能止斯莫能复矣,所以可悲也。"役役",劳也。"茶"一作薾,字同,疲貌。由莫能止而不知所归,而"形化"而"心与之然",由"悲"而"哀"而"大哀",层层警动,层层唤醒,庄子之用心盖深矣,不得仅以文字观也。

"芒"同茫,昧也,谓不知也。《天下篇》云:"芒乎昧乎,未之尽者。"分之则芒与昧为两名,合之则芒昧一也。"人之生也"两句,设为诘问之辞,以起下文也。"随其成心而师之",此与《人间世篇》孔子告颜子"犹师心者也"正同一义。"成心"与"成形"相应。"成"者,一成而不变,故"成心"者,执心也。盖世之自谓不芒者,未尝不自以为得其所谓真宰、真君,而不知其非也。此变君与宰而言师者,自彼言之,则曰君曰宰,自我言之,我所师法,则曰师也。宰、君、师,随文为名,非通其脉络,《庄子》之意不易明也。其"师",则后"大宗师"是。若成心安足师!故曰:"谁独且无师。"又曰:"奚必知代而心自取者有之? 愚者与有焉。""代而心自取",即前"日夜相代乎前"、"非彼无我,非我无所取"之说也。

"未成乎心",心未执著者,所谓初心也。以是心而有是非,则下文所谓"和之以是非"者,故以惠子"今日适越而昔至"之说比之。明明今日适越,何言昔至? 此以破凡情之执,以见时光无停,当其适越之顷,

倏成过去;既成过去,谓非昔至可乎? 是非亦然。当其是也,是即旋往;当其非也,非亦旋亡。如是,则岂可执可成者? 故曰"是以无有为有"。"无有为有",《庚桑楚篇》言之甚著,曰:"天门者,无有也。万物出乎无有。有不能以有为有,必出乎无有,而无有一无有,至人藏乎是。"由是观之,"无有"者天也。人心种种变幻,皆犹地籁发为种种声响,忽起忽灭,而不知有一不起不灭之天实运乎其中也。盖至此层层推勘,知所谓真宰、真君,皆强为安名,总之一天而已。天之名亦不可执,寄之无有而已。是"虽有神禹且不能知,吾独且奈何哉!"言非知解之所能億度,所以芒昧者众也。

此节向未有如是解者,吾为此解,以为能得《庄子》之意,而深信不疑者三:一,此篇引名家之说发明己意者凡四。首即此"今日适越而昔至"之说,次则"物方生方死"之说,并见《天下篇》惠施之所谈也。再次则"指非指"、"马非马"二说,公孙龙子所谈,今犹存于其书者也。后三说皆引其文,用其义,而未尝驳斥之。如旧解,此独为反之之辞则与后三者不合,非其例矣。二,"无有为有",见于本书,乃庄子宗旨所在,亦即承袭老子"有生于无"之论。如旧解,以"无有为有"指为无稽之谈,则显与全书违戾矣。三,"虽有神禹且不能知"之言,即下文"黄帝之所听荧"之意。不独是也,如云"巧历不能得",云"万世之后而一遇大圣,知其解者,是旦莫遇之也",皆极言此理之不易知。如旧解,以禹所不知即为非实,则如兹所举数端又将何以释之乎?

或又疑曰:上文云有使之者、有宰之者,且明提出真宰、真君之名矣,而今则谓以无有为有,然则真君、真宰可谓无有乎? 夫无有者又何以为君为宰乎? 曰:是诚不易言也。则试与子读《则阳篇》少知与大公调之问答。少知曰:"季真之莫为,接子之或使,二家之议,孰正于其情? 孰遍于其理?"大公调曰:"或之使,莫之为,未免于物,而终以为过。或使则实,莫为则虚。有名有实,是物之居。无名无实,在物之虚。"又曰:"或之使,莫之为,疑之所假。"又曰:"道之为名,所假而行。

31

或使、莫为,在物一曲。夫胡为于大方?"中有节文然则真君、真宰,或使之说也;无有为有,莫为之说也。二者合之,虚实方备,而不堕于一曲之过。物论之齐,最忌偏执,必明乎此,而后于吾之所解,庶可无疑也已。

　　夫言非吹也,言者有言,其所言者特未定也。果有言邪?其未尝有言邪?其以为异于鷇音,其有辨乎?其无辨乎?道恶乎隐而有真伪?言恶乎隐而有是非?道恶乎往而不存?言恶乎存而不可?道隐于小成,言隐于荣华。故有儒墨之是非,以是其所非,而非其所是。欲是其所非,而非其所是,则莫若以明。物无非彼,物无非是。自彼则不见,自知则知之。故曰:彼出于是,是亦因彼。彼是,方生之说也。虽然,方生方死,方死方生;方可方不可,方不可方可;因是因非,因非因是。是以圣人不由,而照之于天,亦因是也。是亦彼也,彼亦是也。彼亦一是非,此亦一是非。果且有彼是乎哉?果且无彼是乎哉?彼是莫得其偶,谓之道枢。枢始得其环中,以应无穷。是亦一无穷,非亦一无穷也。故曰"莫若以明"。

　　此承上大言、小言而言。"言非吹"者,言有其意,不同于万窍也,故曰"言者有言"。"有言"者,有其所以言也。"其所言特未定"者,言各有当,未可执一以论也。既未可执,故曰:"果有言邪?其未尝有言邪?"言而未尝言,则与鷇音奚异?故又曰:"其以为异于鷇音,其有辨乎?其无辨乎?""鷇",鸟之初破卵而出者。"辨"之为言别也。与鷇音无别,则亦如乐之出虚,虽谓言为吹可也。篇首所以铺陈万窍之怒呺,而终归于"怒者其谁"者,意实影射夫此。

　　"隐",如"隐几而坐"之隐,据也。"道恶乎隐而有真伪?言恶乎隐而有是非",此发问以起下文。"恶"并读如乌。盖言者所以明道,故特以道、言并提。《老子》开篇曰:"道可道,非常道。名可名,非常名。"

名、言一也。此正从彼出也。"道恶乎往而不存？言恶乎存而不可"，"存"，在也。推原其本，则道固无真无伪，言固无是无非也。及夫"道隐于小成，言隐于荣华"，于是真伪判而是非起，如儒墨之争是也。"小成"者，非其全。"荣华"者，非其实也。

"欲是其所非而非其所是，则莫若以明"，"明"者，脱然于是非之外，而以鉴别夫是非者，《应帝王篇》所云"至人之用心若镜"是也，义本老子"复命曰常，知常曰明"之明。郭象注谓"还以儒墨反复相明"，失其旨矣。"物无非彼，物无非是，彼出于是，是亦因彼"，此皆出乎彼是之外，得以观而知之，故曰："自彼则不见，自知则知之。""知"者，明之知也。既曰"彼出于是，是亦因彼"，则与惠施"物方生方死"之说相类矣。"物方生方死"，见《天下篇》。故更假彼以明之。始仅言"方生"者，彼生于是，是生于彼也。继之曰"虽然，方生方死，方死方生"者，以见彼生则是死，彼死则是生。彼是生死同时，则可不可是非亦同时，所以方可者即方不可，方不可者亦方可，因是者即因非，因非者亦因是。可与不可，是之与非，更无疆畔，于是乎两齐矣。故曰："圣人不由，而照之于天。""不由"者，不在是非之内。"照之于天"，亦即照之"以明"也。下即接曰"亦因是也"者，惟不在是非之内，乃可以因夫是非也。

"以明"、"因是"，为此文之两支。后之译印度辩论者，即名之曰"因明"，然义实不同。彼先因后明，谓因喻以明宗。此则先明后因，谓明照而因物。彼因为原因之因，此因则因任之因，未可混也。吾前云："以明"所以去执，"因是"所以善用。析而言之，大体如是。实则言"以明"即兼"因是"，言"因是"不离"以明"，两支仍一体也。

"是亦彼也，彼亦是也。彼亦一是非，此亦一是非。果且有彼是乎哉？果且无彼是乎哉？"皆照后之言。两齐之论，不同俗解，故曰："彼是莫得其偶，谓之道枢。枢始得其环中，以应无穷。""偶"同耦。"莫得其偶"，特与篇首"丧耦"相应。彼"丧耦"表独，此"莫得其偶"言无待。无待与独，名异而理一也。《消摇游》云："若夫乘天地之正，而御六气

之辨,以游无穷者,彼且恶乎待哉!"言无所待者可以游于无穷也。此云"莫得其偶",而亦继之曰"以应无穷",盖惟能游者能应,亦惟能应者能游。游与应,亦名异而理一也。"枢"者言其运,"环"者象其圆。圆而能运,所以应于无穷也。《盗跖篇》曰:"若是若非,执而圆机。""枢始得其环中",所谓圆机也。如是,则"是亦一无穷,非亦一无穷"。"以明"之用若此,故曰"莫若以明"也。

以指喻指之非指,不若以非指喻指之非指也;以马喻马之非马,不若以非马喻马之非马也。天地一指也,万物一马也。可乎可,不可乎不可。道行之而成,物谓之而然。恶乎然?然于然。恶乎不然?不然于不然。物固有所然,物固有所可。无物不然,无物不可。故为是举莛与楹,厉与西施,恢恑憰怪,道通为一。其分也,成也;其成也,毁也。凡物无成与毁,复通为一。唯达者知通为一,为是不用而寓诸庸。庸也者,用也。用也者,通也。通也者,得也。适得,而几矣。因是已。已而不知其然谓之道。劳神明为一,而不知其同也,谓之朝三。何谓朝三?曰,狙公赋芧,曰:"朝三而莫四。"众狙皆怒。曰:"然则朝四而莫三。"众狙皆悦。名实未亏,而喜怒为用,亦因是也。是以圣人和之以是非而休乎天均,是之谓两行。

上节主在说言,于物一出而已。此节则主在说物。上节言以明,而带言因是。此节则主言因是,于天均一点而已。上节言照之于天,此言休乎天均。照则用行,休则用息。用之息者,反其本也。后言葆光,盖根乎此。

"指非指",公孙龙子之说也,见龙书《指物篇》,其言曰:"物莫非指,而指非指。""物莫非指"者,言物皆人之所指。而"指非指"者,谓此

指物之指则不在所指,而不可同于物也。"马非马",亦公孙龙子之说也,见其书《白马篇》,曰:"白马非马何? 马者所以命形也,白者所以命色也。命色者非命形也,故曰白马非马。"兹云"马非马"者,盖省文而又倒言之。上"马",凡马也。下"马",一马也。凡马之名,自非一马所能据,故曰"马非马"。盖"指非指",所以标能所之殊;"马非马",所以见全偏之别。此龙之旨也。

庄子则为更进一解,以为所由能立、偏以全存,欲去其以能为所、以偏混全之执,不如并能指之名、全马之名而亦不立,斯其执自无从生,故曰:"以指喻指之非指,不若以非指喻指之非指。以马喻马之非马,不若以非马喻马之非马。"盖仍上文无有为有之义。于无有上立论,非欲破龙之说也。"喻"如《礼·学记》"可谓善喻矣"之喻,谓晓导人,非譬喻之喻也。"天地一指"、"万物一马"者,言天地之大,亦可以此一指观,万物之众,亦可以此一马观也。由此可知道物之名,随人所施,都无自性,故曰:"可乎可,不可乎不可。道行之而成,物谓之而然。恶乎然? 然于然。恶乎不然? 不然于不然。"顾"物固有所然,物固有所可",常人之所知也。"无物不然,无物不可",则非常人之所知也。"无物不然,无物不可",即上所云"道恶乎往而不存? 言恶乎存而不可"者也。物论之齐,盖齐乎此。

"故为是举莛与楹,厉与西施,恢恑憰怪,道通为一","莛",藳也。《汉书·东方朔传》云"以莛撞钟"是也。"楹",屋柱也。"厉",癞也,恶也。"西施",美女也。"恢"同诙。"恑"同诡。"憰"同谲。"诙诡谲怪",言穷物之异状,以道言之,皆通为一,又不独小大美恶,如莛楹、厉施之可齐已也。

"其分也,成也",所谓朴散则为器也。"其成也,毁也",所谓为者败之也。然无成固无毁,无毁亦无成也,故又曰:"凡物无成与毁,复通为一。"言"凡物"者,以一物论,则有成毁,总物之全而观之,成亦在其中,毁亦在其中,则何成何毁哉!"唯达者知通为一,为是不用而寓诸

庸"，"不用"即前云不由。不由者，不由是非。不用者，不用成毁，然是者成之，非者毁之。成毁是非，非有二也。"寓"犹寄也。"庸"，用也，而兼有常义，即《礼·中庸》之庸。"寓诸庸"者，不用而用之。用无固必，故曰寓也。"用也者，通也"，承上"知通为一"言。然上通乃知之通，此通乃用之通，亦微有别，不可不知也。"通也者得也，适得而几矣"，"得"者，中也。中读去声"几"者，庶几之几，谓几于道也。

"因是已"三字，所以结上文。盖"不用而寓诸庸"云者，正为"因是"作注释也，故特于此点出。"已而不知其然谓之道"，"已"上合有"因是"二字，以一直叙下，故略之。下篇《养生主》云："以有涯随无涯，殆已。已而为知者殆而已矣。""已而为知"上略一"殆"字，与此正一例也。"不知其然"者，无心之谓。必至无心，而后是真无己，是真执尽，故如是始谓之道。如是始谓之道，故上"适得"仅谓之"而几"矣，直是不容有丝毫意见之未消融也。

"劳神明为一"，是有心为一者。"不知其同"，谓不知玄同于物也，故以狙公赋芋况之。"名实未亏，而喜怒为用"，狙固愚矣。然狙公则诚何心哉？曰"亦因是也"者，言此"因是"假其用以济其奸，非真所谓"因是"者，特拣别之也。《列子·黄帝篇》亦载此事，而曰："圣人以智笼群愚，亦犹狙公以智笼众狙也，名实不亏，使其喜怒哉！"此大乖庄子之意。其书本出后人纂辑，间为之附益，固宜其言之杂而不衷于理也。

谓之"朝三"者，举二字以赅下文，文之省也。"狙"，猕猴也。"狙公"，养狙者。"芋"同柔，亦作杼，《山木篇》云"食杼栗"是也。"赋"犹颁也。"莫"，暮本字。"亏"，损也。

"和之以是非而休乎天均"，"均"者，等视是非，而无所偏倚者也。惟休乎此，所以能和之也。"是之谓两行"，"两行"者，因是、以明，如车两轮、如人两足，失一而不能行者也。如狙公赋狙，即知因是，而不知以明，以是失其和，而流为刻核。后世法家之因任形名，盖此之类已。

古之人，其知有所至矣。恶乎至？有以为未始有物者，至矣，尽矣，不可以加矣。其次以为有物矣，而未始有封也。其次以为有封焉，而未始有是非也。是非之彰也，道之所以亏也。道之所以亏，爱之所以成。果且有成与亏乎哉？果且无成与亏乎哉？有成与亏，故昭氏之鼓琴也；无成与亏，故昭氏之不鼓琴也。昭文之鼓琴也，师旷之枝策也，惠子之据梧也，三子之知，几乎。皆其盛者也，故载之末年。唯其好之也，以异于彼其好之也，欲以明之彼。非所明而明之，故以坚白之昧终。而其子又以文之纶终，终身无成。若是而可谓成乎？虽我亦成也。若是而不可谓成乎？物与我无成也。是故滑疑之耀，圣人之所图也。为是不用而寓诸庸。此之谓以明。

"未始有物"，即所谓无有也。故曰："至矣，尽矣，不可以加矣。""有物矣而未始有封"，"封"，界域也。无界域则犹混而同之。"有封"，而彼是起矣。然犹未有是非也。此似自天地之初说起，而实就当人一念作是体勘也。

"是非之彰也，道之所以亏也。道之所以亏，爱之所以成"，此亏对成言，成则全而亏则缺也。上言"道恶乎往而不存？言恶乎存而不可？道隐于小成，言隐于荣华"，继言"道行之而成，物谓之而然"，仔细玩之，盖亦与此文约略相当。"道恶乎往而不存？言恶乎存而不可"，所谓"有物矣而未始有封也"。"道隐于小成，言隐于荣华"，及"道行之而成，物谓之而然"，则有封矣而未始有是非也。然"其分也，成也；其成也，毁也"，成必有亏，故此以"是非之彰也，道之所以亏"卒言之。

"道之所以亏，爱之所以成"，"爱"犹私也。私起，而是非之公盖难言矣。然成亏后起者也，循其本始，何成何亏，故曰："果且有成与亏乎哉？果且无成与亏乎哉？"试以昭氏鼓琴明之。其鼓琴也，宫起而商止，角起而徵止，是有成亏也。其不鼓琴也，宫商不奏，而五音厘然，则

是无成亏也。"故昭氏之鼓琴","故昭氏之不鼓琴",两"故"字皆训同则。

"昭氏",郑人,《吕氏春秋·君守篇》所云"郑大师文"者是,下言"昭文"可见也。"师旷",晋人,见《孟子》与《左氏春秋传》。"枝策"犹柱杖也。"惠子据梧",即《德充符篇》末所云"倚树而吟,据槁梧而瞑"者。《天运篇》言"帝张咸池之乐于洞庭之野",亦有"倚于槁梧而吟"语。盖声音之理,最与道通,故举是三子而言其知幾于道,而皆其盛者也。"幾",近也。"载之末年","载",事也。"末年",晚年,犹言终身也。

"唯其好之也"句。"以异于彼其好之也"八字为句。"彼其"叠用,古多有之,如《诗》"彼其之子"是也。"欲以明之彼"句,盖言三子之所好,各以与他人之好者异,故恒欲明之于人也。不知道非所明,而强明之,"故以坚白之昧终"。"坚白"者,所谓"坚白石二"、见《公孙龙子·坚白论》"离坚白若县寓"。见《天地篇》谓之"昧"者,坚白不足以明道,只益其暗昧而已。《德充符篇》末谓惠子"天选子之形,子以坚白鸣",则此言惠子也。"而其子以文之纶终,终身无成",此言昭文之子。"纶",琴弦也。言惠子以概二人。言昭文之子,又以概后之人人矣。"若是而可谓成乎?虽我亦成也。若是而不可谓成乎?物与我无成也",又反复以明成则有亏,亏则无成也。

"滑",滑乱。"疑",疑似。"滑疑之耀",谓以滑乱疑似之论而炫耀于世者,指当时之辩者,如公孙龙等皆是。"圣人之所图也",犹言圣人之所鄙。"图"得为鄙者,《书·大诰》"反鄙我周邦",即反图我周邦也。彼以鄙为图,此以图为鄙,一也。

"为是不用而寓诸庸",此重复前文,而与前文微别。前文重在"寓诸庸",此则重在"不用"也。"此之谓以明",以结"莫若以明"以下数节之意,亦以见异于三子之明之也。

今且有言于此,不知其与是类乎?其与是不类乎?类与不类,相与为类,则与彼无以异矣。虽然,请尝言之。有始也

者,有未始有始也者,有未始有夫未始有始也者。有有也者,有无也者,有未始有无也者,有未始有夫未始有无也者。俄而有无矣,而未知有无之果孰有孰无也。今我则已有谓矣,而未知吾所谓之其果有谓乎? 其果无谓乎? 天下莫大于秋毫之末,而大山为小;莫寿乎殇子,而彭祖为夭。天地与我并生,而万物与我为一。既已为一矣,且得有言乎? 既已谓之一矣,且得无言乎? 一与言为二,二与一为三。自此以往,巧历不能得,而况其凡乎! 故自无适有以至于三,而况自有适有乎! 无适焉,因是已。

"有言于此",即"请尝言之",以下自"有始也者"至"天地与我并生,万物与我为一"之言也。"不知其与是类乎? 其与是不类乎",是即上文"古之人其知有所至"至"而未始有是非"三层之说也。上自无说到有,此则翻之,而自有说到无。上虽曰无封无是非,而大者自大、小者自小、寿者自寿、夭者自夭也,此则翻之,而曰:"莫大于秋毫之末,而大山为小;莫寿乎殇子,而彭祖为夭。"则言固有异矣。然言虽异,而欲遣是非,祛执著,意即未尝相违也。故始发疑问,而即转曰:"类与不类,相与为类,则与彼无以异矣。"彼即是也。既无以异矣,又何事更言之? 故又转曰:"虽然,请尝言之。""尝",试也。

言"未始有始",尽矣,而更进而曰:"有未始有夫未始有始也者。"言"未始有无",尽矣,而更进而曰:"有未始有夫未始有无也者。"盖惧立一名便生一执,故步步扫除,直使人无从以意见攀缘。此惟后之禅师家能如是指点人,所谓"高高山顶立,深深海底行",所谓"百尺竿头更进一步",仿佛似之。然皆实际理地,非同诡辩也。抑扫除之者,欲其不执著也,非欲其蹈于虚无也,故旋又一转曰:"俄而有无矣,而未知有无之果孰有孰无也。"又曰:"今我则已有谓矣,而未知吾所谓之其果有谓乎? 其果无谓乎?"盖执之,则无亦有也,无谓亦有谓也。不执,则

有亦无也,有谓亦无谓也。前文言"果有言邪? 其未尝有言邪",此正
与相应。"谓"者,所为有言也。为读去声故知谓尤要于知言。

"天下莫大于秋毫之末,而大山为小","大山",泰山也。"莫寿乎
殇子,而彭祖为夭","殇子",婴儿之夭折者也。此以言求之,无不知其
不伦矣。以谓求之,则知《庄子》非謷言也。何也? 以"天地与我并生"
观之,则寿者何寿? 夭者何夭? 以"万物与我为一"观之,则大者何大?
小者何小? 故"知通为一",无不齐也。无不齐,则言大言小、言修言
短,无之不可。所谓"道恶乎往而不存? 言恶乎存而不可"者也。然则
"小知不及大知,小年不及大年",犹是拘方之论。《消摇游》先教人舍
小而取大,《齐物论》则教人大与小并遣。盖泥大则虽大亦小,惟绝大
小,而后始成其为真大也。

"既已为一矣,且得有言乎?"明本也。"既已谓之一矣,且得无言
乎?"显用也。"一与言为二,二与一为三",即老子所谓"道生一,一生
二,二生三"也。"自此以往,巧历不能得,而况其凡乎",所谓三生万物
也。"历",算也。"不能得",不能尽其数也。"凡"者,凡人,谓常人也。
"故自无适有以至于三,而况自有适有乎",言万变纷起,莫可得而操其
机也,然有一焉,适而无适,则变者自变,而我不与之俱变,此《山木篇》
所谓"物物而不物于物"者。机固在我,特人不知自操之耳,故曰:"无
适焉,因是已。"此言因是,实兼以明,言之以明,则不物于物,因是则所
以物物也。夫曰因是似有适矣,而物而不物,见《在宥篇》曰:"物而不物,故
能物物。"则固未尝有适也。无适即止之谓也。《德充符》曰"唯止能止众
止",则何变之不可应哉! 上云"以应无穷",因也,应也,实一事也。一
语兜转,危矣亦微矣。

夫道未始有封,言未始有常,为是而有畛也。请言其畛:
有左、有右、有伦、有义、有分、有辨、有竞、有争,此之谓八德。
六合之外,圣人存而不论;六合之内,圣人论而不议;《春秋》

经世,先王之志,圣人议而不辩。故分也者,有不分也;辩也者,有不辩也。曰:何也?圣人怀之,众人辩之,以相示也。故曰:辩也者,有不见也。夫大道不称,大辩不言,大仁不仁,大廉不嗛,大勇不忮。道昭而不道,言辩而不及,仁常而不周,廉清而不信,勇忮而不成。五者园而几向方矣。故知止其所不知,至矣。孰知不言之辩,不道之道?若有能知,此之谓天府。注焉而不满,酌焉而不竭,而不知其所由来,此之谓葆光。

"畛",犹封也,特变其文者,所谓洸洋自恣以适己也。"为是","是",即上云"自无适有"者。"有左、有右",左右字即从畛生。"畛",田间界也。取名于畛者,十夫有沟,沟上有畛也。既有左右,则有类矣。有类则有宜矣,故次曰"有伦、有义","伦",类也。"义",宜也。或作"有论有议",非是。论议字虽从此出,此仅言其意,未及形之于言,不得曰论曰议也。有义则"有分、有辨",有辨则"有竞、有争"。分粗而辨细,竞弱而争强也。"八德"犹言八事。

"六合之外,圣人存而不论","存"有察义,非曰漫置之也。不论者,不稽其类。本自混成,无得而稽也。"六合之内,圣人论而不议",稽其类而不议其宜,各有其宜,无得而议也。"《春秋》经世,先王之志,圣人议而不辩",举其义而不辩于辞也,所谓据事直书,其义自见,无取于辩也。《论语》孔子历叙春秋二百四十二年变迁之迹,而终曰:"天下有道则庶人不议。"庶人者,孔子以自况。议即谓作《春秋》也。《春秋》虽鲁史,而礼乐征伐实关天下之大,此天子之事也。以庶人而议天子之事,故曰:"知我者其惟《春秋》乎?罪我者其惟《春秋》乎?""议而不辩",庄子盖尝有所闻,不然不能发此微言也。

《易》与《春秋》,孔子之两大著作,而又义相表里者也。庄子于《消摇游》既阐《易》之缊,于《齐物论》又深明《春秋》之宏旨,著其本乎先王

41

之志,而为经世之书。故吾常谓庄子之学实出于孔门颜子一脉,而兼承老氏之绪,观此固有其征矣。

"分也者有不分,辩也者有不辩",言分则必有分所不能及,辩则必有辩所不能及也。"曰何也",以问发端。"圣人怀之"以下,则答辞也。"怀之",总上"存而不论"三句言。"怀之"者,犹《孟子》言"引而不发"、"非深闭固拒"、"不欲人知"之谓也。"众人辩之以相示也","相示"者,起自胜心,盖"有竞、有争"之端。此不言竞争者,辩起而道已丧,竞争更所不欲道也,观"辩也者有不见也"之言可知。

"大道不称",老子所谓"道隐无名"也。"大辩不言",老子所谓"善言不辩"也。"大仁不仁",老子所谓"天地不仁"、"圣人不仁"也。"大廉不嗛",老子所谓"廉而不刿"也。"大勇不忮",老子所谓"善战者不怒,善胜敌者不争"也。反之,则"道昭而不道,言辩而不及,仁常而不周,廉清而不信,勇忮而不成"。"周",各本作"成",而古藏本作"周"。郭注云:"有常爱者必不周。"是郭本原亦作"周",作"成"者,涉下"成"字而讹,故正之。"不信"者,不实也。

"五者园而几向方矣","园",崔撰音刓,是也,盖即刓之别体,谓残缺也。"方"者,道之一隅也。《天下篇》分道术、方术为二,道言其全,方言其偏,其义甚显。故"几向方"者,谓其将退而为方。"方"正与上"道"字对。或者不知以为方对圆言,乃训园为圆,谓五者本圆,而近向方,乃大误也。郭注云:"此五者皆以有为伤当者也。""伤当"正释"园"字,与残缺义近。其音□者,疑即用刓训,非谓圆也。至后云:"外不可求而求之,譬犹以圆学方,以鱼慕鸟耳。"则别自起义,初不关乎本文,不得据此注而定其认园作圆也。以园为圆,盖自司马彪始。彪之说不可得而考,要之,无所据依,不可从也。

"知止其所不知,至矣",应上"有以为未始有物者,至矣,尽矣"义。未始有物,固知之所不得知也。"孰知不言之辩、不道之道?"前以道、言并起,此亦以道、言双收,文虽变幻百出,而脉络固自不紊也。"若有

能知,此之谓天府",以其不偏言,则曰天均,以其无尽言,则曰天府,总之一天而已。"注焉而不满,酌焉而不竭,而不知其所由来",此以见天府之大也,然实只人之一心而已。此心之明,要在善藏而不妄发,故以"此之谓葆光"结之。"葆"者,保也。"滑疑之耀",不明而明。"葆光",则明而不明也。明而不明者,知止乎其所不知也。

自"大知闲闲"至此,凡六节,以"知"起,以"不知"终。七篇之中,于正面文字费如许分疏者,盖仅此一篇,正以名相之谈,理窟所在,不得不条分缕析,委曲开陈,读者殆未可以轻心接之也。

故昔者尧问于舜曰:"我欲伐宗脍、胥、敖,南面而不释然。其故何也?"舜曰:"夫三子者,犹存乎蓬艾之间。若不释然,何哉? 昔者十日并出,万物皆照,而况德之进乎日者乎!"

此借以释"万物与我为一"之义也。"宗脍"、"胥"、"敖",三国,以下言"三子"可知之。《人间世篇》亦有"尧攻丛枝、胥、敖"语。丛、宗音近,"丛枝"当即宗脍。则三国者,宗脍一,胥一,敖一也。然其地其事皆不可考矣。"南面而不释然",意在用兵,故不能自宁也。"犹存乎蓬艾之间","犹",如也。"存",在也。"蓬艾之间",言其不足争也。"十日并出","十日"盖谓十干,特借喻之辞。后《淮南子·本经训》因谓"尧时十日并出,焦禾稼,杀草木,而民无所食,乃使羿上射十日,而落其九",直附会耳。日照万物,而德有进于日者,盖穷岩幽谷,日之所不及,德则无不到也。《消摇游》云"之人也,之德也,将旁薄万物以为一",即其征已。

啮缺问乎王倪曰:"子知物之所同是乎?"曰:"吾恶乎知之!""子知子之所不知邪?"曰:"吾恶乎知之!""然则物无知邪?"曰:"吾恶乎知之! 虽然,尝试言之。庸讵知吾所谓知之

43

非不知邪？庸讵知吾所谓不知之非知邪？且吾尝试问乎女：民湿寝则腰疾偏死，鳅然乎哉？木处则惴栗恂惧，猿猴然乎哉？三者孰知正处？民食刍豢，麋鹿食荐，蝍且甘带，鸱鸦耆鼠。四者孰知正味？猿，猵狙以为雌，麋与鹿交，鳅与鱼游。毛嫱、丽姬，人之所美也，鱼见之深入，鸟见之高飞，麋鹿见之决骤。四者孰知天下之正色哉？自我观之，仁义之端，是非之涂，樊然殽乱，吾恶能知其辨？"啮缺曰："子不知利害，则至人固不知利害乎？"王倪曰："至人神矣！大泽焚，而不能热；河汉冱，而不能寒；疾雷破山、风振海，而不能惊。若然者，乘云气，骑日月，而游乎四海之外。死生无变于己，而况利害之端乎！"

"啮缺"、"王倪"，皆假名。"啮缺"喻知，言其凿也。"王倪"喻德，言其倪倪如小儿也。老子曰："含德之厚，比于赤子。"是也。三答"吾恶乎知之！"承上"知止其所不知"，言德不在知也。"尝"亦试也，"尝试"叠言，犹下庸讵叠言。"庸讵"皆何也。何知吾所谓知之非不知？何知吾所谓不知之非知？犹《大宗师篇》云："庸讵知吾所谓天之非人乎？所谓人之非天乎？"皆欲人自下体勘，非作模棱两可之语也。

"民"，人也。"偏死"，半体不仁也。"恂"如《大学》"恂栗"之恂，"恂"亦惧也。"刍豢"，食草曰刍，食谷曰豢，谓牛羊与犬豕也。"麋"，鹿之大者。"荐"，蒿类，见《尔雅疏》《诗·鹿鸣》"食野之蒿"是也。"蝍且"，蟋蟀，俗亦曰促织，皆声之转也。"带"同蝃。《艺文类聚》、《一切经音义》引此并作蝃。《类篇》"蝃"一作蚳，盖即蚳之别体。"蚳"，蚁子，《周官书·鳖人》所谓"蚳醢"者是也。旧注以带为蛇，蝍且为蜈公，谓蜈公喜食蛇。夫蜈公虽毒，然于蛇小大悬矣，岂能食蛇者哉！今于声音求之，知为蟋蟀与蚳，无疑也。《淮南子·说林训》："腾蛇游雾，而殆于蝍蛆。"高诱云："蝍蛆，蟋蟀，《尔雅》谓之蜻蚓。上蛇，蛇不敢动，故曰殆

于蝍蛆也。"其以蝍蛆为蟋蟀是也。然不得据此便谓蝍且嗜蛇。彼上蛇而制之者,偶然之事,犹鼠入象鼻,为象所苦耳。人之于刍豢,麋鹿之于荐,鸱鸦之于鼠,皆常食也。蟋蟀岂能常食蛇哉!故吾从蟋蟀之解,而于甘带则别释之,求夫事理之所安而已。"猵狙以为雌",以猵狙为雌也。"狙"见上。"猵"亦狙属。旧以为一物,非也。"丽"同郦,一作骊,见《左氏春秋传》。"骊姬",晋献公夫人。"毛嫱",古美人名,或云越王姬也。"决"如前篇"决起"之决。"决骤",突驰也。

"正处"、"正味"、"正色"三段,言人、物之殊性,无有同是也。《孟子》言"口之于味有同嗜,耳之于声有同听,目之于色有同美",而此独不然者,非矫异也。夫言有同,则固有不同者矣。惟同者从其同,而异者任其异,斯不齐之齐也。《易·同人》之象曰:"君子以类族辨物。"既同人矣,又何类族辨物之有!不知类族辨物,正所以为同人也。《睽》之象曰:"君子以同而异。"睽异矣,又奚同之有!不知异不碍同,睽之所以终不孤也。故《同人》之象传曰:"君子以通天下之志。"而《睽》传亦云:"天地睽而其事同也,男女睽而其志通也。"兹篇上云"用也者通也,通也者得也",盖正其义也。明乎此,则于王倪之言庶几无误解矣。

"樊然",殽乱之貌。"殽"与淆同。"恶能知其辨",辨则有不辨,故以不知泯其全也。下由是非而利害,由利害而死生,则所以释"天地与我并生"之义。"至人神矣"以下,义见前篇。死生之论,详在下文,兹故不更释。

瞿鹊子问乎长梧子曰:"吾闻诸夫子:'圣人不从事于务,不就利,不违害,不喜求,不缘道;无谓有谓,有谓无谓,而游乎尘垢之外。'夫子以为孟浪之言,而我以为妙道之行也。吾子以为奚若?"长梧子曰:"是黄帝之所听荧也。而丘也何足以知之!且女亦大早计,见卵而求时夜,见弹而求鸮炙。予

尝为女妄言之，女亦妄听之。奚旁日月，挟宇宙？为其吻合，置其滑涽，以隶相尊。众人役役，圣人愚芚，参万岁而一成纯。万物尽然，而以是相缊。予恶乎知说生之非惑邪！予恶乎知恶死之非弱丧而不知归者邪！丽之姬，艾封人之子也。晋国之始得之也，涕泣沾襟；及其至于王所，与王同匡床，食刍豢，而后悔其泣也。予恶乎知夫死者不悔其始之蕲生乎！梦饮酒者，旦而哭泣；梦哭泣者，旦而田猎。方其梦也，不知其梦也。梦之中，又占其梦焉，觉而后知其梦也。且有大觉，而后知此其大梦也。而愚者自以为觉，窃窃然知之。'君乎，牧乎'，固哉！丘也与女，皆梦也。予谓女梦，亦梦也。是其言也，其名为吊诡。万世之后，而一遇大圣知其解者，是旦莫遇之也。"

《则阳篇》有长梧封人问子牢之言，"长梧子"即长梧封人。"封人"著其官，"子"则男子之通称也。子牢，琴牢，孔子弟子。长梧既尝问于子牢，必亦孔门之士。瞿鹊子称"吾闻诸夫子"，而长梧子答之以"丘也何足以知之！"丘，孔子名。弟子不当名其师，疑三千之中不能如七十子之心悦诚服者多矣；不然，则狂者之选，放其狂言，而不复以礼法自束，如孟子反、子琴张_{张，牢字。}之笑子贡，曰："是恶知礼意！"_{见《大宗师篇》}岂得以常情衡之哉！

"圣人不从事于务"，即上篇所云"孰弊弊焉以天下为事"、"孰肯以物为事"者是。"不就利，不违害"，承上"不知利害"言。"违"，避也。"求"与"道"对，谓世俗之欲求也。"不就利，不避害"，利害齐矣。"不喜求，不缘道"，道欲齐矣。"缘"犹循也。"无谓有谓，有谓无谓"，《寓言篇》所云"终身言，未尝言；终身不言，未尝不言"，则语默亦齐矣，以此故得"游乎尘垢之外"也。"孟浪"犹漫浪，与上篇所云"大而无当，往而不反"一意。夫子以为孟浪之言，非排之也，旋立旋扫，盖不欲滞其

迹也。若瞿鹊子认为"妙道之行"则胶执矣。

"荧",惑也。"黄帝之所听荧",言黄帝听之,不免于惑,而况丘也何足以知之。此亦扫迹之谈,最不易看。若以为是贬孔子,将其言"尝为女妄言之,女以妄听之",亦自贬者邪?

"时夜"犹司夜,谓鸡也。"鹠",司马彪注云:"小鸠是也。""鹠炙",以鹠肉炙而食之。见卵求时夜,见弹求鹠炙,谓学未至者,初有所见而遂谓已得之。"大"读太。"亦大早计",犹言欲速成也。

"奚",何不也,属下读。"奚"为何,而亦为何不,犹"曷"为何,亦为何不。《诗·王风》:"君子于役,曷至哉。"何也。《唐风·有杕之杜》:"曷饮食之。"何不也。奚、曷一也。"旁日月",《易·系辞传》所谓"通乎昼夜"。"挟宇宙",所谓弥纶天地。皆喻辞也。"为其吻合",用其齐也。"置其滑涽",舍其不齐也。"滑涽"犹杂乱也。"以隶相尊","隶"谓所隶属,犹言贱也。因贱以为贵,因贵以见贱,明贵贱无常也。无常而常用之,因是之道也。

"众人役役",役于知也。"圣人愚芚",藏于愚也。老子曰:"我愚人之心也哉,沌沌兮。俗人昭昭,我独若昏;俗人察察,我独闷闷。"是其义也。彼作沌,从水;此作芚,从草;又下言成纯,从糸;《中庸》言"肫肫其仁",从肉,义皆相通,盖俱由《易·屯卦》之屯出,天地始交之象也。"参万岁而一成纯",承"旁日月"言,即"天地与我并生"之意。"万物尽然,而以是相缊",承"挟宇宙"言,即"万物与我为一"之意。"参万岁而一",斯无古今矣。万物以是相缊,斯无物我矣。"缊",纲缊也。"是"即指一言。"以是相缊",《易传》所谓"天地纲缊,万物化醇",而归于致一者也。诸解以缊作蕴,而训为积,失之矣。

无古今、无物我,则何生死之患之有!故曰:"予恶乎知说生之非惑邪!予恶乎知恶死之非弱丧而不知归者邪!"又曰:"予恶乎知夫死者不悔其始之蕲生乎!"夫死生者,物论之大者也。上自是非美恶而大小贵贱,成亏利害,无不齐视之矣,于是而复齐生死,则天下尚有不齐

之物之论哉！盖于是为尽矣。

"弱"，少。"丧"，亡在外也。"归"，归其家也。"丽姬"，骊戎之人。此云"艾封人之子"者，传闻异辞也。晋为侯国，而此称献公为王者，用当时战国之名。侯、王，皆君也。"床"，寝所也。《淮南子·主术训》："匡床蒻席，非不宁也。"高诱注曰："匡，安也。"后人因之，释匡床为安床，是也。然《商君书》云："明者无所不见，人君处匡床之上而天下治。"则匡床惟人君能处之，故此曰与王同匡床，见其尊与君等，非独安适而已。

"梦饮酒者"以下，以梦觉喻死生。占梦者，古有其官，俗云详梦是也。"大觉而后知此其大梦"，如上云"死生无变于己"，可谓大觉已。"而愚者自以为觉，窃窃然知之"，"窃窃"，私小貌。"君乎，牧乎"，方斤斤于君与牧之间，此而不能齐，况死生之际哉！故讥之曰："固哉！""固"即意必固我之固，正游之反，胶于物而不能自脱者，非固陋之谓。"君乎，牧乎，固哉！"亦如《孟子》"吾身不能居仁由义，谓之自暴也"。以文法论，上当有"曰"字，盖省之也。"丘也与女，皆梦也。予谓女梦，亦梦也"，仍上妄言妄听之意，不欲闻之者滞于文义也。

"是其言"即上所言。"其名为吊诡"，"诡"，变幻也。变幻莫梦，亦莫如生。"吊诡"者，吊梦也，抑亦吊生也。"万世之后，而一遇大圣知其解者，是旦暮遇之也"，言解之者希。万世而一遇，犹如旦暮之间之速也。顾万世何久，旦暮何促。就世俗言之，旦暮诚非万世之比也。就通死生无古今者言之，则万世亦何殊于旦暮哉！惟世俗不解此，故于此数百千年一瞬之间，区而划之，一若尺寸之不可稍有差异。此其"固"又岂在"君乎牧乎"之下乎！是又言外之意，不可不善会者也。

既使我与若辩矣，若胜我，我不若胜；若果是也，我果非也邪？我胜若，若不吾胜；我果是也，而果非也邪？其或是邪，其或非也邪？其俱是也，其俱非也邪？我与若不能相知

也,则人固受其黮暗。吾谁使正之?使同乎若者正之?既与
若同矣,恶能正之!使同乎我者正之?既同乎我矣,恶能正
之!使异乎我与若者正之?既异乎我与若矣,恶能正之!使
同乎我与若者正之?既同乎我与若矣,恶能正之!然则我与
若与人,俱不能相知也,而待彼也邪?何谓和之以天倪?曰:
是不是,然不然。是若果是也,则是之异乎不是也,亦无辩;
然若果然也,则然之异乎不然也,亦无辩。化声之相待,若其
不相待,和之以天倪,因之以曼衍,所以穷年也。忘年忘义,
振于无竟,故寓诸无竟。

此又据前"守胜"之言,以见是非之未可以胜负定也。"若","而",
皆汝也。"黮暗",不明,犹言蔽也。"正",如《论语》"就有道而正焉"之
正,谓定其是非也。胜负者,取决于我与若者也。正者,取决于人者
也。然人之见,犹我与若之见也,即犹不免于胜负之见也。胜负之见,
即前"喜怒哀乐,虑叹变慹"之种种,所谓非彼无我之彼,彼且不自知其
所为使,而能为是非之正乎?故曰:"而待彼也邪?""彼"字明缴上文。
"待"即有偶,亦明缴上文也。

"何谓和之以天倪"以下四十六字,吕惠卿注移在"所以穷年也"句
下,谓由简编脱误,诸家多从之者,实则未尝脱误也。何以言之?"和
之以天倪",即承上"和之以是非而休乎天均"说。《寓言篇》曰:"天均
者天倪也。"言天倪犹言天均,不必疑其无所承也。此其一。"倪"字已
见于王倪之名,前后照射,有迹可寻。此其二。"忘年忘义",文与"所
以穷年"紧接,移之则失其纪绪。此其三。故今仍旧文,不改易也。

夫是非既不可待彼而定,则将何以定之?曰:以天定之。天与彼
对,即天与人对也。故以"何谓和之以天倪"发端。曰天均者,言其不
偏也。曰天倪者,言其无妄也。不偏,中也;无妄,诚也。"是之异乎不
是也,亦无辩","然之异乎不然也,亦无辩",则所谓"和"也。斯其义盖

与《中庸》通矣。"是不是,然不然"者,必于是则失其是,必于然则失其然也。《列御寇》篇曰:"圣人以必不必,故无兵;众人以不必必之,故多兵。""兵"者,"和"之反也。"化声之相待,若其不相待","化",天也。"声",籁也。籁非天不声,天非籁不显,是其相待也。然而声不与化留,化不随声往,是亦未尝相待也。相待而若不相待,前所云"彼是莫得其偶,谓之道枢,枢始得其环中,以应无穷"也。故曰:"和之以天倪,因之以曼衍,所以穷年也。""曼衍",旧注云无极。无极犹无穷。"因之以曼衍",即以应无穷也。"穷年",《养生主篇》所云"尽年"。"忘年"承"穷年"言。忘年,则小年、大年俱遣矣。"忘义",承"和之"、"因之"言。忘义,则小知、大知俱遣矣。"振于无竟,故寓诸无竟","振"如《孟子》"金声而玉振之也"之振,犹收也。"无竟"亦无穷也,是即《易》卦终乎"未济"之义也。

　　罔两问景曰:"曩子行,今子止;曩子坐,今子起;何其无特操与?"景曰:"吾有待而然者邪? 吾所待又有待而然者邪?吾待蛇蚹蜩翼邪? 恶识所以然! 恶识所以不然!"

　　此更借景以申上相待若不相待之义也。"景",古影字。景加彡作影,始晋葛洪《字苑》。"罔两",景外微阴,即有二光时,景外别一景也,故曰两。曰罔者,言其罔罔然若有若无也。夫景待形而有,其迹甚显,非若化之与声之难识也。而形待神而动,则其机已微,即与化声无异,故曰:"吾有待而然者邪? 吾所待又有待而然者邪?"所待谓形,形之所待,则神也。"吾待蛇蚹蜩翼邪",蛇蚹蜩翼,以言其动以神,即动以天也。《秋水篇》云:"蚿谓蛇曰:'吾以众足行,而不及子之无足,何也?'蛇曰:'夫天机之所动,何可易邪? 吾安用足哉!'"蛇蚹如此,蜩翼岂有殊乎! 以其天机之动也,故曰:"恶识所以然! 恶识所以不然!"此与前云"不知其所为使",意正遥遥相应。吾所以言其文虽变幻百出,而

线索固自分明也,要在读者细心探玩耳。

　　昔者庄周梦为胡蝶,栩栩然胡蝶也,自喻适志与,不知周也。俄然觉,则蘧蘧然周也。不知周之梦为胡蝶与? 胡蝶之梦为周与? 周与胡蝶,则必有分矣。此之谓物化。

　　此又托于己梦,以足上意也。"栩栩"犹翩翩。"自喻",自知也。"适志与","与"读欤,言得意也。"觉",寤也。"蘧蘧"一作据据,见《释文》云崔本如此。意同,谓有形体可依据也。"不知周之梦为胡蝶与? 胡蝶之梦为周与",两"与"字亦读欤,以见周、蝶之非二。"周与胡蝶则必有分矣",又以见周、蝶之非一也。二而非二,一而非一,相待若不相待之情也。"非彼无我,非我无所取",意如此。"天地与我并生,万物与我为一",意亦如此也。要之一化而已,故以"此之谓物化"结之。"物化"者,丧我之功之所致也。以无我为枢,而以物化为环,应之所以能无穷也。无我,故不拒物。物化,故不失我。《知北游篇》云:"古之人外化而内不化。"又云:"与物化者,一不化者也。"是故义不可以两离,两离则两堕矣。

　　此篇理极玄微,而归乎实际,情穷变化,而一本常然,要使人去其局心,从夫公是,顺彼物则,不失本真。既不同希腊诡辩之淆讹,亦殊乎释氏唯心之虚幻,洵树论之崇标,穷理之巨汇已。吾解此文,未尝不自愧其辞之费而不达也。

养 生 主 第 三

　　"养生主"者,以养生为主也。《盗跖篇》曰:"尧、舜为帝而雍,非仁天下也,不以美害生也;善卷、许由得帝而不受,非虚辞让也,不以事害己。""仁天下"与"辞天下",皆由养生而出,故养生为主也。七篇盖此为纲领矣。生有二义:一生死之生,如篇首第一句"吾生也有涯"是也;一生命之生,《达生篇》曰:"达生之情者,不务生之所无以为。达命之情者,不务知之所无奈何。"此生不与死对,而与命对,言生犹言性也,如此曰:"可以保身,可以全生。"是也。生与身分言,则知生非生死之生矣。而《庚桑楚篇》有云:"性者生之质也。"生之为性,尤为显然,故庄子言"养生",犹孟子言"养性",非世俗之所谓养生也。世俗之所谓养生,养形而已矣。《达生篇》曰:"养形必先之物。物有余而形不养者,有之矣。有生必先无离形。形不离而生亡者,有之矣。"《刻意篇》曰:"吹呴呼吸,吐故纳新,熊经鸟中,为寿而已矣,此道同导引之士、养形之人,彭祖寿考者之所好也。"夫寿至彭祖,终不免与殇子为类。小年、大年,一例俱遣,又何取乎养形为哉!然则庄子之意,昭昭可知。而世之解此篇者,犹不免附会《黄庭》内外景之说,未敢苟同也。

　　吾生也有涯，而知也无涯。以有涯随无涯，殆已；已而为知者，殆而已矣。为善无近名，为恶无近刑。缘督以为经，可以保身，可以全生，可以养亲，可以尽年。

　　此一篇大旨，亦一书大旨也。"随"犹逐也。逐知即逐物也。《天下篇》云："逐万物而不反。"如是，则知不能止其所不知，故曰"殆已"。"殆"，危也。殆而知殆，则犹可以改也。而方自以为知，则所谓"安危利菑，乐其所以亡"者，语本《孟子》故曰"殆而已矣"，言舍危殆之外无他途也。

　　为善为恶，随俗所名。实则齐物之后，是非两忘，行其所不得不行，止其所不得不止，即安知其为善与恶邪！若犹有善恶之见存，又何能善不近名，恶不近刑也！世儒或疑以为言无近刑则可，言为恶不亦过乎！则阖不观夫《庚桑楚篇》之言？其言曰："为不善乎显明之中者，人得而诛之。为不善乎幽闲之中者，鬼得而诛之。明乎鬼、明乎人者，然后能独行。"夫"独行"者，天行也。不独曰人诛，且曰鬼责，其所以警戒夫为不善者亦已至矣。至夫二者，一不得以加之，是犹得以为恶目之哉？刘义庆《世说新语》载赵母嫁女，女临去，敕之曰："慎勿为好。"女曰："不为好，可为恶邪？"母曰："好尚不可为，而况恶乎！"《吕氏春秋》亦有类此之纪述。此云"为恶"，亦但"不为好"之意耳，而尚何疑乎？

　　"督"同裻。裻，衣背缝当中。故督有中义。然不曰中而曰督者，督又有宰率意，盖兼承前篇真宰、真君、环中数义而名之。解者或遂以此为指人身之督脉，而引《黄庭》"关元命门内运天经"，以为之说，谓是乃养生之密诀，不知若为督脉，则与为善、为恶何涉？又与"养亲"何涉？其为附会，不言可决也。"缘"者，因也。"经"者，常也。因中以为常，犹是"得其环中，以应无穷"之旨。下文"依乎天理，因其固然"，皆正本乎此也。以不近刑，故可以保身。以不近名，故可以全生。"全生"者，全性也。保身全性，故可以养亲，可以尽年也。"尽年"者，终其天年，而不中道夭也。特及乎养亲者，《孟子》曰："事孰为大？事亲为

大。守孰为大？守身为大。不失其身而能事其亲者，有矣，未有失其身而能事其亲者也。"庄子之意，盖同乎此。故亦以保身、养亲并言。此儒门滴乳，吾所以谓庄子之学，渊源自孔氏也。

庖丁为文惠君解牛，手之所触，肩之所倚，足之所履，膝之所踦，砉然向然，奏刀騞然，莫不中音；合于桑林之舞，乃中经首之会。文惠君曰："嘻，善哉！技盖至此乎？"庖丁释刀对曰："臣之所好者道也，进乎技矣。始臣之解牛之时，所见无非牛者。三年之后，未尝见全牛也。方今之时，臣以神遇，而不以目视；官知止，而神欲行。依乎天理，批大郤，导大窾，因其固然。技经肯綮之未尝，而况大軱乎！良庖岁更刀，割也；族庖月更刀，折也。今臣之刀十九年矣，所解数千牛矣，而刀刃若新发于硎。彼节者有间，而刀刃者无厚；以无厚入有间，恢恢乎其于游刃必有余地矣。是以十九年而刀刃若新发于硎。虽然，每至于族，吾见其难为，怵然为戒，视为止，行为迟，动刀甚微，謋然已解，如土委地。提刀而立，为之四顾，为之踌躇。满志，善刀而藏之。"文惠君曰："善哉！吾闻庖丁之言，得养生焉。"

"庖丁"，庖人名丁也。"为"读去声。"文惠君"，当如《孟子》费惠公之流，受封于大国者，故称曰君。卫元君亦降称崔撰、司马彪以为即梁惠王，殆不然也。《竹书》：惠王复谥惠成；未闻有惠文之谥也。《在宥篇》曰："夫有土者有大物也。有大物者，不可以物。物而不物，故能物物。明乎物物者之非物也，岂独治天下百姓而已哉！"此言解牛者，盖以牛为大物。许慎《说文解字》物下云："万物也，牛为大物，故从牛，勿声。"故以宰国寓之于宰牛，而卒归之养生者，所谓养生为主也。

"手之所触，肩之所倚，足之所履，膝之所踦"，"踦"犹掎也。言其

手、肩、足、膝无不用也。欲写其閒,先写其剧,文章法如是也。"砉然"、"向然"、"骎然",皆奏刀声,观"奏刀"字介于其间,可知也。"奏刀",进刀也。不曰进而曰奏,奏刀犹奏乐然,所以起下"桑林"、"经首"之文也。"向"同响。砉响声微,骎则声粗。由微以至粗,于字音求之可知,不烦释也。声有粗细,而参错中节,故曰:"莫不中音。""中"读去声,下"乃中经首之会"同。"合于桑林之舞","桑林",汤乐名。云舞者,承上触、倚、履、踦言。"乃中经首之会","经首",尧乐《咸池》乐章名。云会者,承上砉向骎然中音言。"会"犹合也,谓合乐也。

"嘻"同嘻,惊叹声。"善哉!技盖至此乎",赞其技也。对曰:"臣之所好者道也,进乎技矣。"意谓道于是乎在,不得以技视之也。《天地篇》云:"通于天地者,德也。行于万物者,道也。上治人者,事也。能有所艺者,技也。技兼于事,事兼于义,义兼于德,德兼于道,道兼于天。""兼"犹包也。自上言之则曰兼,自下言之则曰进。进犹过也。过乎技者,技通乎道,则非技之所得而限也。

"所见无非牛者",用心之一也。《达生篇》承蜩者之言曰:"虽天地之大,万物之多,吾不反不侧,不以万物易蜩之翼,何为而不得!"彼云唯蜩翼之知,此云"所见无非牛",正一意也。后世如张旭之善草书,见担水者争道,见公孙大娘舞剑器,而书皆大进,抑亦可谓所见无非书者矣!盖诚用心于一艺,即凡天下之事,目所接触,无不若为吾艺设者。必如是能会万物于一己,而后其艺乃能擅天下之奇,而莫之能及。技之所为进乎道者,在此。其"三年之后,未尝见全牛"者,由有此工夫致然。此一语,文中极大关键,读者固往往轻易放过。解者如郭子玄辈,且以"未能见其理閒"释之,不独失《庄》文之意,亦且负此老为人苦心矣。

"未尝见全牛"者,分肌擘理,表里洞然,如指诸掌,所谓"及其久也,相说以解"者。语见《礼记·学记》故曰无全牛也。以"神遇而不以目视"者,目之用局而迟,神之用周而速也。"官知止而神欲行"者,非止

不能稳且准,非行不能敏且活也。"依乎天理",所谓"照之于天"也。
"因其固然",所谓顺物自然也。语见《应帝王篇》合之,则亦以明、因是二
者而已矣。

"郤"同隙,间也。"窾",空也。隙则批之,窾则导之,相其势而施
其巧也。郤曰大郤,窾曰大窾,扼其大端,而小者不足言也。"肯",肉
之著于骨者。"綮",筋肉纠结处也。"技经肯綮之未尝",犹言未尝经
肯綮,倒文也。"軱",毂辅之合音,今江南犹有呼车毂为毂辅者。骨与
骨相斗接处有似车轴之于毂然,故谓之軱也。肯綮有所不经,其不触
及于骨可知也,而况大軱乎! 举大以包小也。

"十九年",十年九年也。《尚书·无逸篇》曰:"或五六年,或四三
年。"此云十九,犹彼言四三矣。"硎",砥石也。"刀刃若新发于硎",言
刃不伤也。"割",损也。"折",挫也。割、折皆对刃之不伤言。言刃,
非言用刀也。故司马彪注:"以刀割肉。"及俞樾引《左传》"无折骨"语,
谓"折骨非刀折",皆非也。俞氏之说尤不通。《传》云:"无绝筋,无折骨。"乃战时
祷词。战则有筋绝骨折之事。若夫解牛,何为取其骨而折之? 且牛之骨,又岂刀所可
折者乎!"族",众也。众庖,犹常庖也。

"彼节者有间,而刀刃者无厚;以无厚入有间,恢恢乎其于游刃必
有余地矣",即老子云"无有入于无间"之义,变其文而用之,所以见无
为之有益也。"恢恢乎"者,言其宽裕,故曰"游刃",又曰"有余地"也。

"每至于族",此"族"字同簇,纷错交会,故曰"见其难为"也。"怵
然"犹惕然。"怵然为戒,视为止,行为迟",言谨益加谨,审而出之,不
敢有丝毫之轻率也。"动刀甚微",得其理閒,故不烦也。"謋"同磔,张
也,开也。"謋然已解,如土委地",牛解而事毕也。"提刀而立,为之四
顾,为之踌躇",犹虞其功有未至也。四顾踌躇者,审视而徘徊也。外
篇《田子方》亦有"方将踌躇,方将四顾"之语,以是可知当于"踌躇"句
绝。旧以"踌躇"连下"满志"为句,实误也。"满志"两字句。及其"满
志",然后"善刀而藏之",用复于无用,不敢有所恃而妄发也。自"每至

56

于族"以下,皆写工夫入细处。与上"所见无非牛"、"未尝见全牛",同一吃紧为人语,未可草草读过也。

"善哉",赞其言也。于此言而得"养生",则养生之非养形,亦非捐弃伦物而专从事于通督脉、运天经之术,亦可以决矣。

公文轩见右师而惊,曰:"是何人也? 恶乎介也? 天与? 其人与?"曰:"天也,非人也。天之生是使独也;人之貌,有与也。以是知其天也,非人也。泽雉十步一啄,百步一饮,不蕲畜乎樊中。神虽王,不善也。"

此承上天理言。表性之出于天,而非人之情识知见所可得而拟似也。"公文轩",人名。"右师",书官,殆佚其名矣。公文见右师而惊,惊其气象之殊常也。"介",特也。见扬雄《方言》"恶乎介"者,言何以特立而超于物外如是也。"天与? 其人与?"诘其天为之乎,抑人为之也。"曰:天也,非人也",答其是天而非人也。

何以辨之? 则以天者无耦,无耦故介,故曰:"天之生是使独也。""是"即指养生之生言,亦即指性言。"人之貌有与"者,言若出于人,则有与而非独也。"有与"即有对,有对则有待,有待则恶能介也! 于此提出"貌"字,知公文所惊者貌,而非惊其偏刖也,明矣。曰"独",曰"有与",义并承《齐物论》来。七篇之次第固斩然不紊也。"以是知其天也,非人也",此是指独言。然则天人之别,一言而决矣。明此,则知向之"喜怒哀乐,虑叹变慹",纷然杂起者,其无关于性分,而直为吾心之累耳。所以"圣人不由,而照之于天"也。

"泽雉十步一啄,百步一饮",取譬于雉者。雉之性介,因借以表也。"不蕲畜乎樊中","不蕲",不期也。"樊"者,笼也。以譬人为情识知见所囿,无异于雉之处樊,故曰:"神虽王,不善也。""不善"者,不能养也。善与养一义。故《大宗师篇》云:"善吾生者,乃所以善吾死也。"

此文下接以老聃之死，意亦可见。

《田子方篇》载："孔子见老聃，老聃新沐，方将被发而干，慹然似非人。孔子便而待之。少焉见。曰：'丘也眩与？其信然与？向者先生形体掘若槁木，似遗物离人而立于独也。'"彼云"慹然似非人"，又云"离人而立于独"，正与此云"是何人也？恶乎介也"，同一情景。"丘也眩与？其信然与"，亦惊讶之辞也。

盖此皆甚深理境，一书要旨所在。自郭象误以"介"与《德充符篇》之"兀"同视，而释"介"为偏刖，司马彪注亦误。崔本作"兀"尤误。于是"独"字，"有与"字，皆离其本义，不知云何。后世唯吕惠卿《庄子义》言"右师盖人貌而天者也"，能得其解。而其书罕见，注家因薄吕之为人，又不欲读其书。焦弱侯（竑）《笔乘》所说略与吕同，然不如吕之显豁。兹因吕义，更逐句释之。不独见右师造道之深，即公文能见之而惊，而以天人发问，亦自眼力心孔，为非浅学者所易几及也。

老聃死，秦失吊之，三号而出。弟子曰："非夫子之友邪？"曰："然。""然则吊焉若此，可乎？"曰："然。始也吾以为其人也，而今非也。向吾入而吊焉，有老者哭之如哭其子，少者哭之如哭其母。彼其所以会之，必有不蕲言而言，不蕲哭而哭者。是遁天倍情，忘其所受，古者谓之遁天之刑。适来，夫子时也；适去，夫子顺也。安时而处顺，哀乐不能入也，古者谓是帝之县解。指穷于为薪，火传也。不知其尽也。"

此言性不以生死而存亡也。承前篇齐生死来。"老聃"，老子。《庄》书于老子多称老聃，而于仲尼则必曰孔子，或曰夫子。于此亦可知周之所师在孔子，而非老氏之徒矣。

"失"，一作佚，字同。"号"，哭而不哀也。"弟子"，聃弟子也。"夫子"，称聃也。"吊焉若此，可乎"，失既聃友，吊当尽哀，故责而问之。

"始也吾以为其人也，而今非也"，"非"即非人。非人，则入于天矣。详《应帝王篇》首节入于天，则何可哀之有！"老者哭之如哭其子，少者哭之如哭其母"，哀之甚也。"彼其所以会之"，"彼"即指哭者。"会"谓感会也。"蕲"，期也。"不蕲言而言，不蕲哭而哭"，言发不由衷，因以过节也。

"遁"同遁。死为反真，反真，语见《大宗师篇》。而恶死，是遁天也。"倍"同背。情有其节，而过哀，是背情也。性者受之于天，不以生存，不以死亡。今歧视生死，是忘其所受也。于是天德日远，人伪日深。是自为之桎梏，而自系以徽纆也。故曰："古者谓之遁天之刑。"

"适来，夫子时也；适去，夫子顺也"，来去喻生死。适之为言暂也。生为暂来，死为暂去，故曰时曰顺。"时"者值其时，"顺"者顺其常也。安时处顺，《大宗师篇》所云"古之真人，不知说生，不知恶死，其出不䜣，其入不距，翛然而往，翛然而来"者。己无说恶，人又恶从以哀乐感之，故曰："哀乐不能入也。""县"如倒县之县，系也。"县解"，则人而天矣，故曰"帝之县解"，"帝"即天也。

"指"者，"物莫非指"之指，名家之恒言也。"穷于为薪，火传也"者，谓指在薪则穷，在火则移，可传于无尽也。始云"可以尽年"，此云"不知其尽"，是尽者年而不尽者性。有涯之生，别有无涯者在也。《易·系辞传》云"原始反终，故知死生之说"，此其近之矣。

人间世第四

　　"人间世"者,"人间",人世也。"间"以横言,如今云空间。"世"以竖言,如今云时间。空间者宇,时间者宙。《庚桑楚篇》云:"有实而无乎处者,宇也。有长而无本剽者,宙也。"剽同标,末也。曰间曰世,犹宇宙也。佛法东来,译名则曰世界。名虽数变,所指一也。

　　顾于此当知者,曰"人间世",冠人字在上者何?盖一以明人不能离宇宙而存,一以明宇宙必待人而理。宇宙即人之宇宙,故曰人间世也。说者以《天地篇》有"千岁厌世,去而上仙"之语,往往认庄子与佛氏同科,谓以出世为宗,而有厌离人世之意。不知实不然也。《齐物论》云"《春秋》经世,先王之志,圣人议而不辩",夫言"经世",其与出世异趣明矣。不独此也。《刻意篇》曰:"刻意尚行,离世异俗,高论怨诽,为亢而已矣。此山谷之士、非世之人、枯槁赴渊者之所好也。就薮泽,处閒旷,钓鱼閒处,无为而已矣。此江海之士、避世之人、閒暇者之所好也。"离世避世,方在其所屏斥,彼安肯弃世以自愉乎?然则所谓"千岁厌世"者,特耄期倦勤之喻,故其上文云"天下有道,则与物皆昌。皆同偕天下无道,则修德就閒",是与孔子言用行舍藏,孟子言"穷则独善其身,达则兼善天下",复何以异!特其好为谬悠之说,荒唐之言,易于

启人误解。试思天下岂有千岁之人，又岂果有上仙之事哉？

此篇举颜回请见卫君、叶公子高使齐、颜阖傅卫太子三者，皆人世至艰至巨之事。而孔子与蘧伯玉曲陈其方，必使优游宛转，事有成功而人无犯患，又一归于大中至正之道，无丝毫权谋诈术杂其间，于以见"内圣外王"之学，本于穷理尽性至命，语见《易·说卦传》出之以至精、至变、至神，语见《易·系辞传》发仲尼之微言，揭《周易》之奥旨，足以补《论》、《孟》之未及，树人道之大防者已。

综全篇大意，惟"不得已"与"无用"两端。"不得已"者，不逞智于事先，不失机于事后。"无用"者，藏其锋于事外，泯其迹于事中，盖即前此无己之素功，而养生之实用。既物我之两齐，亦理事之无碍，即利用以安身，岂绝人而逃世哉？熟玩此篇问答之文，通其义趣，当知予言之非夸诞也。

颜回见仲尼，请行。曰："奚之？"曰："将之卫。"曰："奚为焉？"曰："回闻卫君，其年壮，其行独；轻用其国，而不见其过；轻用民死，死者以国量乎泽若蕉。民其无如矣。回尝闻之夫子曰：'治国去之，乱国就之。'医门多疾，愿以所闻思其则，庶几其国有瘳乎！"仲尼曰："譆！若殆往而刑耳！夫道不欲杂，杂则多，多则扰，扰则忧，忧而不救。古之至人，先存诸己，而后存诸人。所存于己者未定，何暇至于暴人之所行！且若亦知夫德之所荡，而知之所为出乎哉？德荡乎名。知出乎争。名也者，相札也。知也者，争之器也。二者凶器，非所以尽行也。且德厚信矼，未达人气，名闻不争，未达人心。而强以仁义绳墨之言术暴人之前者，是以人恶有其美也，命之曰菑人。菑人者，人必反菑之。若殆为人菑夫！且苟为说贤而恶不肖，恶用而求有以异？若唯无诏，王公必将乘人而斗其捷。

而目将荧之，而色将平之，口将营之，容将形之，心且成之。是以火救火，以水救水，名之曰益多。顺始无穷，若殆以不信厚言，必死于暴人之前矣！且昔者桀杀关龙逢、纣杀王子比干，是皆修其身以下伛拊人之民，以下拂其上者也。故其君因其修以挤之。是好名者也。昔者尧攻丛枝、胥、敖，禹攻有扈，国为虚厉，身为刑戮。其用兵不止，其求实无已。是皆求名实者也。而独不闻之乎？名实者，圣人之所不能胜也，而况若乎！虽然，若必有以也。尝以语我来！"

颜回曰："端而虚，勉而一，则可乎？"曰："恶！恶可！夫以阳为充，孔扬，采色不定，常人之所不违。因案人之所感，以求容与其心。名之曰：日渐之德不成，而况大德乎！将执而不化，外合而内不訾。其庸讵可乎？"

"然则我内直而外曲，成而上比。内直者，与天为徒。与天为徒者，知天子之与己，皆天之所子，而独以己言蕲乎而人善之，蕲乎而人不善之邪？若然者，人谓之童子，是之谓与天为徒。外曲者，与人之为徒也。擎跽曲拳，人臣之礼也。人皆为之，吾敢不为邪？为人之所为者，人亦无疵焉，是之谓与人为徒。成而上比者，与古为徒。其言虽教谪之，实也古之有也，非吾有也。若然者，虽直不为病。是之谓与古为徒。若是则可乎？"仲尼曰："恶！恶可！大多。政法而不谍，虽固亦无罪。虽然，止是耳矣。夫胡可以及化！犹师心者也。"

颜回曰："吾无以进矣。敢问其方。"仲尼曰："斋。吾将语若。有而为之，其易邪？易之者，暤天不宜。"

颜回曰："回之家贫，唯不饮酒，不茹荤者，数月矣。若此，则可以为斋乎？"曰："是祭祀之斋，非心斋也。"

回曰:"敢问心斋。"曰:"若一志,无听之以耳,而听之以心;无听之以心,而听之以气。听止于耳,心止于符。气也者,虚而待物者也。唯道集虚。虚者,心斋也。"

颜回曰:"回之未始得使,实自回也。得使之也,未始有回也。可谓虚乎?"夫子曰:"尽矣。吾语若。若能入游其樊,而无感其名。入则鸣,不入则止。无门无毒,一宅而寓于不得已,则几矣。绝迹易,无行地难。为人使易以伪,为天使难以伪。闻以有翼飞者矣,未闻以无翼飞者也;闻以有知知者矣,未闻以无知知者也。瞻彼阒者,虚室生白,吉祥止止。夫且不止,是之谓坐驰。夫徇耳目内通,而外于心知,鬼神将来舍,而况人乎!是万物之化也,禹、舜之所纽也,伏羲、几蘧之所行终,而况散焉者乎!"

此节凡七问答,一层深一层,一层细一层,非刿心熟玩,不能明也。

"颜回",字渊,见《论语》《孟子》。"卫君",出公辄也。"其行独",言自专也。本书言独者多矣,如《在宥篇》云:"独往独来,是谓独有。独有之人,是之谓至贵。"《天地篇》云:"举灭其贼心,而皆进其独志。"《田子方篇》云:"似遗物离人而立于独也。"彼独者,独以天也。此独者,则独以人也。于天可独,于人不可独,不可不辨也。

"轻用其国",言好兵也。"不见其过",不自知其非也。"轻用民死,死者以国量乎泽若蕉","量",比也。"蕉",薪也。言以轻用兵,故民死者众。比国于泽,则死者多如泽中之薪,甚言民之不堪命也。"民其无如矣","无如",无如何也。无如何而省言无如,犹无奈何而省言无奈也。《尚书·汤誓》曰:"夏罪其如台。"即夏罪其如台何。如何而言如,盖自古有然矣。

"治国去之,乱国就之",与《论语》所言"有道则见,无道则隐,危邦不入,乱邦不居",语似相反,然一以言存身之智,一以言救民之仁,义

各有当,未始相妨也。且人亦未可等量而齐观也。《孟子》曰:"有天民者,达可行于天下,而后行之者也。有大人者,正己而物正者也。""有道则见,无道则隐"者,天民之事。"治国去之,乱国就之"者,则大人之德也,是不可以期之大人以下,故孔子不以语他人,而以告颜子也。此可补《论语》之未及矣。

"医门多疾",所谓良医之门多病人,喻辞也。"愿以所闻思其则","则",法也。愿以平昔所闻于夫子者,思其救之之法,则"庶几其国有瘳乎"。言"瘳"者,承"医门多疾"言。国瘳则民瘳。颜子之心,盖痛夫民之不得其死,而发于一体之仁。《孟子》所云"禹、稷、颜回同道"者,抑于此可以征之。

然颜子知卫君之轻用其国,而不知己之轻用其身,仁则仁矣,而智不足以济之,则于事何益之有! 故孔子哀其志而疑其行,曰:"若殆往而刑耳!""若"犹汝也。"刑",戮也。

"夫道不欲杂,杂则多,多则扰,扰则忧,忧而不救","多",有余也,与常言多少之多异。譬之医疾,众药杂投,不死为幸,其能有效者鲜矣。"先存诸己而后存诸人",犹己立而立人,己达而达人,未有己不能立而可教人之立,己不能达而可教人之达者也。故曰:"所存于己者未定,何暇至于暴人之所行!""未定"承上"杂"、"多"言。定与扰一正一反也。"暴人"指卫君,以其"轻用民死",故谓之暴人。"至于",犹及于也。

"荡"犹溢也。《外物篇》云:"德溢乎名。""溢"者过量,过量则丧真。"德荡乎名"者,名起则德丧也。"出"犹生也。"知出乎争"者,知生夫争也。争起于知,故上言"知之所为出",而下言"知也者,争之器也"。"知"读如智。"札"亦作轧。相轧,相倾也。倾轧亦争也。所争者名,所以争者知,故曰:"二者凶器。"凶器不可以行世,故曰:"非所以尽行也。"

"砭"同硁,即《论语》"言必信,行必果,硁硁然小人哉"之硁,犹坚

也。德厚信坚，言德不荡，"名闻不争"，言争不出，此似进矣，而"未达人气"、"未达人心"，则信犹未可保，争犹未遽泯也。"达"之为言通也。未通者，未孚也。"而强以仁义绳墨之言术暴人之前"，"术"同述，谓称述也。"是以人恶有其美也"，恶与美对文，当读如字。"有"，取也。言美恶相形，以人之恶而取其美，如是则人不能平，故"命之曰菑人"。"命"犹名也。"菑"者，伤也，言其将伤人也。伤人者，人必反伤之，故曰"若殆为人菑夫"，与"若殆往而刑耳"句应。

"说"同悦。"苟为悦贤而恶不肖"，言卫君苟诚也。"恶用而求有以异"，"而"与尔同，言回。"恶不肖"之"恶"，读去声。"恶用"之"恶"读平声，与乌同。"若唯无诏"，"诏"，诰也。句法与"是唯无作"一例。"王公必将乘人而斗其捷"，言诏则卫君必乘之而斗其捷。"捷"，胜也。"乘"之者，乘其"有以异"也。"有以异"，则是立标而招矢，斗之所以起也。夫彼以王公之势，而又益之以不欲下人之暴，此岂存于己者未定之所能争乎？故曰"而目将荧之，而色将平之，口将营之，容将形之，心且成之"，言其目眩色动，将自救解不及，终且容屈而心服之，适以助其恶而已矣。"成"如行成之成，犹今云妥协也。始欲革其非心，卒乃长其凶焰。后世忠谏之士，行与愿违，以致身家与国事俱坏，若此者甚众。盖不知顺以导之，而惟逆以激之，势必决裂至此也。故用"以火救火，以水救水"况之，而"名之曰益多"。"顺始无穷"，承"益多"言，谓循此以往，将至不可纪极，又不仅益多而已。"若殆以不信厚言，必死于暴人之前矣"，与"若殆往而刑耳"句再应。然初言殆，今言必，初言刑言菑，今言死，语益危而意益切矣。

引桀、纣者，比暴君也。引尧、禹者，起下圣人也。桀、纣之杀龙、比也，以名。尧、禹之攻四国也，以名亦以实。"名实者，圣人之所不能胜"，"胜"读平声，任也，当也。名实二字，虽圣人亦当不起。龙、比以当名而不免于被杀。尧、禹以当名实而不免于灭人之国、杀人之君，即前所云"名也者，相札也。知也者，争之器"之说也。"而况若乎"，所以

证其必死于暴人之前也。

"伛"同妪。"伛"谓呴呕之。"拊"同抚,谓抚循之。"拂",违也,逆也。"挤",排也。"虚厉",社稷为墟,宗庙为厉也。帝王诸侯无后者,祭于泰厉。见《礼记·祭法》。"国"指丛枝诸国。"身"指诸国之君。"用兵不止,求实无已",亦谓诸国。"实"者,土地财赋也。盖四国皆以用兵而召兵,以求实而丧实,是可鉴也。

"虽然,若必有以也,尝以语我来","以"如《论语》"如或知尔,则何以哉"之以,叩颜子之所挟者何具也。

答曰:"端而虚,勉而一,则可乎?""端"、"勉",其本所具。"虚"以应上"扰"、"忧"之言。"一"以应上"杂"、"多"之言,则其新所进也。

曰:恶!恶可!上"恶"叹声。下"恶"与"恶用而求有以异"同,皆读如乌。"恶可",不可也。"夫以阳为充",根上"端"、"勉"言。端勉则志壹,志壹动气而体充。然志壹矣,而气未能全无暴也,故曰"以阳为充"。"以阳",言其发露多而收敛少也。"孔扬","孔",甚也。甚扬,气之盛也。"采色不定",容色之易变也。《小戴礼记·玉藻篇》云:"色容庄。"不定,则非庄矣,此由气使然,视上"所存于己者未定",就心言者,又细密矣。"常人之所不违","违"犹拂也,言常人所不能拂逆也。"因案人之所感,以求容与其心","案",凭也,据也。"容与"犹从容,谓自适。据人所感而求自适其心,则是强人以就己,未能随方以应物也。"日渐之德","渐",渐渍。谓小德日进者。小德不成,而况大德乎!此皆与回论真实学问事。旧注以为指卫君说,大非也。"执而不化",执一而不化也。"外合而内不訾","訾",量也。内不訾量,不能以义量度之也。"执而不化",是适也。适音敌外合而内不訾,是莫也。《论语·里仁篇》子曰:"君子之于天下也,无适也,无莫也,义之与比。"非适则莫,何以说人,故曰:"其庸讵可乎!"

"然则"以下又颜子语也。颜子以夫子责其执一,故张三条以进之。"内直"所以答"以阳为充"之教,曰"与天为徒",曰"人谓之童子",

则无阳充孔扬之色矣。"而独以己言蕲乎而人善之，蕲乎而人不善之邪？"不期乎人之善与不善，则无案人所感以求自适之心矣。"外曲"所以答"执而不化"之教，曰"与人为徒"，则非执己不移者矣。"曲"如《中庸》致曲之曲，言委曲周至也。"擎跽曲拳"，"擎"谓执贽。"跽"，跪也。"曲"，鞠躬。"拳"，拱手。皆人臣见君之礼也。"疵"，瑕疵，言指责也。"成而上比"，所以答"外合而内不訾"之教。"比"即《论语》义之与比之比，从也。"成"者成其德。"上比"者，上从于古也，故曰"与古为徒"。成德而上从于古，则非内不訾量者矣。"其言虽教谪之"句。"教"，教其是。"谪"，谪其非也。"实也"二字连下"古之有也"为句。实古之有而非吾有，此即《寓言篇》所谓重言者也，故曰"若然者，虽直不为病"。"若是则可乎？"复就正于夫子也。

　　"大多"句。"大"读太。张以三条犹是前者杂多之病，故直曰太多也。"政"同正，语助也，属下读。"法而不谍"，"谍"即《列御寇篇》"形谍成光"之谍，犹渫也。《秋水篇》："尾闾渫之，不知何时已而不虚。"从水作渫，渫者，泄之异文。彼言水，此言人之心意，故从言。盖六书转注之例如是，犹澹泊之亦作憺怕也。"以阳为充，孔扬，采色不定"，正"形谍成光"之比。今"与天为徒"，近于葆其光矣，故曰"不谍"。"法"承上"愿以所闻思其则""则"字言，即《在宥篇》所云"粗而不可不陈者法"与"齐于法而不乱"之"法"，在此则并包"擎跽曲拳"人臣之礼言。盖"法"承"外曲"说，"不谍"承"内直"说，"虽固亦无罪"，则承"成而上比"说。"无罪"，即所谓"虽直不为病"也。"虽然，止是耳矣"，言止于无罪而已矣。无罪谓可免于刑戮，然而未能喻卫君于道也。何也？则以其执之未尽，而见之未圆。故曰："夫胡可以及化！犹师心者也。"师心即执，执则不能丧我，不能丧我，则亦不能物化，所以未可以及化也。以上三问答，皆所以破颜子之执者也。

　　以下四问答，一二两问答只为第三"心斋"开端。向来读者解者多著意"心斋"一段，不知"心斋"亦只为下一段开端，此观"斋，吾将语若"

之言可知也。

“有而为之，其易邪？易之者，皞天不宜”，两“易”字皆轻易之易。盖回之请行，虽发于救民之仁，而不免有轻于任事之过。夫子虑其听言之易，仍将执而不化也。故先以“斋，吾将语若”难之。轻易之心，皆生于有为。故曰：“有而为之，其易邪？”轻易之心生，则天知闭塞，故曰：“易之者，皞天不宜。”“皞”通皓，明白也。《天地篇》曰：“无为为之之谓天。”言皞天，正与“有而为之”对。

“斋”者，齐也。《礼记·祭统》曰：“君子之齐_{同斋}也，专致其精明之德也。”又曰：“齐不齐，以致齐者也。”盖斋本起于祭祀，而《易·系辞传》曰：“圣人以此斋戒，以神明其德夫。”则斋又不必定在祭祀，“心斋”之名由此。顾其理则有相通者。此答“心斋”，首云“一志”，即“齐不齐，以致齐”，而“专致其精明之德也”，故曰：“无听之以耳，而听之以心，无听之以心，而听之以气。”“气”者人之精明，亦即明白之天知也。“听止于耳”者，耳之止其所也。“符”，征也。《荀子·正名篇》所云“心有征知”是也。_{征知近乎今所云概念。}“心止于符”，心之止其所也。心耳皆各止于其所而后气得以致其虚，故继之曰：“气也者，虚而待物者也。”此二“止”字，皆《周易》“艮止”之止，下文“吉祥止止”，正与此相应。《易·艮卦》曰：“艮其背，不获其身。行其庭，不见其人。”不获其身，无我也。不见其人，无物也。无我无物，所谓虚也。而艮背实为之本，故《象》传曰：“艮其止，止其所也。上下敌应，不相与也。是以不获其身。行其庭不见其人也。”又不独《艮卦》也。《咸卦》大象曰：“山上有泽，咸，君子以虚受人。”人知虚在于兑泽，而不知泽之所以虚，则在其下有艮山之止也。以此知常解谓听之用止限于耳，心之用止限于符，不如气之虚为能尽应物之用，将极紧要字以无意义语换之，误之甚者也。“唯道集虚”，应上“道不欲杂”语。虚者气，而结云“虚者，心斋也”者，心与气，析之则有二名，合之则仍只一物也。

“荤”，薤蒜之类，菜之辛臭者也。“茹”犹食也。且颜子亦尝言端

68

虚、勉一矣，夫子既未可之，而所以教之者，曰"一志"，曰"虚而待物"，曰"唯道集虚"，犹是"虚"、"一"二语，则又何也？

夫待端而虚，则未能全虚也。待勉而一，则未能真一也。此所谓有而为之者也。若夫子所云"一"，所云"虚"，则一空依傍，全出自然。此人天之分，未可同日而语也。故颜子闻之即应曰："回之未始得使，实自回也。得使之也，未始有回也。""使"者，夫子言之，颜子受之，默契无间，速若影响。《论语》所云"不违如愚"，所云"于言无所不说"，于此一"使"字，盖可仿佛见之。"未始有回"者，将以前种种见解、种种伎俩、一扫而尽，更无丝毫粘带，此即丧我境地也。故夫子曰："尽矣！"然后告之以调御卫君之道。盖"唯道集虚"，亦惟虚而后能用夫道也。

"入游其樊"，"樊"如前篇"不蕲畜乎樊中"之樊。"樊中"，非其地也，然而能游者，则虽樊中无害也。"无感其名"，应上"德荡乎名"与"名实者，圣人之所不能胜"句。"无感"，则不独不求不好，且与名相忘矣。"入则鸣，不入则止"，"入"者投契之谓。相其投契则言，不然则止，无意必也。不曰言而曰鸣者，即《齐物论》所云彀音出之无心，言而无言者也。"言无言"，见《寓言篇》。

"无门无毒"，承前"医门多疾"说。"毒"谓药也。名曰医门，名曰用药，则讳疾者之所避也。卫君不见其过，而将乘人斗捷，其讳疾忌医甚明也。惟无门，则无往而非医也。无毒，则无往而非药也。如是，则讳无所用其讳，而避亦无得而避矣。《知北游篇》云："汝唯莫必，无乎逃物。"盖此之谓也。

"一宅"者，宅于一也。宅于一者，不杂不扰之谓也。"寓于不得已"，"不得已"，所谓虚而待物者也。惟虚，故不逆不億，不用智于事先；惟待物，故批郤、导窾，亦不失机于事后，为《易·系辞》所谓"寂然不动，感而遂通天下之故"者也。"不得已"之言，本之老子，老子曰："将欲取天下而为之，吾见其不得已。"而《庄子》则更从而发挥之，一书之中，不啻数见，其尤言之谆至者，则莫如《庚桑楚》一篇，既曰"动以不

得已之谓德”，又曰“有为也欲当，则缘于不得已”。不得已之类，圣人之道，故吾前论全篇大意，首提“不得已为之枢机也”。“则几矣”仅言“几”者，见更有进焉者也。

“绝迹”，老子所言“善行无辙迹”也。然虽绝迹，犹不免于行也。若无行地，则乘云气、御飞龙之比。故曰：“绝迹易，无行地难。”“伪”如《荀子·性恶篇》“人之性恶，其善者伪也”之伪，谓人为也，非真伪之伪。“为人使”，人力之所可作为也。“为天使”，则非人力之所可作为也。故曰：“为人使易以伪，为天使难以伪。”此有似《孟子》言“其至尔力，其中非尔力”之意。见《万章篇》盖力出之人，巧得之天也。“闻以有翼飞者矣，未闻以无翼飞者也”，有翼飞易，无翼飞难也。“闻以有知知者矣，未闻以无知知者也”，有知知易，无知知难也。《则阳篇》云：“人皆尊其知之所知，而莫知恃其知之所不知而后知，可不谓大疑乎！”疑犹惑也“恃其知之所不知而后知”，即此“以无知知”之谓也。《齐物论》云：“知止其所不知，至矣。”“知止其所不知”，摄用归体也。“以无知知”，恃其所不知而后知，则由体起用也。其意一也。以知知者，随其成心而师之，所谓师心者也。以无知知，恃其所不知而后知，则未成乎心而有是非，所谓虚而待物者也。通观《庄子》全书，其欲人之以无知知也，明矣。而解者多悖其意，可异也。

“瞻彼阒者，虚室生白”，“阒”，缺也，即老子所云“凿户牖以为室，当其无有室之用”者。《天地篇》云：“机心存于胸中，则纯白不备。纯白不备，则神生不定。神生不定者，道之所不载也。”今以无知而知，则机心净而纯白备，故喻之“虚室生白”也。纯白备则神生定，故继之曰“吉祥止止”。“止止”者，止其所止也。时止者亦时行，故又曰：“夫且不止，是之谓坐驰。”“坐驰”，所谓“以无翼而飞者也”。《在宥篇》曰：“尸居而龙见。”尸居非坐乎？龙见非驰乎？此与“火驰而不顾”者，语见《外物篇》悬若天壤。解者等而视之，舛矣。夫有止而无行，则是有体而无用，何以为“内圣外王”之道乎？且此段乃从“入游其樊”更进一层

70

说。若仅止止而止,则有何不得已。不得已者,不得止也。抑游者、飞者之谓何? 将皆为剩语乎!《淮南子·览冥训》有"是谓坐驰、陆沈、昼冥、宵明"语,高诱注云:"言坐行神化,疾于驰传。沈浮冥明,与道合也。"观夫《淮南子》之言,知坐驰古义犹存,特后人不察耳。

"徇耳目内通",耳目,人恒用之于外者也,而徇之内通,则《养生主》所谓"官知止"也。"外于心知",心知,人恒用之于内者也,而外之,则《养生主》所谓"神欲行"也。外与内通,非排黜之谓也。内者止也。外者驰也。所谓过化存神,"上下与天地同流"者也。语见《孟子·尽心篇》故曰:"鬼神将来舍,而况人乎!"若是,卫君虽暴,固将在潜移默化之中矣,又安取乎思其则,出乎知,而强以仁义绳墨之言犯难而行乎?

窃尝论之:"心斋"至"未始有回",即去"我执";"入游其樊"至"寓于不得已",即去"法执"。"我执"、"法执",语本佛典。"绝迹"以下,则冰解冻释,人法两忘,因极赞其神化之妙,而结之曰"是万物之化也"。盖《齐物论》始于"丧我",终于"物化",一篇精蕴,尽具于斯矣。

"禹、舜之所纽也,伏羲、几蘧之所行终","纽"同狃、忸,习也。"几蘧",亦古帝王名。"行终",谓行之终其身。禹、舜习之,伏羲、几蘧行之,"而况散焉者乎!""散"者,未成之名。言凡人不可不致力于斯也。"行终",反结前"非所以尽行"意。首尾相应,文法森然。

叶公子高将使于齐,问于仲尼曰:"王使诸梁也甚重,齐之待使者,盖将甚敬而不急。匹夫犹未可动也,而况诸侯乎! 吾甚栗之。子尝语诸梁也,曰:'凡事若小若大,寡不道以欢成。事若不成,则必有人道之患;事若成,则必有阴阳之患。若成若不成,而后无患者,唯有德者能之。'吾食也执粗而不臧,爨无欲清之人。今吾朝受命,而夕饮冰,我其内热与! 吾未至乎事之情,而既有阴阳之患矣;事若不成,必有人道之

患。是两也。为人臣者不足以任之。子其有以语我来!"

仲尼曰:"天下有大戒二:其一命也,其一义也。子之爱亲,命也,不可解于心;臣之事君,义也,无适而非君也。无所逃于天地之间,是之谓大戒。是以夫事其亲者,不择地而安之,孝之至也;夫事其君者,不择事而安之,忠之盛也;自事其心者,哀乐不易施乎前,知其不可奈何,而安之若命,德之至也。为人臣子者,固有所不得已。行事之情,而忘其身,何暇至于悦生而恶死!夫子其行可矣!丘请复以所闻:凡交近,则必相靡以信;远,则必忠之以言。言必或传之。夫传两喜两怒之言,天下之难者也。夫两喜必多溢美之言,两怒必多溢恶之言。凡溢之类妄。妄则其信之也莫,莫则传言者殃。故法言曰:'传其常情,无传其溢言,则几乎全。'且以巧斗力者,始乎阳,常卒乎阴,大至则多奇巧;以礼饮酒者,始乎治,常卒乎乱,大至则多奇乐。凡事亦然。始乎谅,常卒乎鄙;其作始也简,其将毕也必巨。夫言者,风波也;今各本"夫"字倒错在下"风波易以动"句上。依覆宋本改正。行者,实丧也。风波易以动,实丧易以危。故忿设无由,巧言偏辞。兽死不择音,气息茀然,于是并生心厉。克核大至,则必有不肖之心应之,而不知其然也。苟为不知其然也,孰知其所终!故法言曰:'无迁令,无劝成。'过度,益也。'迁令''劝成',殆事。美成在久,恶成不及改,可不慎与!且夫乘物以游心,托不得已以养中,至矣。何作为报也?莫若为致命。此其难者。"

"叶公",楚大夫,为叶县尹,故称叶公,尝问政于孔子,见《论语·子路篇》,姓沈,子高其字,诸梁其名。"甚敬而不急"者,敬以虚文,而不急应其实求也。"栗",惧也。"若小若大","若成若不成","若"并与

或同。"寡不道以欢成",言事无小大,鲜有不依于道而能成之无遗憾者也。"人道之患",国之刑罚也。"阴阳之患",身之忧苦也。成与不成而卒无患者,惟有德者能之。"德"承"道"言。"有德者",有得于道者也。此以上旧闻于夫子之言也。

"食也执粗而不臧","执",守也。"臧",善也。守其粗薄,不求精善也。"爨无欲清之人","清"通凊,就凉也。爨人不须就凉,见炮燔时少,食粗有征也。"内热",热病也。《则阳篇》云:"使其君内热发于背。"又云:"内热溲膏。"发于背则为背痈,溲膏则为痟渴。故曰:"吾未至乎事之情,而既有阴阳之患矣。""事之情",事之实际也。此其所以"甚栗"也。而事若不成,又将有"人道之患",故求教于夫子也。前者颜子之病,在视事之易;今叶公之病,则在虑事之难。视事易者多轻,虑事难者易怯,故夫子所以告之者亦异。于颜子则警戒之辞多,于叶公则劝勉之意切也。

语分两段,"夫子其行可矣"以上,所以解其"阴阳之患"之惑也;"可不慎与"以上,所以解其"人道之患"之惑也。"乘物以游心"以下,则两结之,而归之于"致命"。此所谓穷理尽性至命之学也。

"天下有大戒二","戒",守也。人之所守而不可稍违者也。"命"者,天之命也。"义"者,人之义也。命之自天,故不可解于心。义存乎人,故亦无所逃也。郭子玄曰:"千人聚,不以一人为主,不乱则散,故多贤不可以多君,无贤不可以无君。此天人之道,必至之宜。"是亦案实而言,初不关乎时变者也。然事亲事君,皆由心起。心上无工夫,则事亲事君触处皆碍;不然,亦伪而已。故特提出事心一层。事心者,从事于心性之学也。

"施"犹移也,读去声。"哀乐不易施乎前",言不以前境哀乐为之移易也,即《养生主》"哀乐不入"之意。"知其不可奈何而安之若命",与"不择地而安之"、"不择事而安之",两"安"字相应。"安"者止也,不止则扰矣。叶公之甚栗内热,皆起不安;而所以不安者,则以爱身之

故。不知身有所制,制之于命,非人所可得而自专也。《达生篇》曰:"达命之情者,不务知之所无奈何。"盖谓是也。故既告之以安命,又进之以忘身。忘身安命,则尽性矣。尽性者,生死一齐,又何暇悦生而恶死乎!此所以劝其行也。

"丘请复以所闻","复"如《孟子》"有复于王者"之复,更告之以使人之道也。使人之责在传言,而言之难传者,在两君之喜怒。喜则言多溢美,怒则言多溢恶。溢则非实,非实则难以取信。"信之也莫","莫"犹漠也,漠然无动于中也。"殃"犹菑也。"法言",古所传之言,足以为法者,犹今云格言也。"传其常情,无传其溢言",情、言互文。情常者无溢言,言溢者即非常情也。情者喜怒也。"几乎全"者,若是庶可自全也。"始乎阳",本以为欢也。"卒乎阴",偷以取胜也。"大"读太。"大至"犹已甚。"奇巧",巧之不中理者也。"始乎治","威仪抑抑"也;"卒乎乱","屡舞傞傞"也。语见《诗·小雅·宾之初筵》"奇乐",乐之不中礼者也。"凡事亦然",言凡事有之,不独饮酒、斗力二者也。"谅",信也。"鄙",诈也。"简",约也。"巨",大也。

"夫言者,风波也","风波言其变幻,变幻故易以动。"行者,实丧也",实丧言其浮虚,浮虚故易以危。"言"承上"传言"言。两喜两怒,溢美溢恶,所谓风波也。"行"承上斗力、饮酒言。始阳卒阴,始治卒乱,所谓实丧也。"实丧",犹言失其本也。"忿设无由,巧言偏辞","设"犹作也。"无由"犹无端。言忿之作也无端,唯巧言偏辞耳。"偏"同谝。《说文》:"谝,便巧言也。"《书·秦誓》:"惟截截善谝言。"又《论语》"友谝佞",今文作便,然则偏辞亦即便辞。巧言、便辞,一也。"兽死不择音"三句,假兽以喻人也。"茀"同怫。"厉",恶也。"心厉",心上之恶,谓生恶意欲伤人也。"克"如克期之克。"核"如核实之核,谓要必也。要必"大至",承上"齐之待使者甚敬而不急"急字言。盖虑诸梁急于使事,不免有要必之心。要必之心起,而巧言偏辞有不暇择者矣。"不肖之心应之,而不知其然也",所谓"忿设无由","孰知其所

终",则传言者殃矣。

"无迁令",无改君命也。"无劝成",无强成事也。此二句述法言也。"过度,益也"以下,则所以为之释。"益"同溢,言凡过度者即皆溢也,不但溢美溢恶之言而已。"迁令"、"劝成",本冀以成事也,而不知适以殆事,所谓"实丧易以危"也。"美成在久",言美之成也难。"恶成不及改",言恶之成也易。故曰:"可不慎与!"

此段于人情变化、事势险阻抉发无遗,非穷理之精,断断不能及此。《易·系辞》曰:"精义入神,以致用也。利用安身,以崇德也。"惟利用可以安身,惟精义可以致用,叶公不能知也,而徒汲汲以保身为利,则何益乎!

"乘物以游心",承后一段言。曰"游心",则因应无滞,而人道之患可免矣。"托不得已以养中",承前一段言。曰"养中",则忧惧尽捐,而阴阳之患可免矣。故曰"至矣"。前节对颜子言曰"一宅而寓于不得已",不得已重,此对叶公言曰"托不得已以养中",则养中重。对颜子之言"不得已",意在无犯难;对叶公之言"不得已",意在不苟免,此中又稍有分别,不可不知也。

"何作为报也","作",作意也。郭注云:"任其所报,何必为齐作意于其间。"是也。"致命",即《易·困卦象》曰"君子以致命遂志"之致命,与上"天下有大戒二、其一命也",及"知其不可奈何而安之若命",两"命"字相应。常解以致君之命说之,非也。安命,但安之而已,其义浅。致命,则以至于命,其功深。故曰"此其难者",应"传两喜两怒之言,天下之难者也"。言彼尚非难,难实在此耳。吾引《易·说卦》穷理尽性至命之言以说此文,识者当能知其非强为附会也。

颜阖将傅卫灵公大子,而问于蘧伯玉曰:"有人于此,其德天杀。与之为无方,则危吾国;与之为有方,则危吾身。其知适足以知人之过,而不知其所以过。若然者,吾奈之何?"

蘧伯玉曰:"善哉问乎! 戒之,慎之,正女身哉! 形莫若就,心莫若和,虽然,之二者有患。就不欲入,和不欲出。形就而入,且为颠为灭,为崩为蹶。心和而出,且为声为名,为妖为孽。彼且为婴儿,亦与之为婴儿,彼且为无町畦,亦与之为无町畦;彼且为无崖,亦与之为无崖。达之,入于无疵。女不知夫螳螂乎? 怒其臂以当车辙,不知其不胜任也,是其才之美者也。戒之,慎之! 积伐而美者以犯之,几矣。女不知夫养虎者乎? 不敢以生物与之,为其杀之之怒也;不敢以全物与之,为其决之之怒也;时其饥饱,达其怒心。虎之与人异类而媚养己者,顺也;故其杀者,逆也。夫爱马者,以筐盛矢,以蜄盛溺。适有蚉虻仆缘,而拊之不时,则缺衔、毁首、碎胸。意有所至,而爱有所亡,可不慎邪!"

"颜阖",鲁人,哀公尝欲以币先而欲见之,阖逃焉,见《让王篇》。"卫灵公"名元,尝问陈于孔子,见《论语》。"大"读太。"太子",则蒯聩也,即前出公之父。其父子争国事,见《左氏传》。《达生篇》载东野稷以御见庄公,颜阖料其马必败,蒯聩得国后,谥庄公。则阖不独为之傅,且为之臣矣。"蘧伯玉",名瑗,卫大夫,孔子之友,见《论语》。《则阳篇》有"蘧伯玉行年六十而六十化"之语,其德可想见已。

"天杀"之杀,谓降杀也。"其德天杀"者,言天薄之,不赋以美德。"与"谓相与。"方",道也,法也。"无方则危国,有方则危身",言两难也。"适",只也。"人",即"有人于此"之人。"适足以知人之过,而不知其所以过",言知太子之过,而不知其过之所由起,自愧其智之不及,无能以傅之也。"其知"之知,读同智。不曰吾智而曰"其智",承上"吾国"、"吾身"两吾字言,便文故用"其"也。旧解以此属太子说,支矣。

"戒之,慎之",勿轻与也。"正汝身哉",先存诸己也。"形莫若就",与之偕也。"心莫若和",不自失也。"由由然与之偕,而不自失焉",见

《孟子·公孙丑篇》。孟子言柳下惠语如是。"就不欲入",入者还与同也。"和不欲出",出者自显异也。还与同,则与之俱败矣。故曰:"形就而入,且为颠为灭,为崩为蹶。""且",将也。"颠灭"、"崩蹶",又不止国危而已。自显异,则招其所恶矣,故曰:"心和而出,且为声为名,为妖为孽。""声名"、"妖孽",又不止身危而已。声名而曰妖孽者,名也者相札之由,本非美事也,此正所以为戒也。

"婴儿",无知识也。"町畦"犹畛畦。无畛畦,无防闲也。"崖",崖岸。无崖岸,无廉隅也。无防闲,无廉隅,皆言无礼义也。彼且为之,亦与为之,所谓"形莫若就"也。"达之,入于无疵","达",疏也,导也。"疵",过也。凡上所为,卒以导之诱之,入于无过,所谓"心莫若和"也。

螳螂一喻,"和不欲出"之戒也。"是其才之美","是"读自是之是,言自负也。"积伐而美者以犯之","伐",矜也。"而"同汝。"犯之",斯所谓"为声为名,为妖为孽"也,故曰"几矣"。"几",殆也,危也。

养虎、爱马两喻,"就不欲入"之戒也。两"不敢"皆戒慎之辞。"决"如《礼记·曲礼篇》云无齿决之决,谓断也。"时其饥饱",食之以时也。"达其怒心",不触其怒。"达"亦疏导之意,与"达之,入于无疵"同。盖就之中有和,则就而不入矣。"矢"者屎之假借,"溺"者尿之假借。"蜄"同蜃,大蛤也。以筐盛矢,以蜄盛溺,爱之至也。"适",偶也。"仆",附也。《大雅·既醉》之诗曰:"景命有仆。"毛传:"仆,附也。"是也。偶有蚕虻附之缘之。"而拊之不时","拊",拍也,拍之不得其时也,则"缺衔、毁首、碎胸"。"衔",马口中勒。"缺",破坏也。此所谓"为颠为灭,为崩为蹶"也。"意有所至而爱有所亡","亡",忘也。言马之意别有所属,则人之爱己亦有时而忘之也。虎有时媚养己,而马乃有时忘其爱,以见待人接物之不易,而祸每发于所忽,不可稍有疏虞也,故曰:"可不慎邪!"上两言"慎之",卒复归之于"慎"。盖与《大学》、《中庸》言戒慎、恐惧一意,孰云庄子与儒异趣乎?

匠石之齐,至乎曲辕,见栎社树。其大蔽牛,絜之百围;其高临山,十仞而后有枝;其可以为舟者,旁十数。观者如市,匠伯不顾,遂行不辍。弟子厌观之,走及匠石,曰:"自吾执斧斤以随夫子,未尝见材如此其美也。先生不肯视,行不辍,何邪?"曰:"已矣,勿言之矣!散木也,以为舟则沈,以为棺椁则速腐,以为器则速毁,以为门户则液㰮,以为柱则蠹,是不材之木也。无所可用,故能若是之寿。"

匠石归,栎社见梦,曰:"女将恶乎比予哉?若将比予于文木邪?夫柤梨橘柚,果蓏之属,实熟则剥,剥则辱,大枝折,小枝泄。此以其能苦其生者也,故不终其天年而中道夭,自掊击于世俗者也。物莫不若是。且予求无所可用久矣,几死,乃今得之,为予大用。使予也而有用,且得有此大也邪?且也若与予也皆物也,奈何哉其相物也?而几死之散人,又恶知散木!"匠石觉而诊其梦。弟子曰:"趣取无用,则为社何邪?"曰:"密!若无言!彼亦直寄焉,以为不知己者诟厉也。不为社者,且几有翦乎!且也彼其所保与众异,而以义誉之,不亦远乎!"

"匠石",大匠名石也。《徐无鬼篇》载匠石于宋元君称臣,则当是宋人也。"曲辕",齐地名。"栎社",古者立社,各树以所宜之木,此树以栎,故即以栎名。下"树"即谓栎也。《汉书》言高祖祷丰枌榆社,则汉时犹以所树之木名社也。顾此言栎,与凡言栎树异。《秦风·晨风》之诗"山有苞栎",与棣槲、六驳 六驳,当依崔豹《古今注》作木名。并举,则非不材之木,此当是樗类,同名而异实者也。

"其大蔽牛",言其干之巨,牛在其旁隐而不见也。"蔽"非荫蔽之蔽。别本"牛"上有"数十"二字,盖不知者所加。"其大蔽牛","其高临

山",文正相对。且下云"絜之百围",明此大指干言,非谓全树之大也。"絜"犹量也。"围",与后文言"拱把"一类,一手曰把,两手曰拱,张两臂以絜之则曰围。"围"犹抱也,今之常言合抱之木,是也。"其高临山","临"者,自上视下之谓,言高逾于山也。"十仞而后有枝","仞",七尺也。广曰寻,高深曰仞,皆两臂之长。然量高深者,臂一举一垂,自较横而伸之为短,故寻八尺,仞则七尺,此定说也。木之高者,生枝皆距根甚远,此云十仞以上有枝,正形其高,体物可谓精极矣。"其可以为舟者旁十数","其",其枝也,故曰旁。举可以为舟者,古者刳木为舟。言枝之巨如此,则余可知也。

"匠伯","伯"者,长也,对下弟子言,故易称之曰"匠伯",伯非字也。"厌"同餍。"厌观之",饱看之也。"散木也",此"散"字与前"散焉者乎"散字稍异。彼特未成之名,此则谓无成也。今俗有不成材料之语,以作此注,最切矣。"椁"一作槨,棺之外重者。"液樠",《说文》:"樠,松心木。"盖木之流脂如松者。"液",沁液,言其沁出脂液,如樠然也。"蠹",蛀也。"不材之木",即所谓散木也。

"栎社见梦",见于梦也,"见"音现。"比",比方,言较其长短优劣也。"文木",木之有文章者,良材也。"柤"同樝,今俗作楂。"柚",似橘而大。木实曰果,草实曰蓏。"柤梨橘柚",分举其名。"果蓏之属",则总举其类也。"剥",剥落也。"辱",屈辱也。木何以有屈辱? 言辱者,影射人事以为之说也。"泄",泄其生气也,与洩同。"掊"、"击"一义,皆毁伤也。"自掊击于世俗者",言毁伤由于自取,不得以尤世俗也。"几死","几",近也。近死"乃今得之",言得之之不易也。"得之"者,得其无所可用也。得其无所可用,"为予大用",篇末所云"无用之用"也。"相物"之"物"系动字。"奈何哉其相物"者,《知北游篇》云"物物者非物",既若与予皆物,则何能物物? 意谓以物视己为不知己也,故继之曰:"而几死之散人,又恶知散木!""而"犹汝也。

"觉而诊其梦","诊",审也,言与弟子审其梦中之言,如后世所云

详梦是也。"趣取无用","趣"者急义,言急求无用也。"密"一字句,谓秘之也。"若无言",汝勿言也。"彼亦直寄焉以为不知己者诟厉也"十四字为句。"诟厉",犹诟病。言彼特寄于社,以任不知己者之诟病而不辞。盖于不知己者而得诟病,斯正其自隐之道也。"且几有翦乎",此"几"犹岂也。言即不为社,又岂有翦伐之者哉!"保"犹守也。"义"谓常理。彼其所守与众异,而以众人之常理誉之,"不亦远乎",言其不能合也。

　　南伯子綦游乎商之丘,见大木焉,有异,结驷千乘,隐将芘其所藾。子綦曰:"此何木也哉?此必有异材夫!"仰而视其细枝,则拳曲而不可以为栋梁;俯而视其大根,则轴解而不可以为棺椁;咶其叶,则口烂而为伤;嗅之,则使人狂醒,三日而不已。子綦曰:"此果不材之木也,以至于此其大也。嗟乎,神人以此不材。"宋有荆氏者,宜楸柏桑。其拱把而上者,求狙猴之杙者斩之;三围四围,求高名之丽者斩之;七围八围,贵人富商之家求樿旁者斩之。故未终其天年,而中道已夭于斧斤,此材之患也。故解之以牛之白颡者,与豚之亢鼻者,与人有痔病者,不可以适河。此皆巫祝以知之矣,所以为不祥也。此乃神人之所以为大祥也。

　　"南伯子綦"即南郭子綦,注见前。"商之丘",宋都,今商丘县也。"驷",四马。"千乘",车千辆也。古一车驾四马,就马言则曰驷,就车言则曰乘。"隐",隐度。"芘"同庇。"藾"同赖。"所赖"指车马。芘谓大木庇之。隐度者,子綦约略计之如此也。故曰"结驷千乘"。言傥有连结千乘至此者,非实然也。"拳曲",不直也。"轴解",木心之纹有如车之轴,今所谓年轮是也。"解"则疏散而空,谓不坚致也。"咶"同舐,咶取会意,舐取谐声也。"烂",如火灼也。"醒",酒病。"狂醒",醒之

甚也。"神人以此不材",此节两提神人,以见此云不材即神人无功意,非果不材也。

"荆氏",宋地名。"楸",梓也。"桑",山桑。《小雅·小弁》之诗曰:"维桑与梓,必恭敬止。"故此亦楸、桑并列也。"杙",系狙之橛也。"猴",狙类。"斩",伐也。"高名"犹高大也。"丽"同槺,屋栋,《秋水篇》云"梁丽可以冲城"是也。"樿旁",棺之全边者,字从木从单,谓单木不须两合也,故读当亦同单。或从示作禅,误也。"解"如禳解之解。《汉书·郊祀志》:"古天子常以春解祠黄帝。"即此解义。"白颡",白额。"亢鼻",仰鼻。"痔病",后病也。"适",之也。"适河",沈于河以祭也。三者不可以适河,盖当时禳解家有此说。故曰:"此皆巫祝以知之矣。""巫",以舞降神者。巫祝所以为不祥,乃神人之所以为大祥。言神人所为固有非外人所知者。盖犹是上节"所保与众异"之意。以是益知此之不材非寻常之所云不材也。以人祭河,古有是俗,魏西门豹尝以术禁断之。见《史记·滑稽列传》褚先生所增附。

支离疏者,颐隐于齐,肩高于顶,会撮指天,五管在上,两髀为胁。挫针治繲,足以糊口;鼓筴播精,足以食十人。上征武士,则支离攘臂于其间;上有大役,则支离以有常疾不受功;上与病者粟,则受三钟与十束薪。夫支离其形者,犹足以养其身,终其天年,又况支离其德者乎!

前二节假木作喻,此则径归之人身。盖承上神人言,义在德而不在形。说其形支离,依旧是喻,不可不知。又设此以为下篇《德充符》作一伏线,故特提出"德"、"形"二字。七篇文章,钩锁入妙,尤不可不知也。

支离字从散字出。"支离"者,支于正而离于常,犹今言离奇也。"疏"其本名。以其形支离,冠二字于名上,犹《论语》叶公言"吾党有直

躬者",以人称其直,加直字于躬之名上,盖同一例也。

"齐"同脐。"颐隐于脐,肩高于顶",盖伛之甚者,其形如是。"会撮指天","会"同鬠,括发也。"撮"即《小雅·都人士》之诗"台笠缁撮"之撮,所以括发者,如后世头巾,特其制短小耳。古者鬠髻在后,近项,伛甚,颐与脐接,故指天也。"五管",五脏之腧穴,针灸所加,见《黄帝内经》。五腧并在背,今在上,是背亦向天也。"髀",股也。"两髀为胁",股与胁相并,见股而不见胁,若股即为胁也者。皆极形其伛也。

"挫"同剉。"挫针",治针也。"纼"同线,崔撰本如是,见《释文》今从之。"治纼",接线也。"糊",饘也。"糊口",言恃饘鬻以饱也。"鼓"如《礼记·学记》"入学鼓箧"之鼓,叩也。"筴"同策,崔注云:"鼓筴,揲蓍。"是也。筮用蓍,卜用龟,一也。"播",扬也,择也。"精",精米。《离骚》云:"欲从灵氛之吉占兮,心犹豫而狐疑。巫咸将夕降兮,怀椒糈而要之。"王逸注云:"糈,精米,所以降神。"《诗·小雅·小宛》亦有"握粟出卜"语,是古之买卜者必出精米以享神,卜后则为卜者所得。疏改而从事筮卜,不独择精,得之亦多,故曰"足以食十人"也。"食"读饲。

"征",征发。"武士",战士也。"攘臂"犹掉臂,言无所顾忌也。"役",劳役。"不受功",不受工也。"病"谓残疾。"与"犹赐也。"粟",谷也。"钟",六斛四斗。以上三节皆以"终其天年"为言,盖与《养生主》"尽年"相应。虽处人间世,而不违养生,所以曰养生为主,而七篇之纲领也。

孔子适楚,楚狂接舆游其门,曰:"凤兮凤兮,何如德之衰也!来世不可待,往世不可追也。天下有道,圣人成焉;天下无道,圣人生焉。方今之时,仅免刑焉。福轻乎羽,莫之知载;祸重乎地,莫之知避。已乎已乎,临人以德!殆乎殆乎,

画地而趋！迷阳迷阳，无伤吾行！吾行却曲，无伤吾足！"山木，自寇也。膏火，自煎也。桂可食，故伐之。漆可用，故割之。人皆知有用之用，而莫知无用之用也。

本篇以孔、颜问答始，而以楚狂"凤兮"之歌终，盖悲孔子虽有道而卒不见用于世也。然悲孔子者，亦正以自悲。始云"治国去之，乱国就之"，卒乃云"天下有道，圣人成焉；天下无道，圣人生焉"。夫就乱国，成天下，圣人之志也。乱邦不居，天下无道则隐，岂圣人之志哉！亦所谓不得已焉者也。观庄子辞楚王之聘，宁为涂中之龟，而不为大庙之牺，岂不以为牺于世无补，而徒自贼其生哉！事见《秋水》、《列御寇》两篇。《史记》列传则并为一事。不然，果绝意于人间，著书数十万言，又何为者！故吾终以庄子为非厌世，如时贤所云云也。

"凤兮"之歌，已见《论语·微子篇》，而《论语》之辞，视此为简洁，殆经圣门诸贤加以删削者。"何如德之衰也"，犹云德之衰也何如，乃倒文。"成"者成其治。"生"者全其生。全生者，全其性也。"仅免刑"者，免刑为幸，极见当时之乱，舍苟全无他道也。"临人以德"，犹云以德上人。"画地而趋"，"趋"读如促，与德叶韵。画地岂复可趋！故曰"殆乎，殆乎"。"殆"，危也。"迷阳"谓昏乱也。阳者，明也。迷于明而不知，斯非昏则乱矣。

"迷阳迷阳，无伤吾行"，以文法论，正似《小雅·黄鸟》之诗曰："黄鸟黄鸟，无集于谷，无啄我粟。"盖斥昏乱之小人，冀其无害于己之所行也。司马彪训迷阳为伏阳，谓言诈狂，于楚狂意则合。然诈狂即佯狂。佯狂正以自全，何得下接"无伤"云云？宋林疑独注云："迷阳言晦其明。"迷晦意别。藏明不用，可谓之晦，不得谓之迷也。且与下文语脉不接，亦与作诈狂同。明人罗勉道因朱子《诗集传·草虫》一诗注"言采其薇"，有山间人呼薇为迷蕨，疑即《庄子》所谓迷阳之语，遂指迷阳为蕨。然蕨为人所采食，虽有微芒，非同荆棘，何云伤行、伤足？且蕨

名迷阳,初无据依,附会之说未可从也。至王先谦《集解》直以棘刺释之,尤武断矣。

"却曲"者,前却而曲折也。"吾行却曲,无伤吾足",言吾已不敢径情直行,庶几无伤及足乎! 仍承前"迷阳迷阳"言也。"凤兮"之歌,当截至此句为止,下文则庄子足之,以见"有用之用"不如"无用之用",作一篇大总结也。

"有用"、"无用",语本老子。老子云:"三十辐共一毂,当其无,有车之用。埏埴以为器,当其无,有器之用。凿户牖以为室,当其无,有室之用。故有之以为利,无之以为用。"盖有无本不可相离,特人多见有不见无,故不得不于无边力为提唱耳。《外物篇》云:"知无用,而始可与言用矣。夫地非不广且大也,人之所用,容足耳。然则厕足而垫之,致黄泉,人尚有用乎?"《徐无鬼篇》曰:"足之于地也浅。浅犹小也虽浅恃其所不蹍而后善,博也。"然则言"无用之用",非离夫"有用之用"而独言之者也。且用与不用有时。游刃有余,刀之用也。善刀而藏,则无用矣。然其用非不在也,若知用而不知藏,则亦未有不断且折者也。及于断且折,用安在哉! 故无用者乃所以全其用也。知此,可无疑于庄子之言矣。至言不材,意亦若是。犹有疑者则请读《山木》之篇。

德充符第五

"德"者,得也。得者,有诸己也。"充",充实。《孟子》曰:"充实之谓美。充实而有光辉之谓大。"曰美、曰光辉,皆形著于外者,所谓符也,"符"者,征也。此于《易》亦有之。《坤》之《文言》曰:"君子黄中通理,正位居体,美在其中,而畅于四支,发于事业,美之至也。"《大畜象传》曰:"刚健笃实,辉光日新。"《坤》以言修诸身,《大畜》以言畜其德。盖身不畜德,则身为虚器。德不修诸身,则德为空名。所以老子云:"修之于身,其德乃真。"而兹篇亦云:"德者,成和之修也。"

顾其所举有德,如王骀、申徒嘉、叔山无趾、哀骀它等,皆取夫肢体不全、形貌丑恶之士者,何也?曰:生质之美,有似于德,而非德也。仪容之盛,可以乱德,尤非德也。欲使人离夫形质仪容,而认取修德之实,不得不托之于肢体不全、形貌丑恶之徒。抑亦承前篇之意。所云支离其形,因以支离其德者也。若以释典通之,则如《维摩诘经》所云"示人形残,而具诸相好,以自庄严。示人羸劣丑陋,而得那罗延身,一切众生之所乐见"者。此中盖有深慨焉。观其言曰:"德有所长,而形有所忘。人不忘其所忘,而忘其所不忘,此谓诚忘。"当时知德者鲜,貌取者众。舍夫种种之机,而悦夫役役之佞,久矣!故孔子曰:"不有宋

85

朝之美,而有祝鮀之佞,难乎免于今之世矣!"欲挽颓波而反之,不为此诡奇激切之谈,即不足以警醒世俗之耳目,岂直洸洋恣肆以求适己而已哉!

鲁有兀者王骀,从之游者,与仲尼相若。常季问于仲尼曰:"王骀,兀者也。从之游者,与夫子中分鲁。立不教,坐不议,虚而往,实而归。固有不言之教,无形而心成者邪?是何人也?"仲尼曰:"夫子,圣人也,丘也直后而未往耳。丘将以为师,而况不若丘者乎!奚假鲁国,丘将引天下而与从之。"常季曰:"彼兀者也,而王先生,其与庸亦远矣。若然者,其用心也独若之何?"仲尼曰:"死生亦大矣,而不得与之变;虽天地覆坠,亦将不与之遗。审乎无假,而不与物迁;命物之化,而守其宗也。"常季曰:"何谓也?"仲尼曰:"自其异者视之,肝胆楚越也;自其同者视之,万物皆一也。夫若然者,且不知耳目之所宜,而游心乎德之和;物视其所一,而不见其所丧。视丧其足,犹遗土也。"常季曰:"彼为己,以其知得其心,以其心得其常心。物何为最之哉?"仲尼曰:"人莫鉴于流水,而鉴于止水。唯止能止众止。受命于地,唯松柏独也在,冬夏青青;受命于天,唯舜独也正,幸能正生以正众生。夫保始之征,不惧之实。勇士一人,雄入于九军。将求名而能自要者,而犹若是,而况官天地,府万物,直寓六骸,象耳目,一知之所知,而心未尝死者乎!彼且择日而登假,人则从是也。彼且何肯以物为事乎!"

"兀"同刖,一声之转。取义于兀者,言其介特,后文所云"其与庸亦远矣"是也。"骀",驽骀。取义于骀者,言其无用,后文所云"彼且何

肯以物为事"是也。此自蒙庄寓言,假仲尼、常季问答,以见德成之士有如是者耳。"常季"之名,不见《仲尼弟子列传》,当在史公疑者阙焉之列,然疑实有其人,不然,庄子无为假以立说也。或以为即商瞿之转音,他无征验,未敢从之。

"中分鲁",言鲁人之半从孔子,而半则从王骀,故曰"中分",犹后世言平分也。"立不教,坐不议",就王骀言。"虚而往,实而归",就从游者言。"不言之教",语本老子。老子曰:"圣人处无为之事,行不言之教。"于事曰无为,于教曰不言,其实一也。"无形而心成","无形"谓无所形见,不但不言而已。"成",有契好义,如《春秋左氏传》言"求成"、"更成"是也。《楚辞·九歌·少司命》有云:"满堂兮美人,忽独与予兮目成。"彼云"目成",此云"心成",下语正相似,亦言其相契也。心能相契,则教之道尽,是所谓"不言之教"也。

"后而未往",未及往也。"奚假"犹言奚但。"引天下而与从之","与"读同举。举从之,尽从之也。"而王先生","王"读如字。盖"王"上省"曰"字,言称之为王先生也。承上"夫子圣人也"言。"庸",庸常也。"其与庸亦远矣",谓远出于庸常也。"其用心也独若之何",欲知其心成之教,故问其所以用心也。

"不得与之变",言心不与死生俱变也。"天地覆坠",天坠而地覆也。"亦将不与之遗",言心不与天地之覆坠而俱失也。"审乎无假","假",借也。无所借者,无所待也。惟无所待,故"不与物迁"。不迁,承不变不遗言。不变不遗,极之于死生颠沛之际。不迁,则道其寻常日用之间也。"命物之化","化"即迁也。"命",命令。命令之者,主宰之也。物化而心有以主宰之,所以不与之迁也。"守其宗"承"审乎无假"言。审者,知之明;守者,守之固也。"宗"即下篇《大宗师》之宗。老子曰:"道冲,而用之或不盈,渊乎似万物之宗。"此宗字之所本也。宗者主也。惟主无假,故无假者即宗也。此以上皆言其用心之所在也。

"何谓也"者,常季未明死生不变之说,故复问也。"肝胆楚越"者,

肝胆虽相连,终为异物,故犹楚与越之分也。"万物皆一"者,万物以不同形相禅,而其种源一也。语见《寓言篇》"不知耳目之所宜",耳宜于听声,目宜于视色,而知者能以耳视而目听,则耳目之用可易,能视听不以耳目,则耳目之用可无也。《列子·仲尼篇》说亢仓子如此。又何有宜与不宜哉! 故曰不知所宜也。"游心乎德之和","和"者同也,同者一也,故曰"物视其所一而不见其所丧,视丧其足犹遗土也"。夫丧其足如是,丧其身奚不然乎! 此所以死生不变,而天地覆坠亦不与之遗也。"德",天德也。"天德"二字本书屡见。《天下篇》曰:"以天为宗。"又曰:"不离于宗,谓之天人。"然则宗也,德之和也,亦名异而实同也。自其主之言,则谓之宗。自其得之言,则谓之德也。

"为己"犹言修己,"为"当读如字,《释文》云于伪反,作去声读,非也。"常心",即死生不变、天地覆坠而不遗之心。"以其知得其心,以其心得其常心",用心之次第也。然此特自修之学,何为从游之众? 常季于此犹有疑也,故先曰"彼为己",而继曰"物何为㝡之哉"。"㝡"从冖从取,与聚同,言物何为聚而从之也。各本作最,非是。

"鉴"犹照也。"唯止能止众止",上"止"谓心,下"止"谓物,言唯不动之心,能止众物之来止,如止水能致人之来照也。"松柏独也在"句。"在",存也,谓能自敛畜,与"舜独也正"对文。"正"即《易·乾卦象传》"各正性命"之正。"正生"犹正性也。"正生以正众生",言舜能正其性,而众物之性亦以正,所谓"唯止能止众止"也。曰"幸能"者,言其难得而非恒有也,承"独"字来。"正生以正众生"句,与"冬夏青青"对文。张君房本"松柏独也"下有"正"字,"舜"上有"尧"字,"独也正"下有"在万物之首"五字。盖因郭注有"下首唯松柏,上首唯圣人"语而臆为之增补,不知本文之意自全,补之,反蛇足矣。

"保始",即《乾象传》之保合大和,曰"保始"者,承上"受命"言。命,人之始也,故曰"保始"。"征"者符也。保始之符,在乎不惧之实,所谓仁者必有勇也。引"勇士一人雄入于九军"为言者,犹孟子言不动

心,而举北宫黝、孟施舍以相况也。"九军"者,古兵书所云"外列八阵,握奇于中,以九宫之法为军势"者也。"自要",谓能自期必也。"要"读平声。"官天地",以天地为官。"府万物",以万物为府。"寓六骸",以六骸为寓。"象耳目",以耳目为象。"六骸"者,身首与四支也。"一知之所知",言天地、万物、六骸、耳目,皆一知之所显发之所贯注,此得其常心以后之知,乃《大宗师篇》所谓真知,非初"以其知得其心"之知也。"一"之云者,即"万物皆一"之一。惟一故常,惟常故不死。"心未尝死者",正常心之谓,佛氏所云不生灭心也。"登假"之"假",读若格。《大宗师篇》云:"是知之能登假于道也若此。"言进而至于道也。"择日"犹指日也。"人则从是",人则从之也。"彼且何肯以物为事",言骀它非有意欲人之从之也。《消摇游》言藐姑射之神人,曰之人之德,而以"孰肯以物为事"一语作结,此亦与之同。前后合看,当更明也。

申徒嘉,兀者也,而与郑子产同师于伯昏无人。子产谓申徒嘉曰:"我先出则子止,子先出则我止。"其明日,又与合堂同席而坐。子产谓申徒嘉曰:"我先出则子止,子先出则我止。今我将出,子可以止乎? 其未邪? 且子见执政而不违,子齐执政乎?"申徒嘉曰:"先生之门,固有执政焉如此哉? 子而说子之执政,而后人者也。闻之曰:'鉴明则尘垢不止。'止则不明也。'久与贤人处则无过。'今子之所取大者,先生也,而犹出言若是,不亦过乎!"子产曰:"子既若是矣,犹与尧争善,计子之德,不足以自反邪?"申徒嘉曰:"自状其过以不当亡者众,不状其过以不当存者寡。知其不可奈何而安之若命,惟有德者能之。游于羿之彀中,中央者,中地也;然而不中者,命也。人以其全足笑吾不全足者,多矣。我怫然而怒,而适先生之所,则废然而反。不知先生之洗我以善邪? 吾与

夫子游十九年矣，而未尝知吾兀者也。今子与我游于形骸之内，而子索我于形骸之外，不亦过乎！"子产蹴然改容更貌，曰："子无乃称！"

"伯昏无人"与列子有师友之谊，两见于本书：一列子为伯昏无人射，见外篇《田子方》；一列子之齐，中道而反，遇伯昏瞀人，瞀、无同音通用。见杂篇《列御寇》。列子亲见郑子阳之死。见杂篇《让王》据《史记·郑世家》子阳死于缪公二十五年，上距子产之卒声公五年，几及百年，伯昏无人虽较列子为长，以时考之，亦必后于子产，子产安得师于伯昏无人！则此亦假托之言也。

"申徒"复姓，"嘉"其名。子产，公孙侨，见《论语》、《孟子》及《春秋左氏传》，其殁，孔子称为古之遗爱者也。此借子产以推尊申徒与伯昏无人，犹借孔子以推尊王骀，读者当会其意，而未可泥其事也。

我出子止，子出我止，盖羞与刑人并行也。"子可以止乎？其未邪"，因嘉前日未从其言，故更责而问之。"违"，避也。见执政而回避，古有此礼，然非所语于同学之时也，故申徒怪之。"说"同悦，如今俗云得意。"后"犹轻也。得意于己之执政而轻人，此有德者之门所不当有者，故曰："先生之门固有执政焉如此哉？""闻之"，闻之于先生也。"鉴明则尘垢不止"，"久与贤人处则无过"，一宾一主，相对成文，所闻之言也。而于"尘垢不止"下反足一句，曰"止则不明也"，所以隐讥子产之不明，变文以为巧也。"大"犹广也。"取大者先生"，言方取先生之教以自广。"出言若是"，指上我出子止、子出我止之言。"不亦过乎"责其失，亦以见意料之所不及也。

"子既若是矣"，"若是"指其兀而形体不备也。"犹与尧争善"，以为形体不备，不足复为善也。故曰"计子之德不足以自反邪"。"计"，量也。此"德"字指形质言，非篇名"德充"之德也。"自反"，欲其量力揣分，而自引退于学也。"状"犹表也，与今俗云招认意近。"不当"犹

不足也。"自状其过以不当",是常人自甘诿弃者也,故曰"众"。"不状其过以不当",是君子自求掩盖者也,故曰"寡"。存亡皆指善言。旧注以为亡足存足,大非也。夫足禀之天地父母,安有不当存之说乎!若曰犯罪当刖,则又何以言"不状其过"?无过而失足,可谓之不当存乎?此按之文义,莫之能通者也。

"知不可奈何而安之若命","安之"亦言安善,董仲舒所谓"安处善""乐循理"是也。"安处善然后乐循理",仲舒《贤良对策》中语,见《汉书》本传。"不可奈何"者,不得已也。不得已者,不容已也,非世俗所云莫可如何之谓也。惟知善之不得已,故能"安之若命"。"安之",则视力求掩盖者为更进矣,故曰"惟有德者能之"。前《人间世篇》言自事其心者,亦有"知其不可奈何安之若命"之语。两相比勘,则知其决非谓以亡足为命之无如何而安之也。

"游于羿之彀中。中央者,中地也",此论学也。《孟子》曰:"羿之教人射必志于彀。学者亦必志于彀。"故曰"游于羿之彀中",意以羿比伯昏无人,从其彀率,自能中道也。"然而不中者,命也",此如《孟子》言"智譬则巧,圣譬则力,由射于百步之外,其至尔力,其中非尔力",见《万章篇》以及"智之于贤者,圣人之于天道,命也"之说。见《尽心篇》。"智之于贤者",意本谓贤者之于智。以承上"仁之于父子,义之于君臣,礼之于宾主"言,故倒智字于上,不可不知。盖命兼两义。命之所赋,不可不尽力以赴,所谓不得已也。此前"安之若命"之义也。尽力以赴,而为力之所限,终不能及,则于吾无憾焉耳,此后"不中者,命也"之义也。此以上,皆因子产讥其与尧争善,而欲其自反而不学,所以答之者也。至此以下,方及于全足不全足。文之次第,固自甚明也。

"怫然"犹艴然,亦作勃然、悖然。弗、字古一音,拂、悖亦一义也。"废然",自失。"反",反其常也。"洗我以善",以善净其心也。于此更提"善"字,可知前言存亡,意固在善,不在足也。"十九年",十年、九年也。"未尝知吾兀者",游于德者忘于形也。"形骸之内",指德。"形骸

之外",指形。此"内"、"外"字,皆今所谓抽象名辞,与常言内外之为具体名辞者,有别也。"索",求取也。"索我于形骸之外",答前"子既若是"之言,故重曰"不亦过乎!"语虽缓,而意则严矣。"蹴然",不安也。"改容更貌","更"读平声,起而谢之也。"子无乃称",犹曰勿复言之。"乃"犹此也。"称"犹说也。

鲁有兀者叔山无趾,踵见仲尼。仲尼曰:"子不谨前,既犯患若是矣。虽今来,何及矣!"无趾曰:"吾唯不知务,而轻用吾身,吾是以亡足。今吾来也,犹有尊足者存,吾是以务全之也。夫天无不覆,地无不载,吾以夫子为天地,安知夫子之犹若是也!"孔子曰:"丘则陋矣。夫子胡不入乎! 请讲以所闻。"无趾出。孔子曰:"弟子,勉之! 夫无趾,兀者也,犹务学以复补前行之恶,而况全德之人乎!"无趾语老聃曰:"孔丘之于至人,其未邪? 彼何宾宾以学子为? 彼且蕲以诚诡幻怪之名闻,不知至人之以是为己桎梏邪?"老聃曰:"胡不直使彼以死生为一条,以可不可为一贯者,解其桎梏,其可乎?"无趾曰:"天刑之,安可解!"

"叔山",复姓。"无趾",遭刖而足趾断落,遂以为名也。"踵",以踵行也。"不谨前"句,谓不谨于前。"犯",触也。"患",祸也。"虽今来",犹云今虽来。古语法与今或相倒也。"何及矣",言无及也。

"不知务",言昧于事势也。"轻用吾身",言好事也。据此言,则叔山氏之刖,特以事干上之怒,而固不以其罪。当时诸国刑繁而多矣,踊贵屦贱,_{见《春秋》左氏昭三年传}知不独齐一国为然也。

"有尊足者存",言有尊于足者在,谓性命之德也。"务全之",求全之也。"安知夫子之犹若是",怪孔子不如天地之广大,而犹有所拣择也。"丘则陋矣","陋"犹鄙也。孔子自承其失。"请讲以所闻",请以

凤昔所闻告之。曰"讲"者,犹言互相讲习云尔,谦谨之辞也。"无趾出",闻所闻而出也。

"复补前行之恶","恶",瑕也,与《考工记·筑氏》"敝尽而无恶"之恶同。郑注云:"虽至敝尽,无瑕恶也。"是恶与瑕同义。盖瑕则可补,若真恶,则只当云改,不得言补也。"全德之人",谓所受无亏损。"德",如《天地篇》所云"物得以生谓之德"之德。此德之本,非修成以后具足无缺之德也。

"语"去声,举闻于孔子者以告老子也。"于至人其未邪"者,疑其未及于至人之地也。"彼何宾宾以学子为","宾宾"谓习于礼仪。"学子",学者,犹弟子也。此言孔子教弟子以礼,叔山氏盖师老子之教,而脱略于礼法者,故以此为怪也。知"宾宾"为习于礼仪者,《士礼》十七篇,第一《士相见》,即讲宾主之礼。故孔子告仲弓问仁,首曰"出门如见大宾"。又"宾"同摈。摈以相礼,不知礼,不得为摈。推是义以求之,"宾宾"之为形容揖让进退之礼,固当不误。且司马彪注云:"宾宾,恭貌。"习于礼仪,是乃恭也。当时如晏子辈,多谓"孔子盛容饰,繁登降之礼、趋详之节,详同跄 累世不能殚其学,当时不能究其礼"。见《史记·孔子世家》故无趾曰"蕲以諔诡幻怪之名闻",曰"至人以是为己桎梏"。自厌薄礼者视之,礼固諔诡幻怪,而为人桎梏者也。

"桎梏",械也,在足曰桎,在手曰梏。"死生为一条",齐死生也。"可不可为一贯",齐是非也。老聃欲以是解其桎梏,而不知孔子固自甘于桎梏,且不自觉其为桎梏也。孔子曰:"丘,天之戮民也。"见《大宗师篇》知之而甘为之,且为之而直忘之,此孔子之所以为至,而固非无趾之所能会也。无趾曰:"天刑之,安可解!"此如晨门之讥孔子,曰:"是知其不可为而为之者与!"语出议者之口,而遂为圣人之定评。异哉!

鲁哀公问于仲尼曰:"卫有恶人焉,曰哀骀它。丈夫与之处者,思而不能去也。妇人见之,请于父母曰'与为人妻,宁

为夫子妾'者,十数而未止也。未尝有闻其唱者也,常和人而已矣。无君人之位以济乎人之死,无聚禄以望人之腹,又以恶骇天下,和而不唱,知不出乎四域,且而雌雄合乎前。是必有异乎人者也。寡人召而观之,果以恶骇天下。与寡人处,不至以月数,而寡人有意乎其为人也;不至乎期年,而寡人信之。国无宰,而寡人传国焉。闷然而后应,氾而若辞。寡人丑乎,卒授之国。无几何也,去寡人而行。寡人恤焉若有亡也,若无与乐是国也。是何人者也?"

仲尼曰:"丘也尝游于楚矣,适见独子食于其死母者,少焉眴若,皆弃之而走。不见己焉尔,不得类焉尔。所爱其母者,非爱其形也,爱使其形者也。战而死者,其人之葬也不以翣,资刖者之屦,无为爱之;皆无其本矣。为天子之诸御,不爪翦,不穿耳;取妻者止于外,不得复使。形全犹足以为尔,而况全德之人乎!今哀骀它未言而信,无功而亲,使人授己国唯恐其不受也,是必才全而德不形者也。"

哀公曰:"何谓才全?"仲尼曰:"死生存亡,穷达贫富,贤与不肖毁誉,饥渴寒暑,是事之变,命之行也。日夜相代乎前,而知不能规乎其始者也。故不足以滑和,不可入于灵府。使之和豫通,而不失于兑;使日夜无郤,而与物为春。是接而生时于心者也。是之谓才全。"

"何谓德不形?"曰:"平者,水停之盛也。其可以为法也,内保之而外不荡也。德者,成和之修也。德不形者,物不能离也。"

哀公异日以告闵子,曰:"始也吾以南面而君天下,执民之纪而忧其死。吾自以为至通矣。今吾闻至人之言。恐吾

无其实，轻用吾身，而亡吾国。吾与孔丘非君臣也，德友而已矣。"

"哀公"名蒋，见《论语》及《春秋传》。"恶"，丑也。"它"同驼，俗所谓驼背也。以其骀钝可哀，故曰哀骀它，设为此名耳。"思"犹慕也，恋也。"思而不能去"，言恋之而不欲离去也。"与为人妻，宁为夫子妾"，"与"犹言与其。极言妇人之爱之而忘其丑也。"数"，计也，读上声。后"不至以月数"之"数"字同。"十数而未止"，犹云不止以十计，言其多也。"未闻其唱，常和人而已"，言其不感而应，未始先人。与上云"人则从是"、"何肯以物为事"同一义也。"济"犹拯也。无位以拯人之死，言不能生死人也。"聚"犹积也。"禄"，廪也。"望"犹满也。月满曰望，故以望为满。无禄以满人之腹，言不能富贵人也。"骇"一作駴，动也，惊也。恶动天下，言其丑稀见也。"四域"犹四境也。"知不出乎四域"，言其用心不及远也。"且"，如《周颂·载芟》"匪且有且"之且，此也。"雌雄"犹男女也。《管子·霸形篇》"令其人有丧雌雄"，言人民失其匹偶。是人之男女，亦可云雌雄也。"合"，聚合也。"且而雌雄合乎前"，承上丈夫、妇人言，谓无位无禄、丑而无知如此，而男女却来聚于其前也。

"寡人"，哀公自称。老子云"侯王自谓孤、寡、不穀"是也。"召"犹请也。"有意乎其为人"，心向乎其为人。"期年"，周一年也。"宰"，相也。"传国"，传以国事也。"闷然"犹漠然，声之转也。"氾"同汜、泛。漠、泛，皆无相关涉之意。若应若辞，言视一国之宰若无睹焉。"丑乎"，犹耻之。《则阳篇》云"犀首闻而耻之，季子闻而耻之"，又曰"华子闻而丑之"，是丑、耻义同也。"卒授之国"，卒以国事授之也。"无几何也，去寡人而行"，不久而遂去鲁也。"恤"同衂，伤也。"亡"，失也。"恤焉若有亡"，言伤之而如有所失也。"若无与乐是国"，言虽有国之富，而无可以共此安乐之人也。"是何人"，问其为何等人也。

"游于楚"一本作使于楚，"游"字义长，故用之。"豘"同豚。"豘

子",小豚也。"食",食乳也。"眴"一作瞬,字同,目动而惊也。"皆弃
之而走",云"皆"者,豚子非一也。"不见己",就死母言。"不得类",就
豚子言。求其所以与己同类者而不得,故曰"不得类"也。两"尔"字与
耳同。"使其形者",形之所待以运动,后文之所谓德也。此取豚以为
喻者。物之最钝者莫如豚。豚尚知此,则人更可知矣。"其人之葬也
不以翣"句。"翣",棺之墙饰也,或以羽,或以画,所以为文也。战死者
肢体已伤,何以文为?故其葬不以翣。"资"属下读,犹赍也。赍刖者
之屦,"无为爱之",无为惜爱也。"无其本"者,无所用之也。"御",侍
从也。"不爪翦",不翦爪也。"不爪翦,不穿耳",恶伤其形也。此正言
之。"取妻者止于外,不得复使",此反言之。见所使者皆在有室之前、
形气完足者也,故曰"形全犹足以为尔"。"为尔"犹为此,即为天子之
侍也。

旧注皆以取妻者与天子之诸御分说。然细玩文义,曰"止于外",
则是本在内也;曰"不得复使",则是本为所使也。误在认"诸御"御字
为嫔嫱,又因穿耳之事限于女子,于是"取妻者"句不得不别为之说,而
皆有所不通。至王夫之《庄子解》则云:"其所取之妻曾止宿于外,形不
全则不复以之为妻。"以取妻之人而解作其人之妻,几于笑谈矣!不知
诸御只言侍从,初无分男女也。故《音义》引崔本作"不得复使入",云
"不复入直也",是崔氏犹连上读,解为一事。兹故不惮详释之,以破读
者之惑。

"全德",全其所禀于天之德也。此与上叔山无趾节言全德之人不
同。彼云德,兼形质言;此之德,离形质言。彼"全",言其本自无缺;此
"全",则言修而完之。此观之上下文义而可知者也。"才全"即德全。
易"德"曰"才"者,以接云"德不形",不可用两德字,故不得不变其文
也。《寓言篇》孔子云:"夫受才乎大本,复灵以生。"曰"受才乎大本",
与"物得以生谓之德"正同一义,皆谓其秉之自天者也。此又与《孟子》
言"天之降才"见《告子篇》以才当性相似。"才"者,材质。故《列御寇篇》

有"摇而本才"之语,缀"本"字于"才"上,以之互证,义尤明也。"德不形",不形言不自表襮,《应帝王篇》所谓"尽其所受乎天而无见得"是也,与《中庸》言"诚则形,形则著"形字不同,即与篇名《德充符》德充者必有符验见于外义亦无背触也。

"贤与不肖毁誉"六字连读。以贤、不肖字置"毁誉"上,则知此出自他人之口,如所谓月旦评者,故可付之不论耳。若真克就己身言,则贤与不肖、一进一退皆关德业之大者,君子无时无刻不自检点,岂得漠然视之哉!"是事之变,命之行"者,"事"者人事,"命"者天命,人事之变即天命之行,天人无二道也。"规",度也。"知不能规乎其始",言非人之知所能测度其由来也。"不足以滑和","滑",乱也,音骨。"和"即上云"游心乎德之和"之和。"和"者,德之所以为德也,故下文云"德者,成和之修也",而《缮性篇》亦有"知与恬交相养,而和理出其性,德和也,道理也"之语。然则"不足以滑和",即不足以滑德也。"不可入于灵府","灵府"者,心灵之府。谓之"府"者,言其蓄藏之富,犹前云"天府"也。滑和自诸事感于心始,故曰"不可入于灵府"。"不入"者,感之而有所不受也。然不受非曰闭距之而已也。《刻意篇》云:"水之性,不杂则清,莫动则平。郁闭而不流,亦不能清。天德之象也。"若强为闭距之,是使水郁闭而不流也。故曰"使之和豫通而不失于兑"。"通"者,郁闭不流之反也。何以通之?惟和、惟豫。"豫"者乐也。故和豫通叠言之。"不失于兑",老子之所谓"塞其兑"也。"郄"与隙同。"日夜无郄",即"不失于兑"义。"与物为春",即"和豫通"义。所以反复交互言之者,亦以见其通而无害于塞,塞而不失其通也。天有四时,而惟春为发生,所谓生机也。《齐物论》云:"其杀如秋冬,以言其日消也。其厌也如缄,以言其老洫也。""秋冬"、"老洫",皆杀机也。"与物为春",以生机易杀机,斯和之至也。"接而生时于心","接"即《齐物论》"与接为构"之"接",谓与事变相接也。"时"如《礼记·中庸篇》"君子而时中"之"时",以承上"与物为春"言,故不曰中而曰时,实则时中

一也。"生时于心",则心中其权。中读去声所谓"素富贵,行乎富贵;素贫贱,行乎贫贱;素夷狄,行乎夷狄;素患难,行乎患难。无入而不自得"。语见《中庸》如是,则死生存亡、穷达贫富安有入于其心以滑乱其和者哉? 是之谓才全也。

"平者,水停之盛","盛"犹至也。"其可以为法也","法"者,准也,《天道篇》云"水静则明烛须眉,平中准,大匠取法焉"是也。"内保之而外不荡",所以释其平而可以为法之故。"保",保守。"荡",动荡。"平"者水之本性。保守之则平。然而外有以动荡之,则亦不能平也。德譬如水,和其本性,不自表襮,所以保其和也。然欲保其和,必使外物无以滑之荡之,所以言德不形,而先言才全也。"成和之修",言修以成其和也。和者本体,修者功夫。有功夫以合其本体,所谓"成和之修"也。"德不形者,物不能离",犹是"唯止能止众止"之意。言惟其德之不形,所以物不能离也。"物不能离",前所云"雌雄合乎前"是也。

"闵子",闵子骞也,名损,见《论语》及《史记·仲尼弟子列传》。"南面而君天下",鲁五百里之国,而曰君天下者,《天下篇》所云"郖有天下",各据其所有而言,大小皆得有天下之称也。"纪",经纪,犹理也。"执民之纪",为民之理也。"忧其死",忧民之不得其所而死亡也。"通",通于治道也。"无其实",无君天下之实,即谓无其德也。"轻用吾身而亡吾国",惧将以不慎而失其国也。"德友",言以德相交友。归结一"德"字而盛推孔子,是则庄子之微意,不可不知也。

闉跂支离无脤说卫灵公,灵公说之,而视全人,其脰肩肩。甕㼜大瘿说齐桓公,桓公说之,而视全人,其脰肩肩。故德有所长,而形有所忘。人不忘其所忘,而忘其所不忘,此谓诚忘。故圣人有所游,而知为孽,约为胶,德为接,工为商。圣人不谋,恶用知? 不斫,恶用胶? 无丧,恶用德? 不货,恶

用商？四者，天鬻也。天鬻也者，天食也。既受食于天，又恶用人！有人之形，无人之情。有人之形，故群于人。无人之情，故是非不得于身。眇乎小哉，所以属于人也！謷乎大哉，独成其天！

"阍"，城曲门。"跂"，一足也。"阍跂"，盖跂而守门者。"支离无脤"，状其貌也。"脤"与唇同，谓缺唇。"瓮"，盆也。"瓮㼜"，盖以货盆瓮为业者。"大瘿"，颈生瘿甚大。无唇、大瘿，皆著其丑。若旧说谓瘿之大如瓮㼜，故称瓮㼜大瘿。瘿虽大，讵至是？不可从也。"说卫灵公"，"说齐桓公"，两"说"字读如游说之说。"灵公说之"，"桓公说之"，两"说"字读同悦。"全人"，形体完全无疾之人也。"脰"，颈也。"肩肩"叠字，与《考工记·梓人》"数目顾脰"之顾同。《考工记》今在《周官》书，即《周礼》之末篇。"脰"，细长貌也。视全人"其脰肩肩"者，言悦其无唇大瘿，转视形全之人，觉其颈细长为不美也。以脰言者，因颈瘿而为之文也。"德有所长，而形有所忘"，言德有过乎人者，形虽不具不美，人将忘之也，是故形所当忘，而人或不忘。德所不当忘，而人或忘之，此则所谓"诚忘"者也。"诚忘"者，忘其实，忘其真也。言此者，欲人之重德而轻形也。

此以上结前数节之文。"故圣人有所游"下，则以起后惠庄问答有情无情之说。言修德非所以益之，但不以好恶之情伤损之而已。"有所游"者，前所谓"游心乎德之和"是也。"孽"同蘖，树木之旁生者曰蘖。"知为孽"者，言知为多余之物，如旁生之孽，非其本也。"约"言信也。"约为胶"者，言恃要约以为信，如胶之胶物，出于强合，不能固也。"德为接"者，此"德"与前德字又异。托德之名，非其所自有，若自外接合者然，故曰"德为接"，犹《孟子》言"外铄"也。外铄，语见《告子篇》。"工"犹巧也。以巧炫异，如商贩然。故曰"工为商"也。圣人则异是，动出以诚，不取权谋，故"恶用知"。信所本有，未尝斫削，故"恶用胶"。保

其大和,本不丧失,故"恶用德"。巧出自然,非欲相货,故"恶用商"。"鬻",如《豳风·鸱鸮》之诗"鬻子之闵斯"之鬻,育之假借也。"天鬻也者,天食也","食"读饲,言四者育之自天,则惟天和足以饲养之也。"受食于天又恶用人"者,《大宗师篇》所谓"不以人助天",盖人知巧伪,有足以滑其和而已矣,非能相益也。此"食"读如字。"有人之形",形不与常人异也。"无人之情",情不与常人同也。形不与人异,"故群于人"。老子所谓"和其光,同其尘"也。情不与人同,"故是非不得于身"。言身无是非之扰,老子所谓"挫其锐,解其纷"也。"眇乎小哉,所以属于人也","眇乎",小貌。"属",系属,言牵系于人之情则小也。外篇《骈拇》云"属其性乎仁义,属其性于五味,属其性乎五声",数属字皆从此出。"謷"同敖。"謷乎大哉,独成其天","天",天德也。成其天德,所以大也。《诗·卫风》:"硕人敖敖,说于农郊。"以敖敖状硕,此以謷乎状大,义正相同也。

　　惠子谓庄子曰:"人故无情乎?"庄子曰:"然。"惠子曰:"人而无情,何以谓之人?"庄子曰:"道与之貌,天与之形,恶得不谓之人?"惠子曰:"既谓之人,恶得无情?"庄子曰:"是非吾所谓情也。吾所谓无情者,言人之不以好恶内伤其身,常因自然,而不益生也。"惠子曰:"不益生,何以有其身?"庄子曰:"道与之貌,天与之形,无以好恶内伤其身。今子外乎子之神,劳乎子之精,倚树而吟,据槁梧而瞑。天选子之形,子以坚白鸣。"

　　上文尊德而薄形,今复扬形而斥情者,何也?盖德形对言,则德本而形末。而形情并举,则形主而情贼也。情之为贼,先贼其德,而后及于形。故斥情者,为形斥,正为德斥也。且德之所著,符见于形。德虽外形而存,德不能离形而见也。前叙德充,不取形完者,特以表德不在

形,非曰残毁其形,始可与言修德也。不然,若藐姑射之神人,肌肤若冰雪,淖约若处子,之人之德,何为数数称道之哉?明乎此,则知形有所忘之言,与有人之形之说,各有攸当,非两相乖剌也。

"道与之貌",貌不违乎道也。"天与之形",形不失其天也。此修德之所至。追原其始,曰道与之、天与之耳,非任其自然而能之也。如是,则形与德合,故曰:"恶得不谓之人?"若以失德者论,则人而非人者多矣,庄子固未易轻许之也。"是非吾所谓情",情之正曰性情。情之贼曰情欲。"无人之情"者,无情欲之情,非无性情之情也,故于此辨之。或曰:好恶非性情之情乎?抑性情之情独无好恶乎?曰:好恶诚性情也,然以之内伤其身,则非性情之正,而情欲矣。情欲、性情,岂有二哉?用之过当与不过耳。"常因自然而不益生",因其自然则不过。若益之,未有不过者也。"益生"之"生",即"养生"之生。"生"犹性也,性上岂有可加者乎!故老子曰:"益生曰祥。心使气曰强。物壮则老,谓之不道。不道早已。"祥者,不祥也。庄子之言固有所本矣,惠子未能知也。故曰"外乎子之神,劳乎子之精"。"外"者,驰逐于外。"劳"者,不知休止。"倚树而吟","吟",沈吟,是神驰也。"据槁梧而瞑","瞑"犹眠也,是精劳也。"天选子之形,子以坚白鸣",惜其窜句游心于坚白之小辩,而有负于天之完形也。观"天选子之形"语,知惠子必长大美好,有过于常人者,而德之不充,徒拥虚器。反不若王骀之伦,以其残缺,犹足使天下向德而浴化。此庄子所以不能不深为慨叹者也。

大宗师第六

《大宗师》，明内圣也。内圣之功，在通于天道。未有不通于天道而能为圣人者也，故孟子曰："圣人之于天道也。"见《尽心篇》子贡曰："夫子之言性与天道。"见《论语·公冶长篇》而孔子亦自言曰："下学而上达，知我者其天乎！"见《论语·宪问篇》程子曰："下学，学人事；上达，达天理。"天理即天道然则圣功、天德非两事也。以人言，则所宗所师者，圣也。以圣人言，则所宗所师者，天也。《天下篇》曰："不离于宗，谓之天人。"又曰："以天为宗，以德为本，以道为门，兆于变化，谓之圣人。"是宗者，宗天也。《则阳篇》曰："圣人达绸缪，周尽一体矣，而不知其然，性也。复命摇作，而以天为师，人则从而命之也。"是师者，师天也。宗天师天，则宗师云者，直天之代名耳。惟天为大，故曰"大宗师"也。

顾天而又曰道者，何也？对人言则曰天，对事言则曰道。天道者，对人事之称也。故或合而言之，或分而言之，其实一也。本篇始言天，中言道，末言命。命者，天道之流行也。天道之流行，莫大于生死。惟乐天知命者，不以生死动其虑。此义于《齐物论》发之，于《养生主》、《德充符》申之，而于此篇则又反复以致其意焉。盖人之惜生而恶死者，在于执此身为己有，不知"身非己有，是天地之委形也。生非己有，

是天地之委和也"。语见《知北游篇》非己而执为己,是惑也。不执为己,而以生为虚幻,急求脱离,是亦惑也。至哉庄子之言乎! 曰:"善吾生者,乃所以善吾死也。"善吾生者,生尽其道之谓也。生尽其道,则生不徒生矣。生不徒生,则死有不死矣。故曰:"君子曰终,小人曰死。"语见《小戴礼记·檀弓篇》终者,反其始之谓也。反其始,是为反真。圣人尽性至命之学,所以异于宗教家侈言死后天堂地狱以及轮回往生之诞谩者,此也。

知天之所为,知人之所为者,至矣。知天之所为者,天而生也。知人之所为者,以其知之所知,以养其知之所不知。终其天年,而不中道夭者,是知之盛也。虽然,有患。夫知有所待而后当,其所待者,特未定也。庸讵知吾所谓天之非人乎? 所谓人之非天乎? 且有真人而后有真知。

"天之所为",言本体也。"人之所为",言功夫也。"天而生"者,即本体以为功夫。"以其知之所知,养其知之所不知"者,由功夫以合其本体也。《缮性篇》曰:"古之治道者,以恬养知。生而无以知为也,谓之以知养恬。"彼"生"字与此"生"字同,皆率性之谓也。彼所谓"恬",即此所谓"知之所不知"也。故以恬养知,是天之所为也;以知养恬,是人之所为也。特此言"天而生",从天说起。彼言"生而无以知为",从性说起。故分属有不同耳。至彼又曰:"知与恬交相养,而和理出其性。"是则合天人而一之。此所谓"知天之所为,知人之所为,至矣"者也。"终其天年而不中道夭"者,知恬交养之效,《养生主篇》所谓"可以全生,可以尽年"也,故曰"是知之盛"。"盛"犹至也。

此数语与《孟子·尽心篇》首章亦极相似,试比而论之。"知天之所为"者,孟子之所谓尽心、知性、知天也。"知人之所为"者,孟子之所谓存心、养性、事天也。"终其天年而不中道夭"者,孟子之所谓夭寿不

贰、修身立命也。然则此固孔门一脉之传。以言圣功,莫之能外者也。

"虽然有患"者,知天非易事也。世之学者认人以为天者多矣,如是则不识本体。不识本体,其所为功夫,将有非徒无益,而又害之者矣。故于此不得不料拣之。"知有所待而后当"者,《达生篇》云:"开天者德生,开人者贼生。"德生则当,贼生则非当也。当与不当未定,夫何能无患乎!"所谓天之非人乎? 所谓人之非天乎",天人交杂,疑似之间,非理穷义熟,其孰能辨之! 故曰"有真人而后有真知"也。"真人"者,不失其真宰、真君以为人者也。不失其真宰、真君以为人,则亦不离夫真宰、真君以为知。真宰、真君,天也。故"真人"即天人也,"真知"即天知也。

何谓真人? 古之真人,不逆寡,不雄成,不謩士。若然者,过而弗悔,当而不自得也;若然者,登高不栗,入水不濡,入火不热。是知之能登假于道也若此。古之真人,其寝不梦,其觉无忧,其食不甘,其息深深。真人之息以踵,众人之息以喉。屈服者,其嗌言若哇。其嗜欲深者,其天机浅。古之真人,不知说生,不知恶死;其出不䜣,其入不距;翛然而往,翛然而来而已矣。不忘其所始,不求其所终;受而喜之,忘而复之。是之谓不以心捐道,不以人助天。是之谓真人。若然者,其心志,其容寂,其颡頯;凄然似秋,暖然似春,喜怒通四时,与物有宜,而莫知其极。故圣人之用兵也,亡国而不失人心,利泽施乎万世,不为爱人。故乐通物,非圣人也;有亲,非仁也;失时,非贤也;利害不通,非君子也;行名失己,非士也;亡身不真,非役人也。若狐不偕、务光、伯夷、叔齐、箕子胥余、纪他、申徒狄,是役人之役,适人之适,而不自适其适者也。

此段三提"古之真人",其一遣得失,其二一梦觉,其三齐生死。人

至混同得失，梦觉一如，生死无变，则与化为一，可谓真人也已。故中以"是之谓真人"结之。

"不逆寡"，"逆"如《论语》"不逆诈，不億，不信"之逆。"寡"，小也。《秋水篇》："小而不寡，大而不多，知量无穷。"是言多寡犹言大小也。当事之未兆，其机甚小，不逆料之以为智，所谓"不逆寡"也。"不雄成"，事之既成，不自雄以为能也。总而言之，则曰"不謩士"。"謩"同谟，谋也。"士"与事通。或曰：不謩士者，不与士谋，守其独也。亦通。"过而弗悔"，失无心也。"当而不自得"，得不处也。"登高不栗"，神不慑也。"入水不濡，入火不热"，化无迹也。曰登高，曰入水火，皆譬喻之辞也。"登"，升也，进也。"假"读若格，至也。知之能进而至于道，遗其知也。

"其寝不梦"，想、因绝也。卫玠问乐广梦，乐云："是想。"又云："因也。"见《世说新语》。"其觉无忧"，安于仁也。"其食不甘"，味道腴也。味道之腴，见昭明《文选》班固《答宾戏》。"其息深深"，思渊默也。"以踵"、"以喉"，判深浅也。"屈服者其嗌言若哇"，所谓"失其守者其辞屈"也。语见《易·系辞传》"嗌言若哇"，口将言而嗳嚅之状也。"其耆欲深者，其天机浅"，所谓"其为人也多欲，虽有存焉者寡矣"也。语见《孟子·尽心篇》"耆"同嗜。"天机"、"嗜欲"，见天人之相为消长也。

"不知说生，不知恶死"，死生一致，不复有所欣厌也。"其出不诉，其入不距"，视死生犹出入。"翛然而往，翛然而来"，视死生犹往来也。"诉"同忻、欣。"距"同拒。"翛然"，自在而无碍也。"不忘其所始"，"始"，天命之始也。不忘，故全其生而无憾。"不求其所终"，"终"，天年之终也。不求，故尽其年而斯止。全其生而无憾，故"受而喜之"。尽其年而斯止，故"忘而复之"。"复"者，复其始也。上言"不忘"，而此又曰"忘"者，何也？上不忘者德，物得以生之谓德。此之忘者年也。前言"不知说生"，而此又曰"受而喜之"，何也？说生者，生死之幻形。受而喜之者，性命之全理也。不忘而受之，是之谓"不以心捐道"。"捐"，弃

也。弃则忘矣。不求而复之，是之谓"不以人助天"。"助"如《孟子》勿助长之助。助则求矣。

"其心志"，所谓"用志不分，乃疑于神"也。语见《达生篇》"志"谓之志，"用志不分"亦谓之志。实字虚用，《庄子》一书中屡见之。或疑其不辞，而欲改作"忘"，非也。此言"其心志"，正如《消摇游》言"其神凝"也。"其容寂"，"寂"，不动也，所谓"望之似木鸡，其德全"也。亦见《达生篇》"其颡頯"，所谓"宇泰定者发乎天光"也。语见《庚桑楚篇》。宇谓眉宇之间，正额之地。泰定，大定也。"頯"一作魁，并形声字，音傀。郭子玄于此注云："大朴之貌。"《天道篇》"而颡頯然"，则注云："高露发美之貌。"实则"大朴"二字不足以尽"其颡頯"之义，且与"其容寂""寂"字亦似犯复。当移《天道篇》注以注此。高露发美，正天光之发，而德充之符也。

"凄然似秋，暖然似春，喜怒通四时"，举春秋以概冬夏，举喜怒以概哀乐，《易·乾·文言》所谓"与四时合其序"也。"暖"读暄。"与物有宜而莫知其极"，则所谓与天地合其德。"极"犹则也。"莫知其极"，言无定则，故莫可测知也。惟如是，故用兵亡人之国，而不失人心，若秋霜之杀物，物不知怨也。"利泽施乎万世，不为爱人"，若阳春之长物，物亦不知谢也。盖真知之所知，一无知而已矣，一无心而已矣。

"故乐通物，非圣人也"，乐读如《大学》"有所好乐"之乐。何也？乐出有心，则物或不同，必有反而忿懥者矣，是非四时之和，而天地之德也，故曰"非圣人"。"有亲"则有不亲矣，故曰"有亲，非仁也"。贤者要在乘时，故曰"失时，非贤也"。"失"旧作天，注家虽强为解释，终不可通。本篇文字时有倒误。"天"与失，一笔之差，其误甚明，故径改之。君子贵乎通识，故"利害不通，非君子也"。士重在行己，故"行名失己，非士也"。"役人"，庶人凡民也。由圣人而仁人而贤人而君子而士，等而下之，故当是庶人也。庶人而谓之"役人"者，庶人召之役则往役，见《孟子·万章篇》故曰"役人"也。《孝经》曰："用天之道，分地之利，谨身节用，以养父母，此庶人之孝也。""亡身不真"，则非谨身养亲之道矣，故曰"亡

身不真,非役人也"。孟子举世俗所谓不孝者五:一曰惰其四支,不顾父母之养;二曰博弈好饮酒,不顾父母之养;三曰好货财,私妻子,不顾父母之养;四曰从耳目之欲,以为父母戮;五曰好勇斗狠,以危父母。是皆所谓亡身不真之类也。"亡身"者,忘其身。"不真"者,失其本也。此真字义较浅,与真人真字不同,宜分别看。郭子玄注此云:"自失其性,而矫以从物,受役多矣,安能役人?"盖以下文有"役人之役"语,遂牵连而为之说。不知此役人列在君子、士之后,自是人之一等,文义甚明。且"役"乃状字,非动字也,解作役使旁人,实乖文理,而注解之家率循用郭说,不可解也。

"狐不偕",或云尧时人,尧让以天下,不受,投河水死;或云周之贤人;莫能考正。"务光",夏人。汤伐桀,克之,让于务光,务光辞曰:"非其义者,不受其禄;无道之世,不践其土。况尊我乎!吾不忍久见也。"乃负石而自沈于庐水,见本书《让王篇》《让王篇》作瞀光,务、瞀一也。"伯夷"、"叔齐",孤竹君之二子,饿于首阳之下,见《论语》。本书《让王篇》则云:"有士二人,处于孤竹,曰伯夷、叔齐。"又云:"武王使叔旦与之盟。"与《史记·伯夷传》不合,盖传闻异辞也。"箕子",纣诸父,见《论语·微子篇》及《尚书·洪范》。"胥余",仆隶之称。汉伏生《尚书大传》载太公曰:"爱人者,兼其屋上之乌;不爱人者,及其胥余。"是也。《韩诗外传》亦有此文以箕子为奴,故曰"箕子胥余"。此如《孟子》言微子、微仲、王子比干,见《公孙丑篇》第一章于"比干"上加"王子"二字,皆以四字为句,便文之故。解者不明此例,或以胥余为比干,或云是箕子之名,皆误也。"纪他"、"申徒狄",皆殷人。《外物篇》云:"汤与务光天下,务光怒之。纪他闻之,帅弟子而踆于窾水,踆同逡,退也、遁也。诸侯吊之。三年,申徒狄因以踣河。"踣同仆,僵也、毙也。以上诸贤,皆未能养其生、终其天年,故曰"是役人之役,适人之适,而不自适其适者也",言异乎古之真人也。

或疑曰:孔子称殷有三仁,而箕子居其次。于伯夷、叔齐,则曰:

"求仁而得仁,又何怨!"夫仁也者,人也。合而言之,道也。语见《孟子·
尽心篇》若箕子、夷、齐,皆履仁践道,曷为不能自适其适? 庄子之是非,
毋乃有悖于圣人欤? 曰:庄子特借是数人以发其保身全生之旨,非为
箕子、夷、齐作定评也,是当分别观之。若以文害辞,以辞害志,岂所谓
得意忘言者哉!

　　古之真人,其状义而不朋,若不足而不承。与乎其坚而
不觚也,张乎其虚而不华也。邴邴乎其似喜乎? 崔乎其不得
已乎? 滀乎进我色也,与乎止我德也。厉乎其似世乎? 謷乎
其未可制也。连乎其似好闲也,悗乎忘其言也。以刑为体,
以礼为翼,以知为时,以德为循。以刑为体者,绰乎其杀也;
以礼为翼者,所以行于世也;以知为时者,不得已于事也;以
德为循者,言其与有足者至于丘也;而人真以为勤行者也。
故其好之也一,其弗好之也一。其一也一,其不一也一。其一
与天为徒,其不一与人为徒。天与人不相胜也,是之谓真人。

　　"其状"二字统摄下文,至"悗乎忘其言也"止。老子曰:"古之善为
道者,微妙玄通,深不可识。夫唯不可识,故强为之容。"此亦可谓强为
之状者也。仔细推寻,大抵表两端以见中道,与《论语》"子温而厉,威
而不猛,恭而安"一种笔法。循是求之,虽不加诠释,可领解也。

　　"义而不朋",郭注云"与物同宜,而非朋党。"是也。《庄》书每以实
字作虚字用,虚字作实字用,《天道篇》亦有"而状义然"语,正其比也。
俞氏樾武断,读"义"为峨,读"朋"为崩,谓"义"可言德,不可言状。见
《诸子平议》则试问:《春秋》桓二年《公羊传》云:"孔父可谓义形于色
矣。""义"而曰形于色,是非状乎? 不知状以状德、状本根于德也。若
如俞说,改作"峨而不崩",试问:此状何德? 吾思虽俞氏亦自莫能举
似之也。清之汉学家泥于训诂,往往不求本书文义,辄窜易字句,以就

已说，以此多失古人微旨，其贻误学者甚大，故于此聊一辩之。"若不足而不承"，状其谦也。不足者或且奉承于人。"不足而不承"，《易·谦卦象传》所谓"卑而不可逾"也。

"与乎其坚而不觚也"，"与"读若举。知"与"之为举者，《逍遥游》言大瓠其坚不能自举，是坚之与否，以能举不能举决之。以举表坚，亦犹下之以"张"表"虚"也。曰"不觚"者，"觚"，方也。坚则重，重者之病在于拘方，故曰"坚而不觚"，所以见其无偏失也。此段每两句为韵，而觚与华叶。<small>古音华读敷</small>各本皆作"觚而不坚"，其讹已久，今依韵校正之。"张乎其虚而不华也"，物虚则张，故曰"张乎其虚"。虚而至实，故曰"虚而不华也"。

"邴邴乎其似喜乎？崔乎其不得已乎？"自此以下，并两句相对为义。"邴邴"犹旁旁，古方、丙同音，故柄亦作枋。《春秋》隐八年："郑伯使宛来归祊。"《穀梁传》即作"归邴"，可证也。《小雅·北山》之诗"王事傍傍"，一作旁旁，言事冗而不得自息也，然亦即有肆应之义，故此云"似喜"，谓诸事纷至而不辞，有似喜事者也。然而感而后应，和而非唱，实出不得已也。故又曰："崔乎其不得已乎？""崔"同确。<small>《说文》崔下引《易》"夫乾崔然"，今《易·系辞传》作"确然"。</small>《应帝王篇》曰："圣人之治也，治外乎？正而后行，确乎能其事者而已矣。"此云"崔乎其不得已"，正与"确乎能其事"意合。确谓定也。

"滀乎进我色也，与乎止我德也"，进止对举，义尤显然。"进我色"者，进我以色也，《田子方篇》所谓"正容以悟之"也。"止我德"者，止我以德也，《田子方篇》所谓"使人之意也消"也。"滀"，淳滀，不浅露也。"与"，容与，不急迫也。此"与"读如字。

"厉乎其似世乎？謷乎其未可制也"，"厉"同励，勤勉也。"似世"者，同乎世俗之所为，所谓与人为徒也。"謷"即《德充符》"謷乎大哉"之謷。"未可制"者，非世俗所可羁制，所谓独成其天也。

"连乎其似好闲也，悗乎忘其言也"，"闲"与"言"为韵。旧各本作

"闭",盖缺笔也,今正之。"连"如《易·蹇卦》"六四往蹇来连"之连,谓难也。难者,著力也。"好闭"者,戒慎周详,有同闲卫也。"悗",无心也。"忘其言"者,任天而动,不假言说也。

"以刑为体",承"义而不朋"两句言。"义"与"谦"皆有节制、损退义,于刑为近,故曰"以刑为体者,绰乎其杀也"。"杀",减杀。"绰"即绰约之绰。一作淖,亦作汋。《楚辞·远游篇》:"质销铄以汋约兮。"于"销铄"下而接云"绰约",则知绰约非仅如常解谓之柔弱,兼有敛约检制之意,故此云"绰乎其杀",绰、杀义正相连。郭子玄但知宽绰之训,乃注云"虽杀而宽",失其旨矣。

"以礼为翼",承"与乎其坚而不觚"二句言。厚重虚徐,并礼之要,而人非礼不行,故曰"以礼为翼,所以行于世也"。盖刑以自治,故比之于体;礼以接物,故比之于翼。郭注云"刑者治之体,非我为",以刑为治人,亦误也。

"以知为时",承"邴邴乎其似喜乎"二句言,观其曰"不得已于事也",正与"崔乎其不得已"相应可知。曰"时"者,时止则止,时行则行,《易》所谓"知几"也。

"以德为循",承"滀乎进我色也"二句言,观两"德"字相应可知。曰"循"者,《说文》:"循,行顺也。"顺者,顺乎人之性,而非有所强焉者也,故曰"言其与有足者至于丘也,而人真以为勤行者也"。"丘"隐喻孔子。丘非高也,迤逦而登,凡有足者无不可至也。人见其勤勉而行,而不知其出于至顺,非有难也。言此者,以见德者人皆可修而至,非独真人为能也。"真以为",疑本作"直以为",因上下文"真"字而误,然未有显证,故存而不改。

"其好之也一,其弗好之也一","好",好德也。"弗好",弗好非德也。好德,德也。弗好非德,亦德也。故皆曰"一"也。不谓之德而谓之"一"者,前篇所谓"一知之所知",而下文所谓"一化之所待"也。其"一"者,体也;其"不一"者,用也。体固一,用不离体,亦一也,故曰"其

一也一，其不一也一”。用不离体，所以合天也，故曰“其一与天为徒”。体以起用，所以之人也，故曰“其不一与人为徒”。“与人为徒”，承“厉乎似世”、“连乎好闲”言也。“与天为徒”，承“謷乎未可制”、“悗乎忘其言”言也。合两端以得中道，所谓天均、两行者，故曰“天与人不相胜也”。

篇首言天言人，以功夫与本体言。此言天言人，则以本体与作用言。功夫者，入手之方；作用者，成功之效。然必待成功之效而后知入手之无误，所以真知必征之真人也。

死生，命也。其有夜旦之常，天也。人之有所不得与，皆物之情也。彼特以天为父，而身犹爱之，而况其卓乎！人特以有君为愈乎已，而身犹死之，而况其真乎！泉涸，鱼相与处于陆，相呴以湿，相濡以沫，不如相忘于江湖。与其誉尧而非桀也，不如两忘而化其道。夫大块载我以形，劳我以生，佚我以老，息我以死。故善吾生者，乃所以善吾死也。夫藏舟于壑，藏山于泽，谓之固矣。然而夜半有力者负之而走，昧者不知也。藏小大有宜，犹有所遯。若夫藏天下于天下，而不得所遯，是恒物之大情也。特犯人之形，而犹喜之。若人之形者，万化而未始有极也，其为乐可胜计邪！故圣人将游于物之所不得遯而皆存。善夭善老，善始善终，人犹效之，又况万物之所系，而一化之所待乎！

此段重申前生死之说，以为下论道发端也。“夜旦”，喻生死也。曰“常”者，言为人所习见也。人习见夜旦，未尝有介于怀，而于死生则未能释然，是为不知类也，故举此以点醒之，曰“人之有所不得与”。“与”读同预，言非人所能为力。“情”，实也。“物之情也”者，言物之实际如是也。

“以天为父”，犹云以天视父，即后世称父为所天之意。旧顺文为

解,非也。所以知之者,《人间世篇》以爱亲事君陪起事心,此以爱父死君陪起天命,文字正是一样结构。父与君对,非天与君对也。此其一。接云"身犹爱之","爱"者爱父也。观《人间世篇》"子之爱亲"语可知。至推爱亲之爱,而后及于天,故下云"而况其卓乎!""卓"者,卓绝,超出于万物之上之谓,是即指天而言。若开首便说天,则此卓者更谓何物?此其二。卓者、真者,文正一例。真者指天,卓者岂得有异!此其三。

然则安知非"天"与"父"二字,文有舛错乎?曰:古人自有此倒装句法,如后文云"父母于子,东西南北,唯命之从"。以今文法言,当云"子于父母",是即倒装之一例,细心玩之,不难理会,无取改窜旧文为也。

"以有君为愈乎已",谓有君愈于无君也。《论语》孔子言"夷狄之有君,不如诸夏之亡也",见《八佾篇》盖亦此意。解者皆读"已"为我己之己,以为君之势分尊过乎我,故为之死。若然,则但云以君为愈乎己可矣。"君"上著"有"字,何说乎?且古者臣之效死于君者,以君为一国之所托命,非以其势分然也,故曰:"君为社稷死,则死之。为社稷亡,则亡之。"晏子语,见襄二十五年《春秋左氏传》此书于君臣之义,曰"无适而非君",见《人间世篇》曰"有君为愈乎已",与后世视君如帝天,不复敢涉议,及其有无向背者实异。盖春秋、战国之际,去古未远,又列国分立,未始定于一尊,于是追原置君、有君之故,故其论若此。而注家率据后世之见以为之解,则宜其不合也。

"泉",水源也。人之恃天以生,犹鱼之恃水以活也,故取鱼以为喻。鱼之水涸而处于陆也,"相呴以湿,相濡以沫",非不相爱也,然而不足以救死者,湿沫有尽时,不如江湖之恃源而往者也,故江湖者,鱼之天也。曰"相忘"者,各不见德,乃德之至,爱不足以言也。夫尧之仁非桀之比,人无不知也,然博施济众,不能无病。见《论语·雍也篇》是其仁亦有尽时,不如天之无心于物,而物无不蒙德也,故曰"与其誉尧而非桀也,不如两忘而化其道"。曰"化其道"者,尧忘其尧,桀亦化其为

桀，一纳于道之中，而誉与非更无所用之也。

凡言此者，皆为下"善吾生乃所以善吾死"一句而设。盖"大块载我以形，劳我以生，佚我以老，息我以死"，生、老、死者，天也，前所云"人之有所不得与"者也。若善吾生以善吾死，则人也，吾之所可得为者也。舍其所可得为，而薪其所不得与，即使有术以延其生，能比寿于彭祖，亦何异于鱼之脱于江湖，借湿沫以缓其斯须之命也哉！故《知北游篇》云："虽有寿夭，相去几何？须臾之说也。奚足以为尧、桀之是非。"以尧、桀并称，是非贬尧以就桀也。自吾性分中言之，桀固尘污，尧亦阴翳，由是二者起伏胶扰于胸中，而心乃与天日远，遂觉形气一散，归著无所。人之不能善生以善其死者，率坐是也。昔者子路问死，孔子告之曰："未知生，焉知死！"此与善生以善死之言，先后一揆。知生者，知其所以生也。知其所以生，则知性、知天在其中矣。善生者，善其所以生也。善其所以生，则尽性至命在其中矣。夫尽性至命，则天人一也，尚何有生死之不齐，而尧桀之相非哉！

"藏舟"，"舟"以喻君之位也。《荀子·王制篇》云："传曰：'君者舟也，庶人者水也，水则载舟，水则覆舟。'"是比君于舟，有其所本。舟藏于壑，壑藏于山，山藏于泽，省文但举首尾，故曰"藏舟于壑，藏山于泽"也。或分两事说之，非是。夫舟可负之走，山岂可负之走者哉！有力负舟而走者，谓如田氏之移齐，韩、赵、魏之分晋，皆乘其君之不觉，而先篡其权，后取其位。故比之于"夜半"，而曰"昧者不知也"。"藏天下于天下"，则如尧之禅舜，舜之禅禹，不私天下于一己，亦即不尸亡天下之名，故曰"不得所遯"。"遯"，失也。"是恒物之大情"者，对前"皆物之情也"句言。曰恒，则常存。曰大，则无外矣。"藏舟"以喻藏天下。"藏天下于天下"，则以喻善生者委其身于造化，故下云"圣人将游于物之所不得遯而皆存"。"物之所不得遯"者，如后文之弹鸡轮马、鼠肝虫臂，视物皆我、即我于物而皆存，是之谓"不得所遯"也。旧以"藏舟"解作藏生，亦非是。若藏舟为藏生者，则"藏天下于天下"更何谓

乎？通玩全文，自知其不然矣。

"特犯人之形而犹喜之"，"犯"犹遭也，此就常人言也。"若人之形者，万化而未始有极也，其为乐可胜计邪！"二十字当连作一气读，言一得为人，尚且喜之，若使人之形千变万化而无极，而得一一更历其所遭，其为乐不将益甚乎！此因常人乐生之妄情而为之剖解也。"善夭善老，善始善终"，承"圣人"言，即所谓善其生者也。"人犹效之"者，人犹师之也。若"万物之所系，而一化之所待"，则所谓天、所谓道、而圣人之所师者。人师圣人，即安得不师圣人之所师？故曰"又况"，而以进之也。

夫道，有情有信，无为无形；可传而不可受，可得而不可见；自本自根，未有天地，自古以固存；神鬼神帝，生天生地；在太极之先而不为高，在六极之下而不为深，先天地生而不为久，长于上古而不为老。豨韦氏得之，以挈天地；伏戏得之，以袭气母；维斗得之，终古不忒；日月得之，终古不息；堪坏得之，以袭昆仑；冯夷得之，以游大川；肩吾得之，以处大山；黄帝得之，以登云天；颛顼得之，以处玄宫；禺强得之，立乎北极；西王母得之，坐乎少广，莫知其始，莫知其终；彭祖得之，上及有虞，下及五伯；傅说得之，以相武丁，奄有天下，乘东维，骑箕尾，而比于列星。

前既言"知之登假于道"，又言"两忘而化其道"矣，故承上"万物所系一化所待"之文，特提"夫道"二字，而一为敷扬之。

"有情有信，无为无形"，即《齐物论》所云"若有真宰，而特不得其朕；可行己信，而不见其形。有情而无形"也。特彼即心而言之，故号曰真宰、真君，此则别于心而言之，故曰道也。惟"有情有信"，故可传可得。惟"无为无形"，故不可受、不可见。万物以道为根本，而更无有

114

物为道之根本者,故曰"自本自根"。道先天地生,故曰"未有天地自古以固存"。"神鬼神帝"者,"鬼",人鬼,"帝",天帝。鬼、帝之神,以道而神也。"生天生地"者,天施地化而生万物。天地之能生,以道而能生也。"太极",见《易·系辞传》。阴阳未判,谓之"太极"。"六极"犹六合也。"高深"以空间言,"久老"以时间言。

"狶韦氏",古帝王之号。"挈"犹举也。以举天地,殆如后世所云"开辟天地"然。"伏戏"已见《人间世篇》。"气母",谓元气。"袭",合也。谓天地分,而伏羲画卦,复合之也。"维斗",北斗也。"忒",差也。古者观斗杓所指,以定四时,故与日月并举,而称其不差忒也。"堪坏",昆仑山神。"冯夷",河神,所谓河伯者也。"大川"即指河。"肩吾",人名,曾见《消摇游篇》。然此与堪坏、冯夷并举,则当为泰山之神,与前名同而实异也。"黄帝",轩辕氏。"登云天"者,相传黄帝死而乘龙上仙也。"颛顼",高阳氏。"玄宫",北方宫,《小戴礼记·月令》冬曰"其帝颛顼,其神玄冥"是也。"禺强",北海神,见《山海经》。"西王母",亦见《山海经》。"少广",其所居宫。或曰山也。于此特言"莫知其始,莫知其终"者,"终"与上"玄宫"为韵,亦以见非彭祖之"上及有虞,下及五伯",年寿有数者所可比也。"有虞",舜有天下号。"五伯",夏昆吾,殷大彭、豕韦,周齐桓、晋文也。"傅说",殷高宗相,《尚书》有《说命篇》,即记说相武丁事。"武丁",高宗名。"奄有天下","奄"同掩。掩有,犹包有也。《星经》傅说一星在尾上。尾,东方之宿苍龙之尾也。而箕斗之间,正当天汉津之东维。故曰"乘东维,骑箕尾,而比于列星"。凡言此者,极力证明道之于人至切,而圣人亦非道莫成也。

以上凡五段文字,为一篇之总论。下则即人与事而明之。

南伯子葵问乎女偊曰:"子之年长矣,而色若孺子,何也?"曰:"吾闻道矣。"南伯子葵曰:"道可得学邪?"曰:"恶!恶可!子非其人也。夫卜梁倚有圣人之才,而无圣人之道;

我有圣人之道,而无圣人之才。吾欲以教之,庶几其果为圣人乎! 不然,以圣人之道告圣人之才,亦易矣。吾犹守而告之参日,而后能外天下;已外天下矣,吾又守之七日,而后能外物;已外物矣,吾又守之九日,而后能外生;已外生矣,而后能朝彻;朝彻,而后能见独;见独,而后能无古今;无古今,而后能入于不死不生。杀生者不死,生生者不生。其为物,无不将也,无不迎也,无不毁也,无不成也。其名为撄宁。撄宁也者,撄而后成者也。"南伯子葵曰:"子独恶乎闻之?"曰:"闻诸副墨之子,副墨之子闻诸洛诵之孙,洛诵之孙闻之瞻明,瞻明闻之聂许,聂许闻之需役,需役闻之於讴,於讴闻之玄冥,玄冥闻之参寥,参寥闻之疑始。"

此承上得道之言,而明道不易闻、不易传也。"南伯子葵"即南伯子綦。綦、葵一声之转也。"女",姓,读若汝,晋有女宽,见昭二十八年《左传》,又女叔齐亦称女齐,亦见《左传》,是古自有"女"姓。"偶",其名也。或疑以为妇人,非是。"色若孺子",年长而色稚,盖修道之效而德充之符也。"子非其人也",激之之辞,非拒之也。若其拒之,则不告之矣。

"卜梁倚",姓卜梁,名倚。"有圣人之才","才"者,材质。言有圣人之质,若今云天才然也。"庶几其果为圣人乎!"而继之云"不然"者,望其为圣人,而不能必其为圣人,即上文可传而不可受之意也。

"守而告之"者,告之以言;行之而有差失,则从而矫正之,故守之不离去也。"参"同三。由三日而七日而九日,言其次第也。日之不多者,以倚有圣人之才,故进之速也。"外物"后于"外天下"者,天下远而物近也。"外生"复后于"外物"者,生亲而物疏也。外之犹遗之也。"朝彻"者,蔀障既撤,光明现前,有如朝日之出,物无隐形,故曰"朝彻"。"彻"者通也。"见独","独"即道也、天也,谓之"独"者,无与为对

116

也。自"朝彻"而"见独"而"无古今"而"入于不死不生",不言日数者,一彻则俱彻,更无先后渐次也。"入于不死不生"而止,所谓善吾生以善吾死,此为究竟也。

"杀生者不死,生生者不生",释所以"不死不生"之故也。盖生死者物,若生物者初无生,杀物者初无死也。何也? 若其有生有死,则是一物耳。物岂能生物哉? 不能生物,又岂能死物哉? 非物也,而曰"其为物"者,顺俗之谈,亦文字之穷也。故老子亦曰:"道之为物。"是在读者善为分别耳。"无不将","无不迎",以言其用之无不到也。"无不毁","无不成",以言其用之无所滞也。"将"如《诗·召南·鹊巢》"百两将之"之将,送也。"撄",挠乱也。"宁",安定也。虽挠乱而安定,故名曰"撄宁"也。又曰"撄而后成"者,未经挠乱之安定,非真安定,真安定必从挠乱中锻炼而得也。

"副墨之子",喻书册也。"洛诵之孙",喻诵读也。"副墨之子闻之洛诵之孙"者,书皆先口授而后著之竹帛也。曰子曰孙者,言其有所祖述也。"瞻明",谓见也。"聂许",谓闻也。见次于闻者,见之隘不如闻之博也。"需",须也,饮食之道也。语见《易·需卦象传》与序、杂《卦传》"役",劳作也。《易·说卦传》所谓"致役乎坤"也。饮食劳作,皆寻常日用之事。"闻之需役"者,言道不出乎日用间也。"於"读乌。"於讴",咏歌也。饮食劳作之有迹,又不如咏歌之近自然也。"玄冥",深远也。"参寥",空寂也。"疑始",若有始,若无始,是则非心思所得而卜度,言语所得而拟议,故以是为至也。

子祀、子舆、子犁、子来四人相与语曰:"孰能以无为首,以生为脊,以死为尻,孰知死生存亡之一体者,吾与之友矣。"四人相视而笑,莫逆于心,遂相与为友。

俄而子舆有病,子祀往视之。曰:"伟哉! 夫造物者,将

以予为此拘拘也!"曲偻发背,上有五管,颐隐于齐,肩高于顶,句赘指天。阴阳之气有沴,其心闲而无事。跰𨅡而鉴于井,曰:"嗟乎!夫造物者,又将以予为此拘拘也!"子祀曰:"女恶之乎?"曰:"亡,予何恶!浸假而化予之左臂以为鸡,予因以求时夜;浸假而化予之右臂以为弹,予因以求鸮炙;浸假而化予之尻以为轮,以神为马,予因而乘之,岂更驾哉!且夫得者时也,失者顺也;安时而处顺,哀乐不能入也。此古之所谓县解也。而不能自解者,物有结之。且夫物不胜天久矣,吾又何恶焉!"

俄而子来有病,喘喘然将死,其妻子环而泣之。子犁往问之,曰:"叱!避!无怛化!"倚其户与之语曰:"伟哉造化!又将奚以女为,将奚以女适?以女为鼠肝乎?以女为虫臂乎?"子来曰:"父母于子,东西南北,唯命之从。阴阳于人,不翅于父母;彼近吾死,而我不听,我则悍矣,彼何罪焉!夫大块载我以形,劳我以生,佚我以老,息我以死。故善吾生者,乃所以善吾死也。今大冶铸金,金踊跃曰:'我且必为镆铘!'大冶必以为不祥之金。今一犯人之形,而曰:'人耳!人耳!'夫造物者必以为不祥之人。今一以天地为大炉,以造化为大冶,恶乎往而不可哉!"成然寐,蘧然觉。

以下三节,承上"入于不死不生"之文,而举其人其事以实之,以反复发明真人"不知说生,不知恶死"之义也。"子祀"、"子舆"、"子犁"、"子来"四人,无所考,而末节有"子舆与子桑友"之语,以是推之,皆孔子所谓狂士,而此篇所云游于方之外者也。

"以无为首","无"即不死不生之别名也。惟无为首,故"生为脊"、"死为尻"。"首",始也。"尻",尾骨,终也。终复于始,故曰"死生存亡

一体"也。"孰能"、"孰知",先"能"于"知"者,惟其能之,是以知之,所谓有真人而后有真知也。"相视而笑,莫逆于心",心有默契,付于一笑,不烦言说也。

"造物"即造化。"拘拘"谓形体也。人有形体则为所拘系,不能自脱,故曰"拘拘"也。《达生篇》痀偻丈人云:"吾处身也若厥株拘。"厥同橛,谓若橛株之拘而不动也。以彼例此,义略可知。"曲偻"犹伛偻。"发背",病发于背也。因病发于背而伛偻,故曰"曲偻发背"也。"五管"即《德充符篇》"五管在上"之五管,谓五藏之腧穴也,因承上"背"字言之,故变其文,而曰"上有五管",不曰五管在上也。"句赘指天","句",句曲。"赘",犹今言突起,谓项椎也。项椎句曲,故指天也。自"曲偻"以下五句,夹叙子舆病状,即以为"为此拘拘"之"此"字注脚也。

"沴"同戾,乖也。"阴阳之气有沴",述其病之原也。"其心閒而无事",不以气之病而累及于心也。"蹁躚"犹蹩躠,一声之转,谓艰于行也。"鉴于井",鉴其形也。"又将以予为此拘拘",此与前语不同。前语谓今时,此语叹日后。言将复受形为此,故曰"又"也。两"也"字皆当读若邪。

"女恶之乎","恶之"谓恶其化为此形,读去声。"亡"读若无,犹言非也。"浸",渐也。"假",使也。化左臂以为鸡,化右臂以为弹,非顷刻之事,故曰渐,亦非必然之事,故曰假也。"因以求时夜","因以求鸮炙","求"者,求以尽其能,以见其不恶。此二语义轻。"以尻为轮,以神为马","因而乘之,岂更驾哉","乘"者,乘夫自然之变,根前《消摇游》"乘天地之正而御六气之辨"乘字说,此义则深也。盖能乘而驾之,则无之不可,造化未始不在我也,所以生不说、死不恶者,正恃夫此。"更"读平声。"更驾",改驾也。"得"、"失"犹言生死。"安时处顺"至"古之所谓县解",已见《养生主篇》。"物有结之",言为物情缠绕,所以不能自解也。"物不胜天久矣"者,知天知人,用功之久,故物情不能夺也。此真实功夫语,非泛论道理如是,因接曰"吾又何恶焉!"言县解之

后,无复生死之见存,尚何恶之有哉!

"喘喘然",气促也。曰"将死",则又过于子舆之病矣。"叱"、
"避",皆一字为句。"叱",诃声。"怛",惊也。"无怛化",告其妻子,使
无惊将化之人也。"鼠肝"、"虫臂",虫鼠,物之贱者,肝臂又其身之一
体,至微劣不足道。举此以与子来语者,盖欲其行异类中,坐微尘里,
依然分别之见不生,虚灵之体不昧,斯乃真可与大化而同流,历千劫而
无变,即安时处顺,又不足言也已。由是可知四人之相与为友者,无时
不在相切磋,相鞭策,虽当气息仅属之际,犹不肯放过,如此,固不仅志
之同、道之合而已。

"唯命之从",唯命是从也。"阴阳"即指造化。"不翅"犹不啻。
"近",迫也。"听",从也。"悍",不顺也。一作捍者,亦"悍"之假借。
复引"大块载我以形"一段文字说之者,义与前亦稍别。前文重在"善
吾生",此则重在"善吾死",犹言平日之功夫正在此时用著也。"大
冶",冶工之长也。"铸金",以金铸为兵也。"镆铘"即莫邪,吴王阖闾
剑名。"我且必为镆铘"者,言必当为宝剑,不甘于凡器也。"以为不祥
之金",以为妖也。"一犯人之形",言尝一为人也。"人耳人耳"者,言
惟为人则已,不甘于他类也。此所以答鼠肝虫臂之言,见人之与物本
同一体。《齐物论》云:"万物与我为一。"贵人贱物,适成褊见,所以造化以为
不祥之人也。"以天地为大炉,以造化为大冶,恶乎往而不可"者,既游
于物之所不得遁而皆存,即无往而不自得也。

"成然寐,蘧然觉",言子来语毕而寐,寐而旋觉也。寐觉以喻死
生。"成然"犹全然。全其生而终,是为"成然寐"也。"成然寐"者亦
"蘧然觉",寐觉如一,即死生如一也,故以是二语结之。"蘧然"犹蘧蘧
然,叠言之则曰蘧蘧,单言之则曰蘧,一也。旧解多以此为子来所自
言,非是。此犹如前写子舆有病,著"阴阳之气有沴,其心闲而无事"二
句,正与发端"孰能"、"孰知"语相应,以见二人非惟知之,亦且能之,皆
点睛之笔也。《音义》崔本此下尚有"发然汗出"一句,崔本可据与否诚

难知,亦可见"成然"以下乃叙事之文,而非子来口中之言,甚明也。

　　子桑户、孟子反、子琴张三人相与友,曰:"孰能相与于无相与,相为于无相为? 孰能登天游雾,挠挑无极,相忘以生,无所终穷?"三人相视而笑,莫逆于心,遂相与友,莫然有閒。而子桑户死,未葬,孔子闻之,使子贡往待事焉。或编曲,或鼓琴,相和而歌,曰:"嗟! 来! 桑户乎! 嗟! 来! 桑户乎! 而已反其真,而我犹为人。猗!"子贡趋而进,曰:"敢问临尸而歌,礼乎?"二人相视而笑曰:"是恶知礼意!"

　　子贡反,以告孔子,曰:"彼何人者邪? 修行无有,而外其形骸,临尸而歌,颜色不变,无以命之。彼何人者邪?"孔子曰:"彼游方之外者也,而丘游方之内者也。外内不相及,而丘使女往吊之,丘则陋矣。彼方且与造物者为人,而游乎天地之一气。彼以生为附赘县疣,以死为决㽖溃痈。夫若然者,又恶知死生先后之所在! 假于异物,托于同体;忘其肝胆,遗其耳目;反复终始,不知端倪。芒然彷徨乎尘垢之外,消摇乎无为之业。彼又恶能愦愦然为世俗之礼,以观众人之耳目哉!"子贡曰:"然则夫子何方之依?"曰:"丘,天之戮民也。虽然,吾与女共之。"子贡曰:"敢问其方。"孔子曰:"鱼相造乎水,人相造乎道。相造乎水者,穿池而养给;相造乎道者,无事而生定。故曰:鱼相忘乎江湖,人相忘乎道术。"子贡曰:"敢问畸人。"曰:"畸人者,畸于人而侔于天。故曰:人之小人,天之君子;人之君子,天之小人也。"

　　"子桑户",即仲弓所问子桑伯子,孔子以简许之者。见《论语·雍也篇》"户"其字也。知户是字者,以子反、子张皆称字,不得有异。且后歌

121

曰"嗟来桑户",朋友相称,以字不以名,尤显证也。外篇《山木》有孔子问子桑虖语,户、虖一音之转,同一人也。"孟子反"即孟之反,孔子称其不伐者,亦见《雍也篇》名侧。见哀十一年《左传》"琴张"名牢,《论语》载牢曰:"子云:'吾不试,故艺。'"见《子罕篇》即其人也。《史记·仲尼弟子列传》无琴牢名,然《论语》书之。又其称夫子曰子,其为学于孔门无疑。《家语》言牢为卫人,一字子开,当有所据。桑户、孟反皆当与孔子有故,不然,无为能深知其人也。《说苑·修文篇》云:"孔子见子桑伯子。子桑伯子不衣冠而处。弟子曰:'夫子何为见此人乎?'曰:'其质美而无文,吾欲说而文之。'孔子去,子桑伯子门人不说,曰:'何为见孔子乎?'曰:'其质美而文繁,吾欲说而去其文。'"观此,则桑户亦有其徒众,自是当时一家。仲尼谓其居简行简,斥为太简,合之后文"游方之外"之言,朱子以为老氏之徒,见《论语集注》殆是也。

"相与于无相与,相为于无相为",谓相与相为并出之以无心也。"为"读去声。此承上"相与友"言,言朋友之道当如是。"登天",出于阳也。"游雾",入于阴也。阴阳相为终始,故曰"挠挑无极"。"挠挑"犹宛转也。"无极"犹无穷也。既宛转于无穷之中,复何有于生死?故曰:"相忘以生,无所终穷。"此则言生死无变之理,以起下文子桑之死也。"莫然有间","有间"之上著"莫然"二字者,"莫"同漠。"漠然",无心相忘貌。以见三人果能如其相要之言也。

子桑户死,使子贡往待事者,欲使助之治丧也。"子贡",端木赐也。见《论语》注"编曲"者,缀次其曲辞。"或编曲,或鼓琴,相和而歌",明琴曲为一事也。杂篇《渔父》云:"孔子弦歌鼓琴,奏曲未半。"彼亦以琴曲对文,此当无异。《释文》:李颐云:"曲,蚕薄。"注家多从之,非也。"嗟!来!桑户乎","嗟"字"来"字皆当读断。"来,桑户",犹云桑户来,盖招魂之辞也。"而已反其真","而"读同尔,指桑户言。"反其真"者,反其天也。"而我犹为人","人"字绝句,人与真叶韵也。"猗",一字别为句,歌之尾声也。"猗"有用于歌辞之首者,《诗·商颂·那》

之篇:"猗与那与。"毛传云:"猗,叹辞。"是也。用于歌辞之尾者,则此是,并有声而无义也。

三人朋友也。子桑死,而子反、琴张相和而歌者,盖既达于生死之故,又"相与于无相与,相为于无相为",非寻常朋友之谊所可同日而语,而子贡不知也,故疑而问之曰:"临尸而歌,礼乎?""是恶知礼意",谓礼之所以为礼,不在哀戚容貌之间,非子贡所知也。故反以问于孔子。

"修行无有",言不见其修为之迹也。"无以命之",犹言无以名之。"何人",犹言何等人。两举之者,一以相问,一以表其惊讶也。

"方内"、"方外",两"方"字即指礼言。《荀子·礼论》云:"不法礼,不足礼,谓之无方之民。法礼,足礼,谓之有方之士。"《小戴礼记·经解篇》亦云:"隆礼由礼,谓之有方之士。不隆礼,不由礼,谓之无方之民。"然则"游方之外",谓游于礼法之外。"游方之内",谓游于礼法之内。旧解以"方"为方域。至今方内方外,乃成为在家出家之称,实大误也。"外内不相及",犹言道不同不相为谋。语见《论语·卫灵公篇》"陋"者,固而不知变也,与上《德充符》之"陋矣"陋字义异。知吊之为礼,而不知不可施之于此辈,是为固而不知变也已。

"与造物者为人","与"犹从也,谓听命于造物而为人。上所谓安时处顺,惟命之从,是也。王引之云:"为人犹言为偶。"见《读书杂志》非也。此"为人"正答"彼何人"之问,若解"人"作偶,则失其答之之义矣。且《天运篇》有云:"久矣夫,丘不与化为人。不与化为人,安能化人!"彼云与化为人,即此云"与造物者为人"也,可解与化为人为与化为偶乎?比而观之,益知"人"字只当作人,不可作别解矣。"游乎天地之一气",即"登天游雾,挠挑无极"之谓。"赘",结肉,俗所谓疙瘩也。"疣",瘤也。"附",著也。"县"同悬。"以生为附赘县疣",视生为系累也。"疴",肿也。"痈"一作痏,疽也。"决",破裂。"溃",旁决也。"以死为决疴溃痈",视死为解脱也。"假于异物,托于同体",前云为鸡、为

弹、为鼠肝、为虫臂,是化一体为异物。反而言之,即安知今之我非鸡非弹、非鼠肝虫臂之所化而为之? 则是假彼异物托为此体也。"忘肝胆"、"遗耳目",即外其形骸之谓。内举肝胆,外举耳目,而全体具是矣。"反复终始,不知端倪",即"相忘以生,无所终穷"之谓。"芒然"犹茫然。"彷徨"、"消摇",并见前释。"溃溃然",烦乱也。以世俗之礼为烦乱者,探彼二人之意而代为言之也。"观"读去声。"观众人之耳目",谓随世俗之所尚,因以观示之也。

"夫子何方之依"者,以夫子既盛赞方外之所为,则何为复依于方? 故进而请问也。旧解如成玄英疏,解作"方内方外夫子将何从"。则夫子已明告子贡游方之内矣,何待问乎!

"丘,天之戮民"者,答所以依方之故。盖大同之世既不可期,欲薪小康,非礼莫由。徇时之急,因自甘受礼之桎梏而不辞。此天实为之,故曰"天之戮民",且欲与赐也共之也。其意具见于《小戴礼记·礼运》之篇,以彼通此,不难明也。

"敢问其方",因上"与女共之"之言而问其道也。"鱼相造乎水,人相造乎道","造"如《诗·大雅·思齐》"肆成人有德,小子有造"之造。"造"者就也,成也。言鱼非水不成为鱼,人非道不成为人也。"穿池而养给","给"者足也。养取其足,不在多也。"无事而生定",无事非绝事也。有事而不为事累,是为无事,即上所云"无为之业"也。"生"者性也。性求其定,不在远也,故曰"鱼相忘于江湖,人相忘于道术"。"相忘"者,内不见己,外不见物。如是,虽游于方之内,未尝不出乎方之外,即方内方外之名,可以不立也。由是可知子反、琴张之伦实非其至。荀子有云:"礼,至备,情文俱尽;其次,情文代胜;其下,复情以归大一。"见《礼论》若二子者,知复情以归大一矣,而不知乃其下也。

子贡曰"敢问畸人","畸人"者,异人也,游于方外,与世人异,故目之为"畸人"。"畸于人而侔于天","侔"犹合也,言虽异于人,而却合于天也。"人之小人,天之君子",旧作天之小人,人之君子,既与下文犯

复，而与上文意亦不接，自是"天"、"人"二字传写互舛，因改正之。"人之小人，天之君子；人之君子，天之小人"，反复言之者，见佯于人不若其佯于天，孔子所以卒有取于三子也。然"天人不相胜，则谓之真人"，佯于天而畸于人，仅谓之君子，君子非真人比也。其中高下之差，又不可不知也。

　　颜回问仲尼曰："孟孙才，其母死，哭泣无涕，中心不戚，居丧不哀。无是三者，以善丧盖鲁国。固有无其实而得其名者乎？回一怪之。"仲尼曰："夫孟孙氏尽之矣。进于知矣。唯简之而不得，夫已有所简矣。孟孙氏不知所以生，不知所以死；不知孰先，不知孰后；若化为物，以待其所不知之化已乎！且方将化，恶知不化哉？方将不化，恶知已化哉？吾特与女其梦未始觉者邪？且彼有骇形而无损心，有旦宅而无情死。孟孙氏特觉，人哭亦哭，是自其所以乃。且也相与吾之耳矣。庸讵知吾所谓吾之乎？且女梦为鸟而厉乎天，梦为鱼而没于渊。不识今之言者，其觉者乎？其梦者乎？造适不及笑，献笑不及排，安排而去，化乃入于寥天一。"

　　此节极为难看。盖死生无变，不极之于母子之亲，即理有未尽；而哀乐不入，乃施之于生我之人，则情有未安。想见庄叟当初下笔时，亦自费几许踌躇也。夫母死"哭泣无涕，中心不戚，居丧不哀"，世间尽有此等人，如何孟孙才却如此而"以善丧盖鲁国"？此不可忽过一也。颜子怪而问之，曰："固有无其实而得其名者乎？"是非怪其得名，乃怪在不知其实何在，欲因名以求实。此不可忽过二也。

　　吾尝读《小戴礼·檀弓》之篇，云："颜丁善居丧，始死，皇皇焉如有求而弗得；既殡，望望焉如有从而弗及；既葬，慨焉如不及其反而息。"文中未见一哀戚字，而读之，孝慕之情，其动人乃有什佰于哀戚者，则

知孝子之用心,固非哀戚所能尽,而孟孙之以善丧盖鲁国,诚别有其所以自尽之道。是唯孔子能知之,故曰"夫孟孙氏尽之矣"。

"进于知矣",与《养生主篇》"进乎技矣"之文正同。进乎技者,技而进于道。"进于知"者,知而进于不知也。知者人也,不知者天也。知而进于不知,即人而进于天也;人而进于天,则人世居丧,哭踊拜杖之仪文将焉用之? 故曰:"唯简之而不得,夫已有所简矣。"曰"简"者,大礼必简之义也。"大乐必易,大礼必简",语见《小戴礼记·乐记》。其"有所简"者人也。"简之而不得"者天也。"不知所以生,不知所以死,不知孰先,不知孰后",叠用数"不知"字,皆从"进于知矣"句出,即皆言其用天而不用人也。两"孰"字旧本作就。上文有云:"又恶知死生先后之所在","恶知先后之所在",即不知孰先、孰后也。先后承生死言。若曰就先就后,则与生死义不相属矣。孰、就字形似,易讹。故依文义改正之。

"若化为物,以待其所不知之化已乎","若"犹似也。"化为物",言当今。"待其不知之化",言方来。当今、方来,总在一化中也。化者天也,而天固不自化。故又曰"且方将化,恶知不化哉? 方将不化,恶知已化哉?"依是言之,则才母虽死,而才固未始以为死。未始以为死,则其事死如事生,事亡如事存,一段母子相爱而不可解之情,必有感人于不知不觉之间者,此其所以善丧盖鲁国之实也。

"吾特与女其梦未始觉者",言未能造乎孟孙之境,如人在梦中,执梦为实有,不知此身为幻化,故于其居丧之异于世人而怪之也。"彼",彼孟孙也,对吾与女言,故曰彼也。"骇",动也,变也。"有骇形",谓居丧哭泣。"无损心",谓不戚不哀。"旦",明也。《大雅·板》之诗曰:"昊天曰明,及尔出王。昊天曰旦,及尔游衍。"是旦、明一也。又《礼记·郊特牲篇》云"所以交于旦",明之义也。方以智《通雅·释诂》以"旦明"为即"神明",则是旦犹神也。其实神明义亦相通。"宅",如《人间世篇》"一宅而寓于不得已"之宅。"有旦宅"者,谓宅于神明,指"已有所简"言。"情"即人情之情。"死"犹亡也。"无情死",谓情未尝亡,指

"简之不得"言。旧解多著眼于死字,而于情字则忽之。训"情"为实,谓之实无有死。不知"无损心"、"无情死",文正一律。情与心对,死与损对,特字有倒顺耳。"无损心"有似乎无情,故以"无情死"救之不使堕于一边。此微意也。且下接云"孟孙氏特觉,人哭亦哭",人哭亦哭,正其未忘情处。文义不甚明乎!"是自其所以乃",犹言是乃自其所以,与"技经肯綮之未尝"句法同,盖倒文也。"所以"者,所由也。"乃"本或作宜,宜亦乃也,《诗·小雅·小宛》之篇"宜岸宜狱",即乃岸乃狱,可证也。

"且也相与吾之耳矣"以下,所以教颜子也。吾本化物,强名为吾,故曰"吾之"。核而求之,吾果安在? 故曰:"庸讵知吾所谓吾之乎?""梦为鸟而厉乎天,梦为鱼而没于渊",时而为鸟,时而为鱼,将据何者以为吾? 然则所为"吾之"者,直戏论矣。"厉"同戾,至也。"不识今之言者,其觉者乎? 其梦者乎",欲颜子自一体勘之也。

"造适不及笑,献笑不及排",言适笑之出于天也。"适"即上文"自适"之适。"造"犹遭也。"献"如《楚辞》"献岁发春"之献,犹言发也。"排",推也,遣也。适出于天,故笑有不及;笑出于天,故排有不及也。虽然,排亦出于天也,则有安之而随之以往而已。如孟孙氏之有所简,及简之而不得,即所谓安排而去者也。安排而去,是之谓"化",故以"化乃入于寥天一"一语结焉。郭象注云:"安于推移,而与化俱去。"以"去化"连文。夫与化俱去,不得曰"去化"也,故当以"化"字属下读。若后之注家有解"安排"如今俗所云云者,其误固不待辩。

天也,而又曰寥、曰一者,"寥"即前云参寥,言其虚寂也。"一"即前云一气、一化,言其不贰也。不贰者,其一也一,其不一也亦一也。此准天而谈,正亦准情而谈也。

昔者乐正子春之母死,五日而不食,曰:"吾悔之。自吾母而不得吾情,吾恶乎用吾情!"见《檀弓》知乐正子五日不食之非情,则知孟孙无涕不哀之率情矣。孔子之故人曰原壤,其母死,夫子助之沐椁。原壤

登木曰:"久矣予之不托于音也。"歌曰:"狸首之班然,执女手之卷然。"夫子为弗闻也者而过之。亦见《檀弓》知夫子不责原壤之登木而歌,则知夫子之有取于孟孙之有所简矣。此固非拘墟小儒之所能识,而亦岂灭绝天性之小人所可得而假托乎哉?

意而子见许由。许由曰:"尧何以资女?"意而子曰:"尧谓我:'女必躬服仁义而明言是非'。"许由曰:"而奚来为轵?夫尧既已黥女以仁义,而劓女以是非矣。女将何以游夫摇荡恣睢转徙之涂乎?"意而子曰:"虽然,吾愿游于其藩。"许由曰:"不然。夫盲者无以与乎眉目颜色之好,瞽者无以与乎青黄黼黻之观。"意而子曰:"夫无庄之失其美,据梁之失其力,黄帝之亡其知,皆在炉捶之间耳。庸讵知夫造物者之不息我黥而补我劓,使我乘成以随先生邪?"许由曰:"噫!未可知也。我为女言其大略。吾师乎!吾师乎!齑万物,而不为义;泽及万世,而不为仁;长于上古,而不为老;覆载天地、刻雕众形,而不为巧。此所游已。"

前三节穷死生一致之理,所以去我执也。以下二节,贬仁义、退礼乐,所以去法执也。执一身为己有,是为我执。执众理为实得,是为法执。就常人言,去我执难;就学者言,则去法执较去我执为尤难。然法执不去,执理为我,即我执自在,终不可以入圣也。故继前三节而复说此二事也。

"意而子"盖假名。仁义是非,皆从意出,故托之于"意而"也。"尧何以资女","资"犹益也。谈仁义者必首称尧,故托之于尧也。"躬服仁义而明言是非","仁义"上著"躬服"字,"是非"上著"明言"字,亦可见仁义之非自然,是非之为争端已。

"而",女也。"轵"与《诗·鄘风·柏舟》"母也天只,不谅人只"之

只同,语辞也。而奚来为只,犹言女奚为来乎。"黥",刻其面而以墨涅之,故亦谓之墨刑。"劓",刖其鼻也。"黥女以仁义而劓女以是非"者,言仁义是非伤残人之天德,有似墨、劓之刑然也。"摇荡"犹动荡,言不定也。"恣睢",纵任也。"转徙",迁变也。皆"执"字之反,而"化"字之注脚也。执于仁义是非,复何由以游于化之涂乎?

"吾愿游于其藩",言虽不能便化,但涉其藩篱亦所愿也。"盲"犹蒙也,蒙蒙然不能别,故曰"无以与乎眉目颜色之好"。"瞽",无目者也。无目者不能见色,故曰"无以与乎青黄黼黻之观"。"与"犹预也。"黼",白与黑相次,文作斧形。"黻",黑与青相次,形如亞。亞,古弗字也。

"无庄",古美人名。"据梁",古力士名。"失"、"亡"一意,皆言不自据以为得,非果丧失之也。"捶"一作锤,字同。"皆在炉捶之间"者,言在教者之变化之,如锻冶之各成其器也。"息我黥而补我劓",系之于造物者,"造物者"天也。惟天可息黥补劓,以喻仁义是非而能行之以天,则黥不为黥,而劓不为劓也。"成"犹全也。"乘成"者,载其全也。

"我为女言其大略",道不可言,言者皆其似,故曰"大略"也。"吾师"者,吾所师也。再言之者,赞叹之不能已也。"𩦆",碎也,犹言杀也。义于四时为秋,于五行为金,故用杀。"不为义"、"不为仁"者,本无仁义之名也。本无仁义之名,斯何从著仁义之见乎?又言"覆载天地、刻雕众形"者,应前黥劓之言。人非仁义不行,事非是非不辨,亦犹众形非刻雕不成也。所贵照之于天,不用乎己,则刻雕而不为巧,何从有黥劓之害乎?"此所游已",以游为师,是为善师者也。夫"游"者,自由自在之谓,此所以托之于许由之言也。"大宗师""师"字,至此一点,其为大为宗,则不言可知,故不复觇缕也。

颜回曰:"回益矣。"仲尼曰:"何谓也?"曰:"回忘仁义矣。"曰:"可矣,犹未也。"它日复见,曰:"回益矣。"曰:"何谓

也?"曰:"回忘礼乐矣。"曰:"可矣,犹未也。"它日复见,曰:
"回益矣。"曰:"何谓也?"曰:"回坐忘矣。"仲尼蹴然曰:"何谓
坐忘?"颜回曰:"堕枝体,黜聪明,离形去知,同于大通,此谓
坐忘。"仲尼曰:"同则无好也,化则无常也。而果其贤乎! 丘
也请从而后也。"

"回益矣",言"益"。而其所以益者,则在忘仁义、忘礼乐、坐忘。
何也? 老子曰:"为学日益,为道日损。"以学言,则谓之益;以道言,则
谓之损。损与益非二事也。郭子玄注云:"以损为益。"可谓知言矣。

"忘仁义"先于"忘礼乐"者,何也? 乐由天作,礼以地制;乐者为
同,礼者为异;并见《小戴礼记·乐记》同则相亲,相亲之谓仁;异则相别,相
别之谓义。是礼乐者,仁义之源。故先"忘仁义"而后"忘礼乐"也。此
礼乐就源头上说,与常言礼乐就施行处说者,固有别矣。

"蹴然",惊而改容也。"坐忘"者,坐而自忘,犹南郭子綦之隐几而
嗒焉丧耦也。"堕",废也。"枝"同肢。"堕枝体",忘其身也。"黜"犹
外也。"黜聪明",忘其知也。"离形"承"堕枝体"言。"去知"承"黜聪
明"言。"离形去知",是为我法两忘。"同于大通",即与化为一。孟子
所谓"上下与天地同流"也。见《尽心篇》

"无好",则无著矣。"无常",则无滞矣。无著无滞,则二执净矣,故
极赞之曰:"而果其贤乎! 丘也请从而后也。""从而后"者,从之而步其后
尘也。两"而"字并同尔。极赞之者,既以进回,亦以为其余学者告也。

子舆与子桑友。而霖雨十日。子舆曰:"子桑殆病矣!"
裹饭而往食之。至子桑之门,则若歌若哭,鼓琴曰:"父邪!
母邪! 天乎? 人乎?"有不任其声而趋举其诗焉。子舆入,
曰:"子之歌诗,何故若是?"曰:"吾思夫使我至此极者,而弗
得也。父母岂欲吾贫哉? 天无私覆,地无私载,天地岂私贫

我哉？求其为之者而不得也。然而至此极者，命也夫！”

　　“霖”一作淋，字同。“霖雨”，甚雨而久也。“病”，困也。“食”同饲。“裹饭往食之”者，子舆亦贫，不能具粮以往也。若歌若哭而鼓琴，忘其惫也。歌曰：“父邪！母邪！”“邪”，叹辞。呼父母而诉之也。“天乎？人乎？”“乎”疑辞。反而自省，天为之抑自致之也。“不任其声”，饥而不能举其声也。“趋”读若促。“趋举其诗”，声短促而不能成曲也。“子之歌诗，何故若是”，疑其近于怨也而问之。“极”，穷也。“思夫使我至此极者而弗得”，则非自致之也。“天地岂私贫我”，是亦非天故为之也。然则特事之变，命之行，我适值其会耳。知命乐天，何怨之有！

　　孟子曰：“莫之为而为者，天也。莫之致而至者，命也。”此亦曰：“求其为之者而不得也。然而至此极者，命也夫！”庄子、孟子之言何其相合也！《论语》二十篇，终于“不知命无以为君子”，此篇明内圣，亦以言命终。《论语》、庄子之书又何其相合也！吾故曰：庄子之学出于孔、颜之传，岂为无据哉！

应 帝 王 第 七

　　《应帝王》，明外王也。"帝王之功，圣人之余事"，_{语见《让王篇》}亦应之而已矣，故曰"应帝王"也。"应"读去声。其见于《齐物论》者，曰"枢始得其环中，以应无穷"，见于外篇《知北游》者，曰"其用心不劳，其应物无方"，见于本篇者，则曰"至人之用心若镜，应而不藏，故能胜物而不伤"，并可证也。郭注："夫无心而任乎自化者，应为帝王也。"曰"无心"，曰"任乎自化"，推其意，"应"亦当为因应之应，非谓如是当为帝王也。后之解者不察，或读"应"为平声，以为惟圣人当居帝王之位。_{清宣颖《南华经解》说即如是}不独失本书之旨，亦违子玄注《庄》之意矣。

　　予前解《齐物论》"以应无穷"，引《消摇游》"以游无穷"语比而说之，云：惟能游者能应，亦惟能应者能游。游与应，名异而理则一。盖游就心言，_{本书每言游心可见。}应就事言。游者理无碍，应者事无碍。合而言之，则理事无碍，事事无碍也。_{四无碍语，见唐李通玄《华严经论》。}七篇以一"游"字始，以一"应"字终，前后照摄，理至玄微，不观其通，何由穷"内圣外王"之蕴奥哉！

　　啮缺问于王倪，四问而四不知。啮缺因跃而大喜，行以

告蒲衣子。蒲衣子曰："而乃今知之乎？有虞氏不及泰氏。有虞氏，其犹藏仁以要人；亦得人矣，而未始出于非人。泰氏其卧徐徐，其觉于于；一以己为马，一以己为牛；其知情信，其德甚真，而未始入于非人。"

　　啮缺、王倪问答，见上《齐物论篇》，彼答恶知者凡三，而此言四不知者，盖并不知利害一句言。此虽未见啮缺之问，而问固在答中也。"跃而大喜"者，领夫不知之旨，而为之豁然也。"蒲衣"即被衣。《天地篇》云："尧之师曰许由，许由之师曰啮缺，啮缺之师曰王倪，王倪之师曰被衣。"蒲、被一声之转也。"而乃今知之乎"，"而"同尔。许其悟，而亦惜其晚也。

　　"有虞氏"，舜也。"泰氏"，"泰"与太通，太皞、伏羲氏也。虞借言欢虞。太皞借言皞皞。欢虞、皞皞，见《孟子·尽心篇》霸者之民章。有知而欢虞，固不若无知之皞皞，故曰"有虞氏不及泰氏也"。

　　"藏"即后文"应而不藏"之藏。"藏"者留也。《天运篇》曰："仁义，先王之蘧庐也，止可以一宿，而不可以久处。""藏仁"，则所谓久处者也。久处则滞矣。以是要人，则虽得人之道，而非如天之浩浩也。故曰"亦得人矣，而未始出于非人"。"非人"，谓天也。"出"犹进也。言未能进于天也。

　　"其卧徐徐"，安舒也。"其觉于于"，闲适也。"一以己为马，一以己为牛"，马言其健，牛言其顺。劳而忘其劳，自侪于牛马而不辞，犹后世禅师家言异类中行也。"其知情信，其德甚真"，"真"、"信"一义。以知言则曰信，以德言则曰真。"情"犹实也。实信，信之至也。真与信则天矣。天则非人，而又云"未始入于非人"者，以有天为可入，则犹是藏也，滞也，故特扫之。此所谓以破为立也。注家有以非人释作物者，不知人与天对，不与物对。《庄子》全书皆如此，可检案也。

　　肩吾见狂接舆。狂接舆曰："日中始何以语女？"肩吾曰：

"告我：君人者以己出经式义度，人孰敢不听而化诸！"狂接舆曰："是欺德也。其于治天下也，犹涉海凿河，而使蚊负山也。夫圣人之治也，治外乎？正而后行，确乎能其事者而已矣。且鸟高飞以避矰弋之害，鼷鼠深穴乎神丘之下以避熏凿之患，而曾二虫之无知！"

　　"肩吾"、"接舆"并已见前。"日中始"，人名。桓十七年《春秋左氏传》云："天子有日官，诸侯有日御。"日中始，殆日官之俦，"中"疑当读仲。

　　官人守数，语见《荀子·君道篇》故以为"出经式义度"可以为治也。"式"，法也。"度"，制也。"经式"者，经常之法。"义度"者，义理之制。经式义度而以己出，则是私意也，故曰"是欺德"。曰"欺德"者，言其为欺伪之所自出，如外篇《胠箧》所云："为之斗斛以量之，则并与斗斛而窃之；为之权衡以称之，则并与权衡而窃之；为之符玺以信之，则并与符玺而窃之；为之仁义以矫之，则并与仁义而窃之。"是也。"涉海"言其不量，"凿河"言其徒劳。"使蚊负山"，则言其无是情理也。或以涉海凿河并作一事释之，非是。"圣人之治也，治外乎？"言治不在外而在内也。"正而后行"，正其身而后行也。"确乎能其事"，实尽其性命分内之事也。如是已足，故曰"而已矣"。

　　"矰"，矢之有缴者。缴音灼，生丝缕也。用矰以射谓之隹。"弋"，隹之假借也。"鼷鼠"，鼠之小而有毒者。"神丘"谓社坛。鼠穴于社坛，即所谓社鼠者也。社鼠见《晏子春秋》。"熏凿"，熏以烟而凿穿其穴也。"而曾二虫之无知"，言鸟鼠尚知趋避，何况于人！极言治天下无取于经式义度，而强人从己之为害事也。

　　天根游于殷阳。至蓼水之上，适遭无名人而问焉。曰："请问为天下。"无名人曰："去！女鄙人也。何问之不豫也！予方将与造物者为人，厌，则又乘夫莽眇之鸟，以出六极之

外，而游无何有之乡，以处圹埌之野。女又何㠏以治天下感予之心为？"又复问。无名人曰："女游心于淡，合气于漠，顺物自然，而无容私焉。而天下治矣。"

　　"天根"盖假名，取喻于《易》之《震卦》。宋邵雍诗云："地逢雷处见天根。"盖本乎此。震，动象也。为天下者，每喜于动，故以是为名。"殷阳"，殷山之阳。知殷为山者，以其言阳，故当是山也。"蓼"，水名。"无名人"，喻圣人，《消摇游》云"圣人无名"是也。

　　"去"，一字句。"不豫"犹不快。孟子言"吾何为不豫"是也。见《孟子·公孙丑篇》充虞路问章"莽"，大也。见《小尔雅》"眇"，小也。"鸟"即《消摇游》"化而为鸟"之鸟，喻道也。老子言道曰："常无欲，可名于小。万物归焉而不知主，可名于大。"以其可大可小，故曰莽眇之鸟也。"圹埌"，犹广莫也。"㠏"，寐语也。以"问为天下"比之于寐语，犹之师金告颜渊"以孔子取先王已陈之刍狗，游居寝卧其下"比之于梦眯也，见《天运篇》意本至显至顺。自各本作"帠"，而解者纷纷，终莫能当。方以智谓古为字作🦋，讹而成帠。以智，字密之，桐城人。明亡，出家，号药地大师。所解《庄子》曰《药地炮庄》，说如此。按：《音义》即云"崔本作为"。然两为字不应复也。孙诒让又云"为叚之误"。见其所著《札移》或径读叚为暇，并无根据，而于文义亦未能顺，故此断从一本作㠏。见《释文》盖帠即"㠏"之残缺而讹者，故字书皆不载此字也。"感予之心"，"感"有撼义，犹言动予之心，所谓"问之不豫"者，此也。

　　"游心于淡"，心之虚而无事也。"合气于漠"，气之静而不扰也。必若是乃能应物，故先言之。"顺物自然而无容私焉"，即为"应"字作诠解。"顺物自然"者，顺物之则，《齐物论》之所谓"因是"。"无容私"者，无意见夹杂其间，《齐物论》之所谓"以明"也。若"藏仁以要人"，则非顺物自然也。"以己出经式义度"，则不能无容私也。故承上二节而言，此之所谓"私"，即上之所谓"己"。有私有己，则与至人之无己异

135

矣。由是而不能无功,亦即不能无名,故托之于无名人,而圣人、神人、至人并在其中矣,曰"天下治矣"者,帝王之道不出于是也。

阳子居见老聃,曰:"有人于此,向疾强梁,物彻疏明,学道不倦。如是者,可比明王乎?"老聃曰:"是于圣人也,胥易技系,劳形怵心者也。且也虎豹之文来田,猿狙之便执斄之狗来藉。如是者,可比明王乎?"阳子居蹴然曰:"敢问明王之治。"老聃曰:"明王之治:功盖天下,而似不自己;化贷万物,而民弗恃;有莫举名,使物自喜;立乎不测,而游于无有者也。"

"阳子居"即杨朱,孟子所云"杨子取为我"者也。见《尽心篇》上本书《寓言篇》末载阳子居南之沛,至梁而遇老子。《列子·黄帝篇》作杨朱。又《山木篇》末载阳子之宋,《列子》亦作杨朱过宋,其文并同,故知阳居即杨朱。阳、杨同音,居、朱亦一音之转也。

"向"同响。"向疾",如响之疾,言其敏也。"强梁",言其勇。"物彻疏明",物情洞彻而疏通开明,言其智也。"学道不倦",言其勤也。"比",辅也。《易·比卦象传》文"明王"犹圣王。问如是可辅圣王为治不也。其于圣人也,不曰圣王而曰圣人者,盖王者一时之迹,圣人则不易之名也。

"胥"如《周官书》"府史胥徒"之胥。"易",更易,谓更番直事也。"技"即《礼记·王制篇》所云"执技以事上者",凡祝史、射御、医卜及百工皆是。彼又云"凡执技以事上者,不贰事,不移官。"是终身限于一技而不得辄改,故曰"技系"也。"劳形怵心",言其供人役使,形劳而心亦不得宁也。"文",文皮。"来田","田"与畋通,谓招致畋猎也。"便",巧捷。"斄",李颐音狸。见《释文》盖假斄为狸。"藉",拘系也。复取虎豹猿狗以相喻者,言不独"劳形怵心",且将伤残其生也。己身之不能全,焉能为天下?故曰"如是可比明王乎?"

"功盖天下,而似不自己",任天下以为功,故不见功自己出。是则

与"以己出经式义度"者异矣。"化贷万物，而民弗恃"，"贷"犹施也。民日迁善而不知，故似若无恃于上。是则与"藏仁以要人"者又异矣。"有莫举名"，所谓荡荡乎民无能名焉。见《论语·泰伯篇》孔子称尧之言"使物自喜"，所谓百姓皆谓我自然也。语见《老子》"立乎不测"，所存者神也。语见《孟子·尽心篇》"游于无有"，无为而成也。语见《中庸》以是为明王之治，则岂敏勇智勤，支支节节而为之者所可冀乎！

郑有神巫曰季咸，知人之死生存亡，祸福寿夭，期以岁月旬日，若神。郑人见之皆弃而走。列子见之而心醉，归，以告壶子，曰："始吾以夫子之道为至矣，则又有至焉者矣。"壶子曰："吾与女既其文，未既其实，而固得道与？众雌而无雄，而又奚卵焉？而以道与世亢，必信，夫故使人得而相女。尝试与来，以予示之。"

明日，列子与之见壶子。出而谓列子曰："嘻！子之先生死矣！弗活矣！不以旬数矣！吾见怪焉，见湿灰焉。"列子入，泣涕沾襟，以告壶子。壶子曰："乡吾示之以地文，萌乎不震不正。是殆见吾杜德机也。尝又与来。"

明日，又与之见壶子。出而谓列子曰："幸矣！子之先生遇我也！有瘳矣，全然有生矣。吾见其杜权矣。"列子入以告壶子。壶子曰："乡吾示之以天壤，名实不入，而机发于踵。是殆见吾善者机也。尝又与来。"

明日，又与之见壶子。出而谓列子曰："子之先生不齐，吾无得而相焉。试齐，且复相之。"列子入以告壶子。壶子曰："乡吾示之以太冲莫胜。是殆见吾衡气机也。鲵桓之审为渊，止水之审为渊，流水之审为渊。渊有九名，此处三焉。尝又与来。"

明日，又与之见壶子。立未定，自失而走。壶子曰："追之！"列子追之不及，反，以报壶子，曰："已灭矣，已失矣，吾弗及已。"壶子曰："乡吾示之以未始出吾宗。吾与之虚而委蛇，不知其谁何，因以为弟靡，因以为波随，故逃也。"然后列子自以为未始学而归，三年不出。为其妻爨，食豕如食人。于事无与亲，雕琢复朴，块然独以其形立。纷而封戎，一以是终。

"巫"，托于神以为术者。《尚书·君奭》之篇曰："在太戊时……巫咸乂王家。"是殷时有巫名咸，故此名季咸也。"期以岁月旬日，若神"者，或以岁为期，或以月为期，或以旬日为期，无不中也，以所期如神，故号之曰"神巫"。"弃"，棄之古文。"见之皆弃而走"者，畏其术，不欲自闻其不祥也。"列子见之而心醉"者，惑于其术，耽之如中酒然也。"壶子"，壶丘子林也。见《列子·天瑞》与《黄帝篇》"又有至焉者"，谓季咸之道其至又过于壶子也。

"既"，尽也。文者道之末，实者道之本，本则一而末万殊。尽其文未尽其实，则不能会万归一，故以众雌无雄况之。"又奚卵"者，虽有卵，卵而鰕，《说文》："鰕，卵不字也。"仍与无卵同也。"而固得道与"，"而以道与世亢"，两"而"字并与"尔"同。"与"读如欤。"以道与世亢"，即《人间世》所云"以阳为充"者，阳亢也。"必信"，"信"读若伸。言不能自韬晦也。"夫故"，犹是故也。"使人得而相女"，"相"读去声，察视也，《荀子·非相篇》云"相人之形状颜色，而知其吉凶妖祥"是也。"以予示之"，欲使季咸来相己也。

"死矣！弗活矣"，既曰死，又曰弗活者，自神其术，又欲以耸动人也。"不以旬数"者，"数"读上声，计也。言将不及一旬也。"怪"，异也。言其异于人。"湿灰"，灰而沾湿，甚于死灰，必无复燃之理。极言壶子之不复得活也。

"泣涕沾襟"者，信其言而为师戚也。"乡"同曩。"示之以地文"

者,"地",坤象,阴静也,而兼言"文"。"文"者,《姤》之"天地相遇,品物咸章"也。见《易·姤卦象辞传》盖阴阳不孤立,阴根于阳,故老聃曰"至阴肃肃,肃肃出乎天"也。见《田子方篇》"不震",不动也。不动者地。"萌乎不震",则地文也。"萌"者,生意也,下文所云"机"者是也。"不正",正如《孟子》"必有事焉而不正心"之正,谓不加以造作也。"示之"者,应之也。应不得有心,故云"不正"也。一本作不止,浅矣。"杜德机","杜",闭藏也。"德",即"物得以生谓之德"之德,故"德机"犹生机也。

"幸矣子之先生遇我",欲揽之以为己功,真术人之声口也。"见其杜权"者,"权",变动之物,于闭藏中而见其变动,故许之以瘳,以有生也。"示之以天壤","天",乾象,阳动也,而兼言"壤"。"壤",地也。老子所谓"至阳赫赫,赫赫发乎地",于《易》则《复》之"见天地之心"也。见《易·复卦象辞传》"名实不入",不入于心也。"机发于踵",即《大宗师篇》所云"真人之息以踵"者。"发"者,动也。故"机发于踵",与"萌乎不震"文对,"名实不入"则与"不正"文对,所以表"应之"、"示之"之意也。"善者机",犹言善之机。"善"者,易之元也。《易·乾·文言》云:"元者,善之长也。"机发为元,则知杜机之为贞矣。元亨利贞,卦之四德。见《易·乾卦(下)》。

"不齐"犹不定。"示之以太冲莫胜","太冲"犹太和也。老子曰:"万物负阴而抱阳,冲气以为和。"冲气者,中气也。惟中则和,故太冲犹太和也。"莫胜"者,阴阳交融,莫适为主。若地文,则阴为主而藏于阳;天壤,则阳为主而发于阴。阴为主则阴胜,阳为主则阳胜也。"衡气机"者,"衡"之为言平也。"气",阴阳之气也。阴阳以交融而莫相胜,故曰衡也。是其于《易》则《既济》之象,所谓"刚柔正而位当"者也。见《易·既济卦象辞传》。

"鲵桓之审为渊,止水之审为渊,流水之审为渊",取譬于渊者,老子曰:"心善渊。"三者皆言心,故并托于渊以说之。"审",审定而不移也。《徐无鬼篇》云"水之守土也审,影之守人也审,物之守物也审"是也。鲵桓以喻太冲莫胜。止水以喻地文。流水以喻天壤。知鲵桓之

喻太冲莫胜者,鲵之为言倪也。《寓言篇》曰:"天均者,天倪也。"均、衡一义。天倪为天均,则鲵桓之为衡气机无疑。此其一。"桓",磐桓也。《屯》之初九曰:"磐桓。"屯,刚柔始交之卦也,故"磐桓"为欲进不进之象,此与"巽"为进退之义通。巽为进退,见《说卦》。《屯》之下卦《震》也,而通于《巽》,盖兼地文、天壤而一之,非所谓太冲莫胜者乎? 此其二。"止水"、"流水"文对,犹"地文"、"天壤"之文对也。止所谓不震,流所谓机发也。止水流水喻地文天壤,莫可移易,则鲵桓非指太冲莫胜而何! 此其三。

且以文章次序言,三渊接于衡气机下,首及太冲莫胜,曰鲵桓,而后上溯地文曰止水,天壤曰流水,于序亦顺,吾故断以鲵桓之为太冲也。旧解多未合,幸读者详焉。至"渊有九名",《列子·黄帝篇》详言之。然于文于义,皆为支节,可以无论。

"自失而走"者,其术已穷,不复可留也。"已灭矣,已失矣",言灭又言失者,灭就季咸言,失就自己言,故继之曰"吾弗及也"。叠三句以言之者,一以见季咸走之速,一以与上"死矣,弗活矣"等句相映成趣,文笔之妙也。

"示之以未始出吾宗","宗"即"大宗师"之宗。而曰"吾宗"者,人与天合,则天即吾也。此于《易》惟太极可以当之。阴阳未兆,动静未分,盖一虚而已,故曰"吾与之虚而委蛇"。"委蛇"者,随顺也。"不知其谁何,因以为弟靡,因以为波随",此三句俱就季咸言。"弟靡"、"波随",并变动不居之貌。季咸不知其为何,但见其变动不居,莫得而相,故逃也。"弟"本或作弚,音颓,而宋《类篇》"弟"字下即收有徒回反一音。弟之转为颓,犹隋之转为隤也。然则原是"弟"字,不必缺笔作弚也。"波随"各本作波流,惟崔本作"随",兹从崔本。"蛇"古音读它,"靡"古音读摩,"随"古音读堕之平声,故蛇、何、靡、随相叶。又"委蛇"叠韵,委读同倭"波随"叠韵,而"弟"读颓音,疑亦从靡而变,则"弟靡"亦可以叠韵读之也。

"三年不出",不复与世亢也。"为其妻爨,食豕如食人","食"同饲。不知有人物也。"于事无与亲",不知有事也。"雕琢复朴",还其

真也。"块然独以其形立",所谓有人之形无人之情也。"封戎"各本作纷哉,兹改从崔本。《列子》亦作封戎,而张湛注引向秀曰:"封戎,真不散也。"秀有《庄子注》,湛所引当即《庄子注》之文,则向本亦作"封戎"也。且"封戎"叠韵,戎、哉形近,自是传写之讹。"纷而封戎"者,言在纷扰之中,而不失其常然也。"一以是终",以是终其身也。

此节似与帝王无涉,而称述之如此其详者,盖以发挥上文"立乎不测而游于无有"之弘旨也。申不害有言曰:"上明见,人备之。其不明见,人惑之。其知见,人饰之。其不知见,人匿之。其无欲见,人伺之。其有欲见,人饵之。"见《韩非子·外储说右上》而韩非亦云:"君无见其所欲。君见其所欲,臣将自雕琢。君无见其意。君见其意,臣将自表异。"见《韩非子·主道篇》此虽法术之粗谈,固亦参验之至理,是故居南面之任者,可与天下以共见,而却不可为天下之所窥。与天下以共见者,公也。不为天下之所窥者,密也。密以成其公,公以行其密。非圣人其孰能之!此所以外王必基于内圣,而内圣尤难于外王也。

无为名尸,无为谋府,无为事任,无为知主。体尽无穷,而游无朕。尽其所受乎天,而无见得,亦虚而已。至人之用心若镜,不将不迎,应而不藏,故能胜物而不伤。

此一篇之主旨,亦一书之主旨也。圣人无名,故"无为名尸"。圣人不谋,故"无为谋府"。圣人无为,故"无为事任"。圣人不知,故"无为知主"。然"无为事任",非不任事也,以事任之天下,天下各尽其职,而王者要其成,所以无不为也。"无为知主",非不用知也,以知止于不知,知效其用,而不知操其柄,所以为大知也。故曰"体尽无穷,而游无朕"。"体"者本体。壶子所云"未既其实",体即实也。尽无穷而游无朕,斯其为知也,不亦大乎!斯其所为也,不亦多乎!

无穷者言其终,无朕者言其始,终始皆一天也,合始终而言之,则

曰"尽其所受乎天"。"无见得"者,不自见其有得,《秋水篇》云"至德不得"是也。夫是之谓虚,故曰"亦虚而已"。虚者无己,无己者至人也,故曰"至人之用心若镜,不将不迎,应而不藏"。

"不将",则已去者不随之去。"不迎",则未来者不逆其来。"不藏",则现在者亦不与之俱住。是则我与物两无碍,应之而已。应者无迹,故以镜之照物况之。"胜物而不伤","胜"读平声。"胜"者,堪其事也。"不伤"者,不害其心也。《知北游》云:"其用心不劳,其应物无方。"不劳所以不伤,无方所以能胜也。

　　南海之帝为儵,北海之帝为忽,中央之帝为浑沌。儵与忽,时相与遇于浑沌之地,浑沌待之甚善。儵与忽谋报浑沌之德,曰:"人皆有七窍,以视听食息,此独无有,尝试凿之。"日凿一窍,七日而浑沌死。

此承上"无为知主"而言,并与篇首"不知"语意相应,欲人知而复于不知,老子所谓"歙歙为天下浑其心"者,故设为浑沌之凿,以示其鉴戒焉。

"儵"与"忽",皆喻知,《楚辞·少司命》云"儵而来者忽而逝"。儵言知之来,忽言知之逝。一来一逝,迅如飘风,故名之以"儵"、"忽"也。来者其出也,象阳明,故曰"南海之帝"。逝者其入也,象阴晦,故曰"北海之帝"。"浑沌",喻不知之体,居中以运其知者,故曰"中央之帝"。

人之知,恃其所不知而后知,_{语见《徐无鬼篇》}故曰"儵与忽时相与遇于浑沌之地,浑沌待之甚善也"。谋报浑沌之德,从而凿之,而浑沌死矣。"凿"者,穿凿之,反乎自然者也。孟子曰:"所恶于智者,为其凿也。"_{见《离娄篇》}亦此意也。夫浑沌死,而知亦凌乱破碎,无复统纪。则贼浑沌者,亦即所以自贼其知,故外篇如《骈拇》、《马蹄》、《胠箧》、《在宥》诸篇,欲绝圣弃知,使人含其聪明,以不淫其性,不迁其德,盖皆由此出矣。"七窍",耳、目、口、鼻也,故曰"以视听食息"。

庄子发微卷之二

外篇

外篇凡十五,曰《骈拇》,曰《马蹄》,曰《胠箧》,曰《在宥》,曰《天地》,曰《天道》,曰《天运》,曰《刻意》,曰《缮性》,曰《秋水》,曰《至乐》,曰《达生》,曰《山木》,曰《田子方》,曰《知北游》。此郭象注本也。而司马彪注,则内篇七、外篇二十八、杂篇十四,以外篇言,多于郭本者十有三。见陆德明《经典释文·序录》郭氏与司马异同,今不可知,然有须辩者。世人以为司马彪所注即《汉书·艺文志》五十二篇之旧,则未然也。据《释文》所列,彪本合内外杂篇亦只四十有九,外解说三,与为音三卷同,自是彪所自为,安得以是三篇充五十二篇之数哉?盖五十二篇者,其中实多巧杂窜入,即司马氏亦有并合删削者矣。今各本皆佚,惟郭本独传,则欲上穷庄叟之蕴,固非郭本莫由,若其中义有未醇、辞或过当,大抵漆园门下之文,附之以传者,以内七篇宗旨印之,何取何舍,必无差失。《释文·序录》有云:"内篇众家并同,自余或有外而无杂。"是则外杂之篇,或有争议,若内七篇,则众所同是,更无可疑,故读三十三篇,以七篇为本经,而以余二十六篇为羽翼,是乃不可易之准则。

明人乌程潘良耜(基庆)作《南华会解》,即以外篇之《缮性》《至乐》、杂篇之《外物》《让王》附之《逍遥游》之后,以外篇《秋水》、杂篇之《寓言》《盗跖》附之《齐物论》之后,以外篇之《刻意》《达生》附之《养生主》之后,以外篇之《天地》《山木》、杂篇之《庚桑楚》《渔父》附之《人间世》之后,以外篇之《田子方》《知北游》、杂篇之《列御寇》附之《德充符》之后,以外篇之《骈拇》、杂篇之《徐无鬼》《则阳》附之《大宗师》之后,以外篇之《马蹄》《胠箧》《在宥》《天道》《天运》及杂篇之《说剑》附之《应帝王》之后,而以《天下》一篇冠于册首,作为庄子之自序,虽其割裂安排,不免牵强钉饾之失,而其意则固可取也,兹特标而出之,亦欲使学者知前人读书,善观其通,有如此者。

145

骈　拇　第　八

此摘篇首二字为题。外杂篇皆如此。或疑为郭象所名，非也。古书命题，若是者多矣。若《诗》三百篇，若《论语》，若《孟子》，皆其例也。时至晚周，诸子著书，为欲明标旨趣，于是乃有括一篇之义以为题者，此盖后起之事，然亦往往杂而用之。试以《荀子》言，其《劝学》、《修身》以至《解蔽》、《正名》诸篇，皆以义名篇者也；然其间如《仲尼篇》，其后如《哀公》、《尧问》诸篇，即皆以篇端为篇名。庄子之书，盖亦如此，虽曰内七篇为本经，即篇名可以见义，然名生于义，而义初不由乎名。若以其篇名之无义，遂疑为掇拾成篇，都无统纪，则亦浅率武断之见也。

骈拇枝指，出乎性哉，而侈于德。附赘县疣，出乎形哉，而侈于性。多方乎仁义而用之者，列于五藏哉，而非道德之正也。

是故骈于足者，连无用之肉也；枝于手者，树无用之指也。多方骈枝于五藏之情者，淫僻于仁义之行，而多方于聪明之用也。

146

是故骈于明者，乱五色，淫文章，青黄黼黻之煌煌非乎？而离朱是已。多于聪者，乱五声，淫六律，金石丝竹黄钟大吕之声非乎？而师旷是已。枝于仁者，擢德塞性，以收名声，使天下簧鼓以奉不及之法非乎？而曾、史是已。骈于辩者，累瓦结绳，窜句游心于坚白同异之间，而敝跬誉无用之言非乎？而杨、墨是已。故此皆多骈旁枝之道，非天下之至正也。

彼至正者，不失其性命之情。故合者不为骈，而枝者不为跂；长者不为有余，短者不为不足。是故凫胫虽短，续之则忧；鹤胫虽长，断之则悲。故性长非所断，性短非所续，无所去忧也。

"拇"，足大指，知为足大指者，以下文云"骈于足"而知之也。"骈拇"，拇指连第二指也。"枝指"，手有六指也，指旁复生指，如木之有枝然，故曰枝指。是二者生而即然，故曰"出乎性"。"性"之为言生也。"德"者，物得以生谓之德。非德之所当有，故曰"侈于德"。"侈"者，多也，过也。"附赘县疣"发自本身，故曰"出乎形"，然非形生之本有也，故曰"侈于性"。"多方"犹多端。夫仁义一而已。今多端而用之，则必有失乎仁义之本原者，故曰"非道德之正也"，言仁义而曰列于五藏者何？肝之神仁，肺之神义，心之神礼，肾之神智，脾之神信，此医家旧说，本乎《内经》。故康成注《礼记》"天命之谓性"，亦用是说之，知其所由来远矣。

"离朱"，即《孟子·离娄篇》之离娄。朱、娄盖一音之转。白与黑间谓之黼，黑与青间谓之黻，古之绨绣用之。"青黄"即玄黄。古者玄衣而黄裳。"青黄黼黻"，《尚书·皋陶谟》所谓"以五采彰施于五色作服"者。故先之曰"乱五色，淫文章"。"乱"言其杂，"淫"言其过盛也。

"师旷"已见前注。"五声"，宫、商、角、徵、羽，不言变宫变徵，省也。"六律"兼六吕言。何以知之？下言"黄钟大吕"，黄钟律之首，大

吕则吕之首也。

"枝于仁",不言义者,举仁以包义,犹举律以包吕也。"擢德","擢"者拔而出之,孟子所谓"揠苗助长"。"塞性","塞"者,孟子所谓"今茅塞子之心",是也。德性互文,德就仁言,性就义言,仁主施与故曰擢,义主克制故曰塞,一毗阳,一毗阴。要之,其失同也。"簧鼓",犹今云鼓吹,言相与唱和而效之也。"不及之法"者,言非人性所能胜。"法"犹道也。"曾、史",旧注曾参、史鳅也。"参",孔子弟子。"鳅",卫大夫,孔子所称"直哉史鱼!邦有道如矢,邦无道如矢"者也。见《论语·卫灵公篇》。

夫曾、史,世之所谓贤人也,而讥其"擢德塞性以收名声",不亦过乎!故王船山《庄子解》即以《骈拇》、《马蹄》数篇指为浅薄虚嚣之说,而欲削之。然吾尝观《外物篇》有曰:"圣人之所以骇天下,神人未尝过而问焉。贤人所以骇世,圣人未尝过而问焉。君子所以骇国,贤人未尝过而问焉。小人所以合时,君子未尝过而问焉。"故自下而望之,彼曾、史者,信所谓贤人矣,夫孰得而讥之贬之? 若自上而视之,则二子亦所谓贤者过之者。"贤者过之",语本《中庸》。虽欲不讥之贬之,不可得也。

且荀子固儒者之徒也,而其作《非十二子篇》,乃非及子思、孟轲。夫荀子何所挟而敢于非子思、孟子? 彼所挟者,仲尼、子弓也。以仲尼、子弓而衡子思、孟子,则子思、孟子之有所不足也固宜。《非十二子篇》未尝非及曾子,然于史鳅则有言矣,曰:"忍情性,綦溪利跂,苟以分异人为高,足以欺惑愚众,是陈仲、史鳅也。"中有省文荀子之所谓"忍情性",即此之所谓"擢德塞性"也;荀子之所谓"以分异人为高",即此之所谓"以收名声"也;荀子之所谓"欺惑愚众",即此之所谓"使天下簧鼓以奉不及之法"也。然则此之所言,又宁有过乎?

或曰:史鳅则固然矣,若曾子则岂史鳅之伦? 曰:曾子吾何敢议!然若以"擢德塞性"与夫"忍情性"之说而观曾子,曾子亦即有相近者。

曾子芸瓜而误斩其根,曾晢怒,援大杖击之,曾子仆地,有顷苏,蘦然而起,退屏,鼓琴而歌,欲令曾晢听其歌声,知其平也。孔子闻之,告门人曰:"参来,勿内也。"曾子自以无罪,使人谢孔子。孔子曰:"汝闻瞽曳有子,名曰舜。舜之事父也,索而使之,未尝不在侧;求而杀之,未尝可得。小棰则待,大棰则走,以逃暴怒也。今子委身以待暴怒,立而不去,杀身以陷父不义,不孝孰是大乎!汝非天子之民邪?杀天子之民,罪奚如!"见《说苑》等书夫受父之大杖而不辞,死而复苏而无怨悔,且鼓琴而歌,以安其父之心也,是非忍性之极,何以能此!然而孔子责之矣。何也?是非中道也,即所谓"奉不及之法"者也。此犹曾子少时事也。《礼记·檀弓》载曾子谓子思曰:"伋,吾执亲之丧也,水浆不入于口者七日。"子思曰:"先王之制礼也,过之者俯而就之,不至焉者跂而及之,故君子之执亲之丧也,水浆不入于口者三日。"夫礼,执亲之丧,水浆不入口不过三日,而曾子乃至七日,是非"擢德塞性"而何!故虽子思学于曾子者,亦不得苟而同之。孔子责之,子思议之,后之儒者未尝以为非。而出自庄氏之徒,则遂骇怪以为毁谤贤者,毋亦未察其类欤!

且君子立论,固有其主旨矣。此篇主旨在不失其性命之情,以不失其性命之情为宗,是以上讥曾、史,而后刺伯夷,非讥曾、史而刺伯夷也,讥刺夫失其性命之情者也。读书不求其宗趣所在,见夫一二语与旧持之见解不合,遂格格不入,欲起而夺其席杜其口,是又岂善于读书者哉?此以下数篇,盖自来聚讼之的,故不惮详为剖析之如此,实非有所偏袒也。

言仁义而又及于辩者,盖本《齐物论》"大辩不言、大仁不仁"之言以为说。知夫大辩不言,则知夫大仁不仁矣。知夫大仁不仁,则又何"枝于仁"、"多方乎仁义"之有?此其微意也。

"累瓦结绳",并太古之民用以记事之法,此假以为喻,以见其用力劳而所得寡也。"窜句",司马彪注云"穿凿文句",是也。"游心"犹荡

心。此"游"字与他处言"游"者字同而义异。《春秋传》所谓"美恶不嫌同辞",是也。"窜句"下,唐写本多"棰辞"二字。"棰辞",犹炼辞也。若补入"棰辞"字,则"窜句棰辞"四字为句,而"游心"当属下读。

"坚白同异",已见前注。《墨经》有云:"坚白不相外也。"盖所以反公孙龙子坚白不相盈之说。又云:"同,一,重体合类;异,二,不体不合不类。"《经说》解之云:"同,二名一实,重同也。不外于兼,体同也。俱递于室,合同也。有以同,类同也。异,二必异,二也。不连属,不体也。不同所,不合也。不有同,不类也。"则墨子于坚白同异之辩,有明征矣。若杨朱,则其书不传,《列子·杨朱》一篇,出于后人所辑,又多窜乱,无从考证。要之成一家之言,必有其立言之统,而非辩即无以济之,故荀子亦曰:"君子必辩。"此谈坚白同异之辩,而兼及杨墨,其必有所据依,非虚辞也。

"敝",本亦作"弊",则"敝"与"弊"通。"敝跬",犹下篇之"弊蹩"也。两者皆叠韵谜语。言其劳于行也,但"弊跬"读去声,"弊蹩"读入声,为微异耳。或以敝与跬分而释之,非也。又有以"跬誉"字连读,谓誉在半步之间,言其短暂,则尤非也。"誉"者,夸也,称也。誉无用之言,与上"奉不及之法",文正相对,意本明显。而注家故乱之,异矣。

"至正者不失其性命之情","情"者实也。"至正"二字,旧作"正正"。郭注云:"以一正万,则万不正矣。故至正者,不以己正天下,使天下各得其正而已。物各任性,乃正正也。"其说不可谓不巧。然以文论,承上"至正"而言,"正正"自是"至正"之误,"正"与"至"形极相近,传写而讹,固在情理之中。故焦弱侯《庄子翼》即欲正之,兹径改作"至正"。读者虚心求之,知不责其妄也。"枝者不为跂",焦氏以"跂"为"歧"之误。此则"跂"与"歧"通。古从足之字,亦多从止,如踵亦作歱,跱蹢亦作峙踌皆是,则跂即歧,不烦改字也。"性长非所断,性短非所续",言非所可断,非所可续也。"无所去忧",犹言无用去忧。盖出乎性命之实者,本自无忧,何用去之!故曰"无所去忧"。郭注云:"知其

性分,非可断续而任之,则无所去忧,而忧自去矣。"所说亦赘,未得本意,不可从也。

意仁义其非人情乎?彼仁人何其多忧也?且夫骈于拇者,决之则泣;枝于手者,龁之则啼。二者,或有余于数,或不足于数,其于忧一也。今世之仁人,蒿目而忧世之患;不仁之人,决性命之情而饕贵富。故意仁义其非人情乎?自三代以下者,天下何其嚣嚣也!

且夫待钩绳规矩而正者,是削其性也;待绳约胶漆而固者,是侵其德也;屈折礼乐,呴俞仁义,以慰天下之心者,此失其常然也。天下有常然。常然者,屈者不以钩,直者不以绳,圆者不以规,方者不以矩,附离不以胶漆,约束不以纆索。故天下诱然皆生,而不知其所以生;同焉皆得,而不知其所以得。故古今不二,不可亏也。则仁义又奚连连如胶漆纆索,而游乎道德之间为哉?使天下惑也!夫小惑易方,大惑易性。何以知其然邪?自虞氏招仁义以挠天下也,天下莫不奔命于仁义,是非以仁义易其性与?

此言仁义,承上"多方乎仁义而用之"者言,所谓"失其性命之情"者,故曰:"意仁义其非人情乎?"此处当善看,若以为其果排斥仁义,则未免误会作者之旨。何也?使果排斥仁义,则彼不仁之人饕乎贵富者当是矣,何为言其"决性命之情"哉?以不仁为决性命之情,则仁义为性命之所本有,彰彰明矣。抑孔子言仁者不忧,而此云"彼仁人何其多忧也",一忧一不忧,是即一率乎性,一侈于性之判,故继云"骈于拇者决之则泣,枝于手者龁之则啼"。以啼泣生于龁决,明忧之生于失其本情也。

"饕",贪也。"蒿目",犹云蓬心。此庄书文字之巧。旧注云"乱也",意尚近之。训诂家不解此,乃专求之声音通假,展转为训。如俞

樾谓"蒿目"即是瞧目,真成笑谈矣。见俞氏《诸子平议》又如"意仁义其非人情乎?""意",自是意度之辞,与下云"尝试论之"用"尝试"字一种笔法。而高邮王氏父子解"意"作抑,群袭用之不敢违。不知解上句作抑尚可,下文"故意仁义其非人情乎",若直以为故抑,成何辞句? 予故常言:不通训诂不能读《庄子》,而泥于训诂更不能读《庄子》,盖谓此等也。

"嚣嚣",言议论之多也。"待钩绳规矩而正","待绳约胶漆而固",本《德充符》"不斫恶用胶"、"无丧恶用德"为说,亦即从老子"善闭,无关楗而不可开;善结,无绳约而不可解"来。"削其性"、"侵其德"云者,言非徒无益,而又害之也。"屈折礼乐",屈折其肢体以为礼乐也。"呴俞仁义",呴俞于辞气以为仁义也。"失其常然",即"失其性命之情",易言为常然者,以见其人心之同,平平常常,非有何奇特殊异也。

"钩",半规也。"附离"之"离"同丽。《易·离卦象》曰:"离,丽也。"是也。"缰",索之三合者。"诱然"犹油然,生之盛也。"不可亏",谓不可变易也。"连连",粘结貌。知连连之为粘结者,以其言"如胶漆缰索"可知之。粘结正游之反,故曰:又奚"游乎道德之间为哉"? 言其欲游而不能也。"使天下惑也",犹云使天下惑耳。"也"之用有与耳同者。《论语》子曰:"由也升堂矣,未入于室也。"马融注云:"升我堂矣,未入于室耳。"是也。亦见王引之《经传释词》"易方",易向也。"招",如《国语·周语》"国武子好多言以招人过"之招,音翘,举也。"挠",搅乱也。"奔命",谓闻命而奔走。"命",战陈出师之命也。命莫急于战陈出师,故奔命有不能宁居之义。《春秋》成七年《左氏传》巫臣遗子重子反书,言"必使尔罢同疲于奔命以死"。观此,亦可知奔命之辞之严切矣。

此一段文字,即孟子"由仁义行,非行仁义"之意。语见《孟子·离娄篇(下)》"由仁义行",此所谓"常然"也,"故天下诱然皆生,而不知其所以生;同焉皆得,而不知其所以得"。若夫"屈折礼乐,呴俞仁义,以慰天

下之心", 则所谓"行仁义"者, 故曰"使天下惑", 又曰"以仁义易其性"也。

然孟子言"由仁义行, 非行仁义", 举舜以为典则, 曰"舜明于庶物, 察于人伦"。此言"多方乎仁义而用之", 则又归其过于舜, 谓之"招仁义以挠天下", 抑何其为论之相违异欤? 曰: 孟子顺俗之谈, 意主在立, 《齐物论》之所谓因是也。庄书祛惑之作, 意主在破, 《齐物论》之所谓以明也。善读者合而观之, 则于庄书之旨可以无疑, 而孟子之言亦可以益彻矣。至于舜之为舜, 则初不以孟子之推称, 而庄书之贬斥, 有所损益于其间也。

故尝试论之, 自三代以下者, 天下莫不以物易其性矣。小人则以身殉利, 士则以身殉名, 大夫则以身殉家, 圣人则以身殉天下。故此数子者, 事业不同, 名声异号, 其于伤性以身为殉, 一也。臧与穀, 二人相与牧羊, 而俱亡其羊。问臧奚事, 则挟筴读书; 问穀奚事, 则博塞以游。二人者事业不同, 其于亡羊均也。伯夷死名于首阳之下, 盗跖死利于东陵之上。二人者所死不同, 其于残生伤性均也。奚必伯夷之是, 而盗跖之非乎? 天下尽殉也。彼其所殉仁义也, 则俗谓之君子; 其所殉货财也, 则俗谓之小人。其殉一也, 则有君子焉, 有小人焉。若其残生损性, 则盗跖亦伯夷已, 又恶取君子小人于其间哉!

"小人则以身殉利", 此小人谓庶民, 若农、工、贾皆是也。"殉"者, 以身从之, 至死而不恤, 若殉葬然也。

"臧", 奴。"穀", 僮也。然此之取名亦有义: "穀"如《论语》"邦有道穀, 邦无道穀"之穀, 谓食粟而已, 是饮食之人也; "臧", 善也, 喻欲以善行自立者; 故臧读书而穀嬉游也。"筴"与策同, 谓简策也。"博塞"

一作簙籙,古之棋戏也。言"相与牧羊"者,"羊"之为言养也,以喻养生。《达生篇》田开之述祝肾之言曰:"善养生者若牧羊然,视其后者而鞭之。"以彼通此,则知言牧羊非漫无意义,而固有所指已。

伯夷饿于首阳之下,民到于今称之,见《论语·季氏篇》,故此云"死名"。实则伯夷求仁得仁,岂为名哉!盗跖以盗名,犹轮扁以轮名、工倕以工名也。杂篇《盗跖》以跖为柳下季之弟,盖托言,非事实。《音义》引李奇《汉书注》曰:"跖,秦之大盗也。"奇之说当有所本。既为秦人,其非柳下之弟明矣。而后之言跖者,遂强以跖为柳下氏,过矣。"东陵"亦秦地,召平为东陵侯,可证。李颐注谓即泰山,又或指为山东章武之东陵山,并云上有跖冢,皆因《盗跖篇》而附会为之说,不可信也。

"残生伤性",此"生"字盖指身言,与言"养生"生字异。上云"伤性以身为殉",此云"残生伤性",可知残生即以身为殉之意。故残生犹言残身也。"其所殉货财也,则俗谓之小人",此小人与君子对称,则与上"小人以身殉利"之小人亦微有别。"若其残生损性,则盗跖亦伯夷已",谓以残生损性论,即盗跖与伯夷无二。其文省简,宜善看,非谓盗跖果即伯夷也。"恶取君子小人于其间"者,言此中更无君子小人可分也。

且夫属其性乎仁义者,虽通如曾、史,非吾所谓臧也;属其性于五味,虽通如俞儿,非吾所谓臧也;属其性乎五声,虽通如师旷,非吾所谓聪也;属其性乎五色,虽通如离朱,非吾所谓明也。吾所谓臧,非仁义之谓也,臧于其德而已矣;吾所谓臧者,非所谓仁义之谓也,任其性命之情而已矣;吾所谓聪者,非谓其闻彼也,自闻而已矣;吾所谓明者,非谓其见彼也,自见而已矣。夫不自见而见彼,不自得而得彼者,是得人之得,而不自得其得者也;适人之适,而不自适其适者也。夫适人之适,而不自适其适,虽盗跖与伯夷,是同为淫僻也。余愧

乎道德，是以上不敢为仁义之操，而下不敢为淫僻之行也。

"属"即前《德充符篇》"眇乎小哉，所以属于人也"之属，郭注谓"系属"，是也，而音则从徐邈读烛。"属"即著也。上文云"连连如胶漆缠索"，正"属"字大好注脚。庄书最重在一游字。有所属，即不能游。故于此反复言之也。"臧"即承上臧穀"臧"字说，此"臧"训善，则知臧穀之臧，隐寓善意，非穿凿之说也。"俞儿"，古之善为味者，或曰黄帝时人。

既曰"非仁义之谓"，又曰"非所谓仁义之谓"，复重言以申之者，见世之所谓仁义非彼仁义之本真，二者当有所别。此立言之谨也。既曰"臧于其德"，又曰"任其性命之情"，复易言以释之者，明德之为性命，非于性命之外别有所谓德，二者不能相歧。此亦立言之谨也。人皆知庄书之文洸洋恣肆，而不知其谨严乃有如此者。

"自闻"、"自见"，本于老子归根复命之旨，"自"即指德言、指性命言。故继之曰"自得其得"、"自适其适"。"自得其得"者，德也。"自适其适"者，道也。故终之曰"余愧乎道德，上不敢为仁义之操，而下不敢为淫僻之行也"，"淫"者过也。"僻"者邪也。邪则不中，过则不庸。然则不为仁义之操、淫僻之行，亦反之中庸而已矣。故上文既曰"至正"，又曰"常然"。曰正、曰常，即与中庸奚异哉？

马　蹄　第　九

《骈拇》就成己言，《马蹄》就成物言。成己本而成物末，故《骈拇》先而《马蹄》后也。天下固有戕贼人以为仁义者，名曰成物，实则毁之。此《马蹄篇》之所以作。

马，蹄可以践霜雪，毛可以御风寒，龁草饮水，翘足而陆，此马之真性也。虽有义台路寝，无所用之。及至伯乐，曰："我善治马。"烧之，剔之，刻之，雒之，连之以羁馽，编之以皂栈，马之死者十二三矣；饥之，渴之，驰之，骤之，整之，齐之，前有橛饰之患，而后有鞭筴之威，而马之死者已过半矣。陶者曰："我善治埴，圆者中规，方者中矩。"匠人曰："我善治木，曲者中钩，直者应绳。"夫埴，木之性，岂欲中规矩钩绳哉？然且世世称之，曰："伯乐善治马，而陶、匠善治埴、木。"此亦治天下者之过也。

篇名"马蹄"连文，而正文则"马"字当读断。以治天下托之于治马者，牧马童子所云："夫为天下者，亦若此而已矣，又奚事焉？"是也。见

《徐无鬼篇》"龁草"，食草也。"翘"，举也。"陆"，陆梁，谓跳跃也。"义"同仪。"仪台"，即《礼记·郊特牲》所谓台门。筑土为台，台上架屋，当中为门，因以为宫室之仪，故谓之仪台。后世衙署门称仪门，盖昉乎此。"路寝"，大寝也。古者居室皆曰寝。路寝，王公治事之所，非谓寝息地也。此举"义台路寝"，盖总宫室之全言之。"无所用之"者，言宫室非马之所需也。

"伯乐"，古之善治马者。后秦穆公时，孙阳亦名伯乐。驾车用马，非始于秦穆时，则此伯乐不得为孙阳也。"烧"谓烙印。"剔"同鬎，谓翦毛。"刻之"，削其蹄。"雒"同络，络其首也。"羁"，勒。"㱙"，绊。"皂"，槽。"栈"，栅也。云"连之"、"编之"者，聚众马而驯之养之也。"饥之，渴之"，马为人用，则食饮有定时，即不能无饥渴也。"驰"，走之疾。"骤"，则腾跃而行。今北人谈马者，尚云有走马、跑马之别，盖走马则用驰，跑马则用骤也。"整之，齐之"者，一车四马，驰骤迟疾，不得有不同也。故《六月》之诗曰："比物四骊，闲之维则。"《车攻》之诗曰："我马既同，四牡庞庞。"皆言整齐也。"橛"，衔也。"饰"如锡鸾镳帧之类。锡、鸾，皆铃也，锡在马额，鸾在马项。镳，勒旁铁。帧，所以缠之，后世谓之排沫者是。"筴"同策，马樹也。

"陶者"，陶工。"埴"，土可以为陶器者，今曰黏土。"匠人"，木工。"中"犹合也。读若仲。"绳"，今云墨线。"应"亦中也。告子曰："以人性为仁义，犹以杞柳为桮棬。"盖仅知有矫揉之功，而不见夫自然之妙。夫人类自蒙昧以至文明，皆自然之发展，非待矫揉以就之也。使矫揉之说胜，则必有屈千里之骥以服盐车，斫万章之材以作桮棬者。故庄生主因任，而孟子言扩充，皆所以救俗说之偏，而开浅见之陋。余解《庄子》，每喜引孟氏之说以通之，意固在是也。

吾意善治天下者不然。彼民有常性，织而衣，耕而食，是谓同德；一而不党，是谓天放。故至德之世，其行填填，其视

颠颠。当是时也，山无蹊隧，泽无舟梁。万物群生，连属其乡；禽兽成群，草木遂长。是故禽兽可系羁而游，乌鹊之巢可攀援而阚。夫至德之世，同与禽兽居，族与万物并。恶乎知君子小人哉！同乎无知，其德不离；同乎无欲，是谓素朴。素朴，而民性得矣。及至圣人，蹩躠为仁，踶跂为义，而天下始疑矣；澶漫为乐，摘辟为礼，而天下始分矣。故纯朴不残，孰为牺尊！白玉不毁，孰为珪璋！道德不毁，安取仁义！性情不离，安用礼乐！五色不乱，孰为五采！五声不乱，孰应六律！夫残朴以为器，工匠之罪也；毁道德以为仁义，圣人之过也。

"常性"，即《骈拇篇》之所谓常然。以古今不二言，则谓之"常性"；以智愚无别言，则谓之"同德"。德即性也。"一"，纯一。"党"，偏也。"天放"，崔本作天牧。此文"食"与"德"韵，"党"与"放"韵，"填"与"颠"韵，"梁"与"乡"、"长"韵，则从"放"为是。"天放"，犹《论语》子贡之称孔子曰"固天纵之将圣"，言不可得而遏抑之、限制之也。前篇云"擢德塞性"，塞固非放，擢亦非放也。何者？擢者人，而非天也。"填填"，重迟也。"颠颠"，敛聚也。皆所谓"一而不党"也。

"蹊隧"，皆山间道。"蹊"，孟子所谓"山径之蹊间介然，用之而成路"者。"隧"则人工开凿而成。此其异也。"泽"，川泽。"梁"，桥也。"山无蹊隧，泽无舟梁"者，言各安其居，各乐其俗，可以老死不相往来也。"万物"言物，"群生"言人。言人而先言物者，《秋水篇》所谓："号物之数谓之万，人处一焉。"是也。"连属其乡"者，乡里相接，鸡犬之音相闻，无复邦域之界也。"遂长"，遂其生而滋长无阻也。"乌鹊"各本作鸟鹊，鸟盖乌之讹。《荀子·哀公篇》"乌鹊之巢，可俯而窥也"，《淮南子·泛论训》"乌鹊之巢，可俯而探也"，并作乌不作鸟。鸟者共名，乌鹊者别名，共名不得与别名对举，兹故正之。"阚"窥一字。

"恶乎知君子小人",言不知有君子小人之别。盖名生于对立,人皆君子,则何有小人之名? 既无小人之名,亦安取君子之号? 所以云"恶乎知君子小人"也。"无知"、"无欲",义本老子。"素朴"者,"素"言其不染污,"朴"言其不雕琢。老子亦曰"见素抱朴"也。

"蹩躠"已见上。"踶跂"亦叠韵谜语。"踶"即下文"怒则分背相踶"之踶,今俗作踢,言举足也。"跂"同企,言举踵也。老子曰:"跂者不立,跨者不行。"此"踶跂"连言,盖所谓跂企以为高者,不知其立之不安也。"澶漫"犹漫衍,《乐记》所谓"乐胜则流"者也。"摘辟","辟"同擘、同擗,言其擘析琐细,《乐记》所谓"礼胜则离"者也。本有以"辟"作僻者,误。"澶漫"、"摘辟",亦皆谜语也。"天下始疑",疑则非同德矣。"天下始分",分则非一而有党矣。

"牺尊",祭祀所用,刻尊为牛形也。"珪璋",朝聘所执,锐上方下曰珪,半珪曰璋。"道德不毁,安取仁义",及"毁道德以为仁义,圣人之过也",即老子"道失而后德,德失而后仁,仁失而后义,义失而后礼"之说。《齐物论》曰:"道隐于小成,言隐于荣华。"盖仁义之名立,则此见以为仁者,彼见以为义。相辩相争,而道之全亏,人之情薄矣。道之全亏,人之情薄,天下于是乎多事。故老子曰:"大丈夫处其厚不处其薄,居其实不居其华。"审夫厚薄华实之分,于此论可无疑已。

夫马,陆居则食草饮水,喜则交颈相靡,怒则分背相踶。马知已此矣。夫加之以衡扼,齐之以月题,而马知介倪闉扼,鸷曼,诡衔窃辔。故马之知而能至盗者,伯乐之罪也。夫赫胥氏之时,民居不知所为,行不知所之。含哺而熙,鼓腹而遊,民能已此矣。及至圣人屈折礼乐,以匡天下之形;县跂仁义,以慰天下之心;而民乃始踶跂好知,争归于利,不可止也。此亦圣人之过也。

"陆居"，居于陆也，与前文"翘足而陆"陆字，字同而义异。"靡"同摩，谓相摩挲也。"马知已此"者，马之知止于此也。"衡"，辕上横木。"扼"同轭，加于服马颈上，以驾车者。古者驾车，至少两马，是为服马；参之则曰骖，四之则曰驷。

"月题"，旧注谓马雒上当颅，如月形者。若是，则"齐"字无义。考之《秦风·小戎》之诗曰"游环胁驱"，笺云："游环在背上，无常处，贯骖之外辔，以禁其出。胁驱者，著服马之外胁，以止骖之入。"诗又曰"鋈以觼軜"，传云："軜骖内辔也。"笺："鋈以觼軜勒之觼，以白金为饰也。"案觼乃环之有舌者。此云月题盖指游环，軜觼之类，其形如月，而视之以为控纵驰驱之节，因名曰月题，《小雅·小宛》之诗曰"题彼脊令"，传"题，视也"，故题有视训。是则所以齐骖马，而与服马调一者，故曰"齐之以月题"也。

"輗"，假借作輗。《说文》云："輗，大车辕端所以持衡者。""介"，閒也。"介輗"，言乘人之閒而不就衡。"闉"，曲也。"闉扼"，言曲其颈而不就轭。"诡衔"，诡不受衔。"窃辔"，啮其辔。"介輗闉扼"，皆出之以强力，是之谓鸷。"诡衔窃辔"，则出之以诈巧，是之谓曼。故于四者之间插入"鸷曼"二字。"曼"者谩也。谩之训欺。下云"马之知而能至盗者"，合鸷力与诈欺，则盗之为也。

"赫胥氏"，古帝王之号，详见下《胠箧篇》。"居不知所为，行不知所之"，所谓无知也。"含哺而熙，鼓腹而遊"，所谓无欲也。"哺"，食在口中。"熙"与嬉同。"鼓腹"，犹《消摇游》之云"腹犹果然"，谓腹如鼓也，是皆一饱之外无所求，故曰无欲也。"民能已此"言能，与上"马知已此"言知，盖互文也。

"匡"，正也。"礼乐"，动止屈伸皆有仪度，故曰"以匡天下之形"。"形"，形体也。上篇"屈折礼乐"下无此六字，盖省文。不然，则传写者脱之也。"县"，县而望之。"跂"，跂而及之。曰"县跂"者，言不可必得也。不可必得，故"民乃始踶跂好知，争归于利"。夫利者，仁义之反

也。以仁义示民，而民反入于利者，求之不以情，应之必以伪。此亦自然之势也。曰"圣人之过"者，"过"犹失也。

老子曰："天下皆知美之为，美斯恶已。"为"字断句也。下同。皆知善之为，善斯不善已。"又曰："不尚贤，使民不争。贤犹胜也，如"夫子贤于尧舜"之贤。不贵难得之货，使民不为盗。"又曰："常使民无知无欲，使夫知者不敢为也，则无不治。"各本"则无不治"上有"为无为"三字，乃他处窜入，罗卷本无之，据删。此篇所言，大要本乎此。

夫民智既启，世变日新，乃欲返之于无知无欲之古初，譬之障江河而使西流，是何可得！然而留此一段文字，俾为天下者知夫用知之过，利起而害亦随之，或害且加于利十倍、百倍而未止，因之慎用其术，不敢急一时之功，而贻长久之祸，则亦未为无助也。若乃执滞于其说，信以为今不逮古，有如郭子玄所云："或者闻任马之性，乃谓放而不乘；闻无为之风，遂云行不如卧。岂亦将弃匠人不用，而甘于露处；屏陶器不使，而偏取抔饮哉！"是岂特失老、庄之旨，抑亦违生人自然之性者矣！

161

胠 箧 第 十

此篇言"为大盗积"、"为大盗守",又曰"圣人不死,大盗不止",即从前篇"知而能至盗"一语而畅言之。大抵《骈拇》、《马蹄》、《胠箧》三篇出于一人之手,故郭子玄删订此书时荟聚一处,盖必有所据依焉。或疑其文与庄子不类,顾亦其门中高弟所作。论若稍激,而未尝与七篇之旨背驰。孟子曰:"五霸,假之也。"此之所谓盗,即孟子之所谓"假"。天下大患,莫过于假名与盗名,非惟乱实,亦且启争;非惟启争,亦且重祸。然则其论之不得不激,抑可见谅于君子矣。

将为胠箧探囊发匮之盗而为守备,则必摄缄縢,固扃鐍,此世俗之所谓知也。然而巨盗至,则负匮揭箧担囊而趋,唯恐缄縢扃鐍之不固也。然则乡之所谓知者,不乃为大盗积者也。故尝试论之。世俗所谓知者,有不为大盗积者乎?所谓圣者,有不为大盗守者乎?何以知其然邪?昔者,齐国邻邑相望,鸡狗之音相闻,罔罟之所布,耒耨之所刺,方二千余里;阖四竟之内,所以立宗庙社稷,治邑屋州闾乡曲者,曷尝不法

圣人哉！然而田成子一日杀齐君而盗其国。所盗者岂独其国邪？并与其圣知之法而盗之。故田成子有乎盗贼之名，而身处尧、舜之安；小国不敢非，大国不敢诛；十二世有齐国。则是不乃窃齐国，并与其圣知之法，以守其盗贼之身乎？

"将为"之"为"读去声，下"为大盗积"、"为大盗守"亦同。"胠"本义训胁，从其胁而发之，亦曰胠。故司马彪注云："从旁开为胠。"是也。"箧"，箱之狭而长者。"探"，探取也。"匮"，即今之柜。"缄"、"縢"，皆绳也。直束之曰缄，纵横束之曰縢。"摄"，收也，谓结束之紧。"扃"，关键也。"鐍"，键之有舌者。扃、鐍皆今所谓锁。"知"读同智。"巨盗"即大盗。匮大，故负之。"负"，负于背。"揭"，举也。"揭"、"担"皆于肩。然箧之为物也坚，故用"揭"。囊之为物也软，故用"担"。古人文字未有随便用者，不可不知也。"趋"，疾行。"固"，牢也。"乡"同曏，或作向，犹昔也。"不乃"，犹无乃。"也"读若邪。"积"谓积货财，即指箧囊匮中之物。"守"承守备言，即所谓"摄缄縢，固扃鐍"也。

"邻邑相望"，邻与邻相望，邑与邑相望也。《周官·遂人》"五家为邻"，《管子·制国》"五家为轨"，轨即邻也。又《制鄙》"三十家为邑"。齐邻邑之制，大抵如此。"罔"同网。"罔罟之所布"，谓山泽之地可以渔猎者也。"耒"用以耕，"耨"用以除草。"耒耨之所刺"，谓原隰之地可以耕种者也。"方二千余里"，地势奇衺不齐，裁而方之，可二千余里也。"阖"犹合也。"竟"同境。"宗庙"，祖庙也。"社"，所以祀后土。"稷"，所以祀后稷。古凡有国者必备此，盖皆不忘其本者也。"邑屋"者，邑以人言，屋以地言。亩百为夫，夫三为屋，屋三为井，古井田之制如是，亦见《周官书》。"州闾"，犹州里。"闾"，里门也。里二十五家，州二千五百家。此举大小两端而言之。"乡曲"者，邑屋州闾之所不数、散居于岩陬水澨者，则入之于此。乡非五州为乡之乡，亦非《管子·制国》以为二十一乡之乡也。"曷尝"犹何尝。

163

"田成子",田恒也。"一日",各本作一旦。《释文》云:"宋元嘉本作一日。"一日、一旦并通。然元嘉本最古,宜从之,兹改作一日。"齐君",简公壬也。田恒执简公,弑之于舒州,事见哀公十四年《左传》,孔子尝请讨之,见《论语》,曰:"陈恒弑其君。"陈、田古一音。《史记·田完世家》云:"敬仲如齐,以陈字为田氏。"故后世或称陈,或称田,一也。恒,《世家》作常,盖避文帝讳而改之。臣杀君曰弑,故《论语》与《左传》并书"弑"。

"非",非议也。"十二世有齐国",旧注皆谓:"自田敬仲完至威王婴齐,凡十有二世。"盖本《世家》以为说。然此云"田成子一日杀齐君而盗其国",不应上溯至于敬仲。敬仲之由陈始奔齐也,官不过工正,一羁旅之臣耳。其后文子须无且尝去齐矣。见《论语》安得以有齐国之名加之! 考田氏之谋有齐,实始于恒父僖子乞以小斗收赋税于民,而予民粟则以大斗,以是得齐人之心,而恒复效之。故乞得援立悼公阳生,而恒弑简公,齐人不之讨也。此论事,与史公作《世家》异。作《世家》必推其所自出,故不得不始于田完,犹后世作家谱,必自始迁祖叙起也。论事,则诛止于首祸,故乞且可以不论,况自乞以上乎? 窃疑此文本作四世有齐国,谓自恒而襄子盘、而庄子白、而太公和。和始与魏文侯斯,会于浊泽,求为诸侯。文侯乃为之使,使言于周天子及诸侯,以田代姜,故曰四世有齐国。"有齐国"云者,谓自得而有之,非复曩者盗据之名矣。"四"字传写讹作"十二",其形亦颇相近。《释文》云:"自敬仲至庄子九世知齐政,自太公和至威王三世为齐侯,故云十二世也。"不言注者姓氏,当是德明自注。则是作十二世,实始自唐矣。顾其传已久,未有凿据,不敢径改。爰著其说于此,以俟后世知者详焉。

"圣知之法",当是指太公、管子之法。田齐之强,实由守此,是亦实录也。

尝试论之,世俗之所谓至知者,有不为大盗积者乎? 所

谓至圣者,有不为大盗守者乎?何以知其然邪?昔者龙逢斩,比干剖,苌弘胣,子胥靡,故四子之贤,而身不免乎戮。

故跖之徒问于跖曰:"盗亦有道乎?"跖曰:"何适而无有道邪?夫安意室中之藏,圣也;入先,勇也;出后,义也;知可否,知也;分均,仁也。五者不备,而能成大盗者,天下未之有也。"

由是观之,善人不得圣人之道不立;跖不得圣人之道不行。天下之善人少,而不善人多,则圣人之利天下也少,而害天下也多。故曰:唇竭则齿寒,鲁酒薄而邯郸围,圣人生而大盗起。掊击圣人,纵舍盗贼,而天下始治矣。夫川竭而谷虚,丘夷而渊实。圣人已死,则大盗不起,天下平而无故矣。圣人不死,大盗不止。虽重圣人而治天下,则是重利盗跖也。为之斗斛以量之,则并与斗斛而窃之;为之权衡以称之,则并与权衡而窃之;为之符玺以信之,则并与符玺而窃之;为之仁义以矫之,则并与仁义而窃之。

何以知其然邪?彼窃钩者诛,窃国者为诸侯,诸侯之门而仁义存焉,则是非窃仁义圣知邪?故逐于大盗,揭诸侯,窃仁义,并斗斛、权衡、符玺之利者,虽轩冕之赏弗能劝,斧钺之威弗能禁。此重利盗跖而使不可禁者。是乃圣人之过也。故曰:"鱼不可脱于渊,国之利器不可以示人。"彼圣知者,天下之利器也,非所以明天下也。

曰"至知",曰"至圣",盖更进一步论之。龙逢、比干,已见前《人间世篇》。"斩",腰斩。"剖",剖心也。"苌弘"见《外物篇》,曰:"苌弘死于蜀,藏其血,三年而化为碧。"考之《春秋左氏传》及《国语》,苌弘为周悼王、敬王大夫。其死也,以晋范中行氏之难,晋赵鞅以为讨,周人为

之杀苌弘，事在敬王二十八年，即鲁哀公三年。盖忠于周室，而为霸国强臣赵鞅所不容，因以屈死者。"肔"或作胇，刳肠也。"子胥"，伍员也，事吴王夫差，强谏，夫差赐之属镂之剑以死，遂投其尸于江。"靡"同糜，谓尸糜烂也。

举此四贤"身不免乎戮"，与为大盗积、为大盗守何与？盖桀之杀龙逢，纣之杀比干，周人之杀苌弘，吴王之杀子胥，固皆有其杀之之辞。其杀之之辞，若所谓好名，见《人间世篇》桀纣之所以责龙、比者。助叛，晋赵鞅之讨苌弘，盖以是。处以念恶、挠乱百度。见《国语·吴语》，夫差所以讯子胥者。念恶，犹今云蓄意不良也。岂非圣知之所大戒，而龙、比、苌弘、子胥服膺之无异言者哉！是故桀、纣、赵鞅、夫差之徒，得假之以塞四贤之口，而惑天下之听，是其为大盗积、为大盗守，虽四贤至死有不自觉悟者矣。其文虽简，其意固可推而知之。不然，"何以知其然"下横入此二十余字，文气几不相衔接矣。

"何适而无有道"，言无往而非道也。"妄意室中之藏"，"藏"为宝藏之藏，读去声。"意"同億，度也。"妄意"，谓无所依据而能度之，故曰"圣也"。"妄"取虚义，非乱义也。近人简阳王叔岷作《庄子校释》引《淮南子·道应训》作"意而中藏"，读中如《论语》"億则屡中"之中，以为"室"、"之"二字为后人所加，所见颇有理，似可从也。"知可否"者，知其时之可否也。"知也"之"知"读智。或曰"可否"，如后世所云"劫富不劫贫，劫贪不劫廉"，亦通。

"善人不得圣人之道不立，跖不得圣人之道不行"，挈两端而言之，可谓允当矣。而乃转曰"天下之善人少，而不善人多，则圣人之利天下也少，而害天下也多"，且进而曰"圣人生而大盗起，掊击圣人，纵舍盗贼，而天下始治矣"，则毋乃失之偏激欤？善夫《齐物论》之言曰："辩也者有不见。"圣人揭仁义以示天下，而不见仁义之为盗有，是圣人之不见也。此文穷仁义之害天下，而不见天下之不善人得持此以集矢于仁义，以逞其不仁不义之暴，是亦庄氏之徒之不见也。故郭子玄之注

曰:"圣人利天下少,害天下多,信哉斯言！斯言虽信,而犹不可亡圣者。天下之知未能都亡,故须圣道以镇之也。群知不亡,而独亡圣知,则天下之害又多于有圣矣。然则有圣之害虽多,犹愈于亡圣之无治也。虽愈于亡圣,未若都亡之无害也。"子玄之言,信乎能融通此书之旨者矣。

顾余犹有进者。夫至则不论,论则不至。论之不能无偏,势也。惟达者为能齐之。齐之,则存其偏而用其是,是偏亦全也。不能齐之,则用其一而亡其一,虽全亦偏也。是以必彻于《齐物》之旨,而后《胠箧》之文可读也。不能彻于《齐物》之旨,岂唯《胠箧》之文,《庄子》全书皆毒药也。

"唇竭则齿寒",即所谓唇亡齿寒也。见僖五年《左氏传》"鲁酒薄而邯郸围",旧有二说,并见于《释文》。一说,楚宣王朝诸侯,鲁共公后至而酒薄,宣王怒,欲辱之,共公不受命,曰:"我周公之胤,长于诸侯,行天子礼乐,勋在周室。我送酒已失礼,方责其薄,无乃太甚！"遂不辞而还。宣王怒,乃发兵与齐攻鲁。梁惠王常欲击赵,而畏楚之救。楚以鲁为事,故梁得围邯郸,言事相由也。一说,楚会诸侯,鲁、赵俱献酒于楚王,鲁酒薄而赵酒厚。楚之主酒吏求酒于赵,赵不与,吏怒,乃以赵厚酒易鲁薄酒,奏之,楚王以赵酒薄故围邯郸也。按此言事之相因,有非始料所及。当以第一说为是。

"圣人生而大盗起",则圣人者其本源,而大盗者其末委,害必绝其本源,故曰"掊击圣人,纵舍盗贼"。"纵舍"云者,谓其罪可以末减耳,非果欲置之不问也。此等处最宜善看。若果欲置盗贼不问,则其于田成子口诛笔伐一再而未已,又何为者哉？"圣人已死"者,谓圣人之名与其说亡,非谓圣人之人死也。圣人之名与其说亡,则大盗无复有假借之资,故曰"则大盗不起"。《消摇游》言圣人无名,《齐物论》言圣人怀之,意盖在是也。

"重圣人"之"重"训絫,读平声。"重利盗跖"之"重"义与大同,读

去声。"量之"、"称之",义皆训平。"量"犹剂也。"称"即《易·谦卦》大象"称物平施"之称。"平"者,所以平人之争。"符",符节,破竹为之。"玺",印玺,刻玉为之。"信"者,所以杜人之欺也。有斗斛、权衡、符玺,而人犹不免于争与欺也。于是圣人乃有仁义之说,告之以为人之道必当如是,故曰"矫之"。"矫之"为言正也,正其前日之过也。乃若并仁义而窃之,而后圣人之道穷。穷则反本,是此文之所以作也。

"钩",孟子所谓"一钩金",亦即《达生篇》"以钩注者惮"之钩,盖铸金以为钩形,如后世银锞之类。旧注谓带钩者,误也。"窃钩者诛",得以盗贼之名加之者也。"窃国者为诸侯",不得以盗贼之名加之者也。不得以盗贼之名加之者,彼固曰:吾是乃为仁义也。乌有为仁义而乃名之盗贼者?故曰:"诸侯之门而仁义存焉。"夫仁义而存于诸侯之门,则仁义即非仁义矣。是言也,盖痛哭流涕而出之。若视以为嬉笑怒骂之辞,未为能深体作者之心也。

"逐"者随也。一大盗起,而天下纷纷随之,故曰逐。"揭",标举之,言戴之以为魁首也。党与众而风气成,故"虽轩冕之赏弗能劝,斧钺之威弗能禁"。《易·坤文言》所以云"非一朝一夕之故,其所由来者渐也"。"鱼不可脱于渊,国之利器不可以示人",本老子语。引前人语以证,是以加"故曰"字。"圣知",各本皆作圣人,惟褚伯秀辑《南华义海纂微》,所附《管见》断言"圣人"为"圣知"之误。按以文义论,此言器,非言人,自当作"圣知",因据以改正。"非所以明天下",犹言非所以明于天下。老子曰:"古之善为道者,非以明民,将以愚之。"此用其意以起下文,故即用"明"字。或疑为"明"字误,或以为"明"下脱"示"字,皆非也。

　　故绝圣弃知,大盗乃止;擿玉毁珠,小盗不起;焚符剖玺,而民朴鄙;掊斗折衡,而民不争;殚残天下之圣法,而民始可与论议;擢乱六律,铄绝竽瑟,塞师旷之耳,而天下始人含其

聪矣；灭文章，散五采，胶离朱之目，而天下始人含其明矣；毁绝钩绳而弃规矩，攦工倕之指，而天下始人有其巧矣。故曰"大巧若拙"。削曾、史之行，钳杨、墨之口，攘弃仁义，而天下之德始玄同矣。彼人含其明，则天下不铄矣；人含其聪，则天下不累矣；人含其知，则天下不惑矣；人含其德，则天下不僻矣。彼曾、史、杨、墨、师旷、工倕、离朱者，皆外立其德，而以爚乱天下者也，法之所无用也。

此段言及聪明辩知、钩绳规矩、师旷离娄、曾史杨墨，皆前两篇文中所有，故此三篇意实相承，定以为一人之作，是亦一证也。

"攦"读同掷，谓投弃之。"朴"，诚。"鄙野"，鄙野之野，亦有美恶二义。子曰："野哉由也！"此恶义也。子曰："先进于礼乐，野人也。"此美意也。并见《论语》老子曰："众人皆有以，我独顽且鄙。"朴鄙之鄙，正顽鄙之鄙也。

"殚残"，叠韵讻语，谓残毁之，而不使有遗余也。夫圣法既殚残矣，所谓一法不立，又何所容其论议；若有论议，此论议者必且立以为法。不独立以为法，且将以为天下之法莫能过之，则是即一圣法也。何得云"殚残天下之圣法"哉？推作者之意，盖依据《齐物论》"不言之辩、不道之道"而为之说，以为忘言而始可与言耳。特《庄子》本文之辞圆，圆则无病。此文不能如《庄子》，遂不免自相矛盾，而转为后人指责之的。然此一段中，此二句者实为其主旨所在。要其通其意而无执于其文可也。

"攫"，抽也。六律六吕，隔八相生，抽其一，则乱矣，故曰"攫乱"。"铄"，销也。竽之成声在簧，故销之。瑟之成声在弦，故绝之。"绝"，断也，此用"绝"字本义，与上"绝圣弃知"绝训绝灭，用引申之义者不同。"含其聪"，《骈拇篇》所谓自闻也。"含其明"，所谓自见也。自闻自见，聪明斯含矣。"胶"谓合也。"攦"同㩼，谓束十指而并之。《达生

篇》："工倕旋而盖规矩,指与物化而不以心稽。"谓倕以指画圆,自然合规,初不用心计之也。其巧也如此。此云捆指,亦曰束其指而不用耳。旧注或曰折之,或曰撕之。夫骈于拇者尚不欲决,枝于手者尚不欲龁,安有取全形之指而撕之、折之者哉!此亦注者不考之过也。"倕"即《尚书·尧典》之垂。舜曰:"垂,女共工。"_{共读供职之供} 以号曰"工倕"。"人有其巧",不曰含而曰"有"者,聪明在耳目,耳目可曰含,巧在手,手不可曰含,故易之曰"有","有"谓藏有之也。

"大巧若拙",引用老子语。"玄同",亦出老子。曰:"塞其兑、闭其门,挫其锐、解其纷,和其光、同其尘,是谓玄同。"所谓塞兑闭门、挫锐解纷、和光同尘,即此之塞耳胶目、含聪含明、藏有其巧之意。故以"天下之德始玄同矣"结之。若以本书通之,"同"即上篇"是谓同德"之同,而此曰"玄同"者,玄之为言潜也,亦即含聪含明"含"字之义。惟玄而后能同,惟含而后能同也。

"不铄"之"铄",与孟子言"非由外铄我也"铄字义同,与上言"铄绝竽瑟"铄字义同而用则别。"累",负累也。"僻",偏僻,即上篇"一而不党"之党,而"同"之反也。"外立其德",则上篇所谓"得人之得而不自得其得"者。上之则以德自矜,下之则以德沽世。自矜者为名,沽世者志利。天下纷纷,胥由乎此,故曰"以燂乱天下"。"燂"犹炫也。炫者乱之本。乱者炫之果也。上云"非所以明天下",即不欲以是炫之耳。

"法之所无用","法"疑"治"字之讹。上云"掊击圣人,纵舍盗贼,而天下始治矣",此承前意而申言之,故曰"治之所无用"。谓治天下,无用乎是也。观其下历数容成氏、大庭氏以至伏戏、神农而总之曰:"若此之时,则至治已。"此一"治"字,正前后相关连,以与"法"字形近,传写致讹,是宜急正之者。著其说于此,以俟后人择焉。

子独不知至德之世乎?昔者容成氏、大庭氏、伯皇氏、中央氏、栗陆氏、骊畜氏、轩辕氏、赫胥氏、尊卢氏、祝融氏、伏戏

氏、神农氏,当是时也,民结绳而用之,甘其食,美其服,乐其俗,安其居,邻国相望,鸡狗之音相闻,民至老死而不相往来。若此之时,则至治已。今遂至使民延颈举踵,曰"某所有贤者",嬴粮而趣之,则内弃其亲,而外去其主之事,足迹接乎诸侯之境,车轨结乎千里之外。则是上好知之过也。上诚好知而无道,则天下大乱矣。

何以知其然邪?夫弓弩毕弋机变之知多,则鸟乱于上矣;钩饵罔罟罾笱之知多,则鱼乱于水矣;削格罗落罝罘之知多,则兽乱于泽矣;知诈、渐毒、颉滑、坚白、解垢、同异之变多,则俗,惑于辩矣。故天下每每大乱,罪在于好知。故天下皆知求其所不知,而莫知求其所已知者;皆知非其所不善,而莫知非其所已善者,是以大乱。故上悖日月之明,下烁山川之精,中堕四时之施。惴耎之虫,肖翘之物,莫不失其性。甚矣夫,好知之乱天下也! 自三代以下者是已,舍夫种种之民,而悦夫役役之佞;释夫恬淡无为,而悦夫啍啍之意。啍啍已乱天下矣!

"至德",含其德而非外立者。容成氏以下十二氏,轩辕、祝融、伏戏、神农,皆尝见于经传,以是推之,其他八氏必有其人。十口所传,不得遂以子虚乌有目之也。旧注云:皆古帝王名。若以今言之,则部落之酋之较大而贤者耳,决非唐虞以下帝王之比。

"结绳用之"至"老死不相往来",皆用老子语。甘食美服,乐俗安居,所谓"自得其得"、"自适其适",故无外求也。"邻国相望,鸡狗之音相闻,民至老死不相往来",所谓"同乎无知"、"同乎无欲",故无争扰也。邻国谓邻近之国,与上文言邻邑者不同。彼谓人口蕃庶,此谓彼此相安也。"则至治已",犹言则至治也。有至德则有至治,言治根于

171

德，以见治不根于知也。

"赢粮"，裹粮，儋粮也。"趣"同趋。"贤者"谓贤诸侯，如梁惠、齐宣之属。此为当时游士而发，故曰"足迹接乎诸侯之境，车轨结乎千里之外"。其后《韩非子·五蠹》之篇以文学、言谈之士为二蠹，而与私门之串御、敛财之商工并列，为其不事力而衣食、无功而显荣也。虽韩非所主在乎用法，与庄子之徒殚残圣法者，处乎截然不同之两端，然至于指斥游士之害，则固当时身受其祸者之所见闻，是以同符合揆若是，不得疑为过言也。

上言"好知之过"，下又言"诚好知而无道，则天下大乱"者，盖知而有道以节之，则知得其当，即知何害！知之为害，在于过好，过好必无节，此所以曰"好知而无道"也。然则如何而得有道以节之？曰《齐物论》盖尝诏吾侪矣，曰："知止其所不知，至矣。"至者非道乎？止者非节乎？夫言必有宗，《齐物论》者，亦此言之宗已。

"弩"，弓之发以机者。"毕"，网之有柄者，若今捕虫网然，"毕"字正象其形。"弋"同隿，结缴于矢以射也。弓弩以及高远，毕弋以取卑近。"机变"，则四者之外，如以黐黏、以媒诱，皆是也。"罟"、"罾"，亦网也。网用撒，罟用撩，罾用搬，则其别。"笱"，以竹为之，故字从竹，用于鱼梁，承其流而获取之，《诗·齐风》所云"敝笱在梁，其鱼唯唯"是也。"削格"，即《中庸》"驱而纳诸罟擭陷阱"之擭，以竹或木之坚者削而施之，兽蹈其机，则中其足而不得脱。其大者可以捕獐豕。"削"亦作峭，左思《吴都赋》云"峭格周施"是也。"罗落"即罗网，"落"与"络"通，《秋水篇》"落马首"即络马首也。"罝"，兔罔。"罘"同罦，罝之有机括可以翻弄者，俗亦谓之翻车。"泽"，山泽也。

"知诈"之"知"读智。"渐"，刻深也，读平声。"毒"，毒辣。"渐毒"又深于智诈。旧注以"渐毒"作一事释之，谓为渐渍之毒，或云深害，固未是。清之训诂家谓"渐"亦诈也，引《荀子·正论》"上凶险则下渐诈矣"以证，亦非也。夫渐之不同于诈，犹凶之不同于险，安得等而一之

哉！"颉滑"犹滑稽，并双声谜语。滑稽倒之而为颉滑，犹荡佚倒之而
为佚荡，_{佚，古音与佚无别。}淙涨倒之而为渺沔也。颉滑滑稽者，言其出
之无穷也。"解垢"犹邂逅，不期而遇合曰邂逅，引申之，无因而造说亦
曰邂逅。"逅"一作遘。《后汉书·隗嚣传》云"勿用傍人解构之言"，
《窦融传》云"乱惑真心，转相解构"，邂逅、解垢、解构、解构，用字虽殊，
取义则一也。《天下篇》之言惠施也曰："南方有倚人焉，曰黄缭，问天
地所以不坠不陷、风雨雷霆之故。惠施不辞而应，不虑而对，遍为万物
说，说而不休，多而无已，犹以为寡，益之以怪。"若此者，抑可谓解垢之
说矣。然则颉滑、坚白、解垢、同异盖皆有所本而言之，非虚说也。"求
其所不知"，即指颉滑、坚白、解垢、同异之变言，所已知则人生日用之
常道也。"非其所不善"，谓古人拙钝傫野之俗。"所已善"则上之言
"知诈渐毒"是也。

"烁"同铄，销也。"堕"同隳，废也。"四时之施"，四时之行也。
"惴"亦作喘，息也。"奭"同蠢，动也。"肖"之为言小也。"翘"，举也。
"肖翘"，谓句萌也。_{从崔撰植物训}"惴奭之虫，肖翘之物"，皆举其极小者
言之，此且"莫不失其性"，则大者不待言矣。

"种种"犹憧憧，谓诚朴无知也。"役役"，奔走不息，上所谓"足迹
接乎诸侯之境，车轨结乎千里之外"者是也。"佞"，巧。"恬淡无为"，
见后《刻意篇》。"啍啍"即谆谆。《天下篇》言"宋钘尹文，周行天下，上
说下教，强聒而不舍"，是所谓"啍啍之意"也。"役役之佞"，谓知也。
"啍啍之意"，谓辩也。上言知、言辩，故此亦两结之。而"啍啍已乱天
下"，又独以辩言者，夫彼其意岂不曰吾欲以救天下哉？而不知天下之
乱乃反以是而益亟，故不得不提醒之。曰"谆谆已乱天下"，亦劝之反
本之意也。

173

在宥第十一

此篇与上三篇意亦相因,然非出上三篇作者之手,而为庄子所自作。何以断之?文章有论有喻,又有引证,完全与内七篇同一格局。一也。"尸居龙见,渊默雷声,神动天随",以至"与日无始,颂论形躯,合乎大同,大同而无己"之言,皆理趣宏深,非庄子不能道。二也。篇首非仁义,掊礼乐,极道无为之盛,而末乃言"粗而不可不陈者法也,远而不可不居者义也,亲而不可不广者仁也,节而不可不积者礼也",本末精粗并举不废,不似三篇之偏重一端。三也。

然则其言性、言德、言聪明、言仁义,意乃相因,何耶?曰:是三篇之因袭此文,非此文之因袭三篇也。今外篇次第,乃郭象所定,非其本然,向使以此篇置前,而以三篇附后,则是疑不生矣。然而郭象编次,亦自有意,篇末无为、有为之论,实为下《天地》、《天道》两篇发端,置之于此,则上结《骈拇》、《马蹄》、《胠箧》之文,而下通《天地》、《天道》、《天运》之脉,贯串有序,是郭氏之意也。

闻在宥天下,不闻治天下也。在之也者,恐天下之淫其性也;宥之也者,恐天下之迁其德也。天下不淫其性,不迁其

德,有治天下者哉!

昔尧之治天下也,使天下欣欣焉人乐其性,是不恬也;桀之治天下也,使天下瘁瘁焉人苦其性,是不愉也。夫不恬不愉,非德也;非德也,而可长久者,天下无之。人大喜邪,毗于阳;大怒邪,毗于阴;阴阳并毗,四时不至,寒暑之和不成,其反伤人之形乎! 使人喜怒失位,居处无常,思虑不自得,中道不成章,于是乎天下始乔诘卓鸷,而后有盗跖、曾、史之行。故举天下以赏其善者不足,举天下以罚其恶者不给,故天下之大,不足以赏罚。自三代以下者,匈匈焉终以赏罚为事,彼何暇安其性命之情哉?

而且说明邪,是淫于色也;说聪邪,是淫于声也;说仁邪,是乱于德也;说义邪,是悖于理也;说礼邪,是相于技也;说乐邪,是相于淫也;说圣邪,是相于艺也;说知邪,是相于疵也。天下将安其性命之情,之八者,存可也,亡可也;天下将不安其性命之情,之八者,乃始脔卷㺄囊而乱天下也。而天下乃始尊之、惜之,甚矣,天下之惑也! 岂直过也而去之邪? 乃齐戒以言之,跪坐以进之,鼓歌以儛之,吾若是何哉!

故君子不得已而临莅天下,莫若无为。无为也,而后安其性命之情。故贵以身于为天下,则可以托天下;爱以身于为天下,则可以寄天下。故君子苟能无解其五藏,无擢其聪明,尸居而龙见,渊默而雷声,神动而天随,从容无为,而万物炊累焉。吾又何暇治天下哉!

"在"犹存也,存如孟子"存心养性"之存,存则不放矣。不放,故"不淫其性"。"淫"者泆也,泆者失也。"宥"同囿,谓范围之也。《易·系辞》曰:"范围天地之化而不过。"彼言不过,此言不迁其性,其义一

175

也。以不迁之义求之，则知宥之为囿，而不得如旧注之训为宽矣。"在宥"如上医之调人元气，不使生疾。"治"则如常医以药攻病，病去而人亦伤，故曰："闻在宥天下，不闻治天下也。"

"恬"，安也。"愉"，怿也。"不恬不愉，非德也"者，言非性之所本然也。"喜"根乐言，"怒"根苦言。"怒"，怨怒也。"毗"，偏也。"毗阳"、"毗阴"，即《人间世篇》所谓"阴阳之患"。"四时不至，寒暑之和不成"，皆就一身言，亦即《大宗师篇》所云"喜怒通四时"之反，是以"反伤人之形"也。"不自得"，不得其性也。"中道"，与"力不足者中道而废"见《论语·雍也篇》之中道同，"中"读如字，谓半道也。"章"，乐之成也，故字从音从十。"不成章"，言其鲜克有终也。"乔诘卓鸷"，皆双声谜语。"乔"读矫，"矫诘"者，刻意尚行，离世异俗者也，指下曾、史言。"卓鸷"者，心如涌泉，意如飘风，顺其心则喜，逆其心则怒者也，指下盗跖言。盖一则"忍情性"，一则"纵情性"，"忍情性、纵情性"，并荀子语，见《非十二子篇》。要之皆非德也。忍情性者，赏之所不能劝。纵情性者，罚之所不能沮。故曰"举天下以赏其善者不足，举天下以罚其恶者不给"，"不给"犹不足也。"匈匈"，喧扰不宁也。"终"犹既也。"性命之情"，谓性命之真，即上之所谓"德"也。

"淫于色"，"淫于声"，明聪以淫言者，"淫"即"不淫其性"之淫。明聪不能离耳目之形，形之本曰性。以性言，故言淫也。"乱于德"，"悖于理"，理者德之理。悖理，即乱德也。仁义以德言者，"德"即"不迁其德"之德。仁义列于五藏，非如聪明之属耳目之外也。等而进之，故不言性而言德；不言性而言德，则乱与悖即迁之意可知。《骈拇篇》言性而及德，言形而及性，其等厘然。依是求之，故知此言"淫"言"德"亦各当其位，而非漫然为辞者也。

礼言"相于技"者，五射五御，皆有其礼，不独周旋、揖让而已，故礼近于技。"相"者，助也，即助长之谓。乐言"相于淫"者，"淫"如《关雎》乐而不淫"之淫，乐之失淫也。圣言"相于艺"者，周公多材多艺，见

《尚书·金縢篇》孔子多能鄙事，又不试故艺，见《论语·子罕篇》艺固圣者之事也。知言"相于疵"者，"疵"如"不女疵瑕"之疵，见僖七年《春秋左氏传》谓指谪人之短也。知者明于察物，易见人过，故曰"相于疵"。

"裔卷"同挛拳，司马彪注云"不申舒之状"，是也。"伦囊"同抢攘，言烦扰也。裔卷之病，忍情性者中之。伦囊之病，纵情性者中之。裔卷毗阴，伦囊毗阳，皆分而言之，不得一律观也。"惜之"，犹言爱之。"过也而去之"，《天运篇》所云"仁义，天地之蓬庐，可以一宿，而不可以久处"者，今不能如是，故曰："岂直过也而去之邪？"此"邪"字当读"如"也。"齐"同斋。"齐戒以言之，跪坐以进之"，上所谓"尊之"也。"僎"者舞之异文。"鼓歌以僎之"，上所谓"惜之"也。"若是何哉"，犹言奈之何哉，谓无如天下何也。

君子"临莅天下"，而曰"不得已"者，君子无必为天下之心，迫而后起，感而后应。故曰"不得已"也。"无为"本上"在之"、"宥之"言。在之，宥之，使天下不淫其性，不迁其德，是以能"安其性命之情"。然则"无为"非无所事事明矣。"贵以身于为天下"，"爱以身于为天下"，皆倒文，直言之，当云"以身贵于为天下"，"以身爱于为天下"。"可以托天下"，"可以寄天下"，曰托曰寄，皆不有天下之谓。此四语本出老子，引之以明不得已之义也。

"解"，解散也。"无解其五藏"，则五性全，而德亦玄同矣。"无擢其聪明"，则耳目内，而形亦自正矣。"尸居"，如尸之居。尸谓祭祀之尸，端拱而坐，不言不动也。"龙见"，如龙之见。"尸居龙见"，《中庸》所谓"不见而章，不动而变"也。"渊默"，如渊之默。"雷声"，如雷之声。"渊默雷声"，《易·系辞》所谓"默而成之，不言而信"也。"神动天随"，则《乾·文言》所谓"先天而天弗违也"。夫天且弗违，而况于人乎！故曰"从容无为，而万物炊累焉"。此文藏、明、声为韵，随与累为韵。"炊累"亦叠韵字。"炊"与吹同，故本亦作吹，吹言其动荡。"累"与累同，读如《诗·南有樛木》"葛藟累之"之累，言其旋绕。动荡故不息，不息

则存，应上"在"字言。旋绕故不散，不散则定，应上"宥"字言。"何暇治天下"，应上"有治天下者哉"言。

崔瞿问于老聃曰："不治天下，安臧人心?"老聃曰："女慎无撄人心。人心排下而进上，上下囚杀，淖约柔乎刚强。廉刿雕琢。其热焦火，其寒凝冰。其疾俛仰之间，而再抚四海之外。其居也渊而静，其动也县而天。偾骄而不可系者，其唯人心乎！昔者，黄帝始以仁义撄人之心，尧舜于是乎股无胈，胫无毛，以养天下之形；愁其五藏，以为仁义；矜其血气，以规法度。然犹有不胜也，尧于是放欢兜于崇山，投三苗于三峗，流共工于幽都，此不胜天下也。夫施及三王，而天下大骇矣。下有桀、跖，上有曾、史，而儒、墨毕起。于是乎喜怒相疑，愚知相欺，善否相非，诞信相讥，而天下衰矣；大德不同，而性命烂漫矣；天下好知，而百姓求竭矣；于是乎锯锯制焉，绳墨杀焉，椎凿决焉。天下脊脊大乱，罪在撄人心。故贤者伏处大山嵁岩之下，而万乘之君忧栗乎庙堂之上。今世殊死者相枕也，桁杨者相推也，刑戮者相望也，而儒、墨乃始离跂攘臂乎桎梏之间。意，甚矣哉！其无愧而不知耻也甚矣！吾未知圣知之不为桁杨椄槢也，仁义之不为桎梏凿枘也，焉知曾、史之不为桀、跖嚆矢也！故曰：绝圣弃知，而天下大治。"

此盖托为老子之言。知其为托言者，老子之时，尚无儒、墨之名，而曾子为孔门最小之弟子，迨曾子成名，与史鱼并称曾、史，老聃之死久矣。由是言之，崔瞿其人亦出虚拟。"瞿"，向、崔本并作瞿。瞿之为言，即下文"股无胈，胫无毛"，以及"愁其五藏"、"矜其血气"之状，言治天下之劳瘁有如是耳。

178

“安臧人心”者，“臧”，善也，言何以使人心之善。不知人心本善，其不善者，由有以挠乱之也，故曰“女慎无撄人心”。“撄”即《大宗师篇》“撄宁”之撄。夫撄而后宁者，惟古之真人能之。若夫恒人，撄则不宁矣。不宁，不善之所由生也。

“排下进上”者，排之则下，进之则上也。“排”犹抑也。排、进皆撄也。“上下囚杀”者，下则囚，上则杀。“囚”者遏其生机，“杀”者逞其暴行也。“淖约柔乎刚强”，承“囚杀”言。遏其生机者弱，施其暴行者强，弱者常屈于强者，故曰“淖约柔乎刚强”，此与老子书中所言“天下之至柔驰骋天下之至刚”义异。即“淖约”字，与《消摇游篇》姑射神人“淖约若处子”之淖约用亦不同。郭象注云：“言能淖约，则刚强者柔矣。”如此，不独与上下文意不衔接，且于全篇在宥之旨亦无关涉。横插此议何为乎？此其讹误，固不难辨。而注家率从之，非也。

“廉刿”者，磨之使锐；“雕琢”者，凿之使巧。此更进一步言之。“热焦火”而“寒凝冰”，则毗阴毗阳之病，《人间世篇》所谓“阴阳之患”也。“其疾俛仰之间，而再抚四海之外”，言人心之捷，声响光景之所不能及，即孔子所云“出入无时，莫知其乡，惟心之谓”也。见《孟子·告子篇》“其居也渊而静”，操之则存也。“其动也县而天”，舍之则亡也。“操存舍亡”，亦见同章。“县”者，言其无所倚薄也。“偾”音奋，即僖十五年《左传》“张脉偾兴”之偾。“骄”，恣也。“偾骄而不可系者，其唯人心乎”，喻人心如马之奔放，不可得而羁系也。然此乃廉刿雕琢以后之事，亦即撄之使然，非谓人心本如是也。若人心之本，则所谓“其居也渊而静”。渊静者宁也。人心本宁，而挠之使不宁，故曰“无撄人心”也。

《骈拇篇》言“自虞氏招仁义以挠天下”，此篇篇首亦只言“尧之治天下”。而今则更进而言“黄帝始以仁义撄人之心”者，意在贬斥仁义，初不为黄帝、尧、舜作品骘也。《胠箧篇》言至德之世，中列轩辕氏，而在伏戏、神农之前，其非指黄帝轩辕氏甚明。

"胈"，毳肤皮也。"股无胈，胫无毛"，言奔走勤苦，肤毛为之脱落也。"养天下之形"，养天下之民也。养天下之民，而曰养天下之形者，言知养其形，而不知养其心也。"愁"之为言掣也。掣其五藏，五藏为之不舒也。"矜"，盛也。盛其血气，血气为之不平也。虽为仁义、规法度，而不能改共工之庸违、驩兜之同恶、三苗之弗率。共工、驩兜、三苗并见《尚书·尧典》《皋陶谟篇》。是犹有不胜也。"胜"读平声。"不胜"，犹不堪也。

"崇山"，南方之山，旧注云在湖南澧州。"三峗"亦作三危，西方之山，旧注云在甘肃天水。"幽都"即幽州。"三苗"谓三苗之君长。放之、投之、流之，《大学篇》所谓"屏诸四裔，不与同中国"也。事并见《尚书·尧典》

"施"读迤逦之迤，延也。"三王"，夏、商、周。"骇"，扰动也。"否"，不善也。"诞"，不信也。相疑在心，相欺在行。相非相讥，则在行亦在言。"衰"者，言非至德之世。"性命烂漫"者，烂伤于火，漫伤于水，即焦火凝冰之义，所谓失其性命之常然也。既言"性命烂漫"，而又言"天下好知，百姓求竭"者，总结其病根在于好知。惟好知，而欲乃无厌。"求竭"者，求满其无厌之欲也。"斫"同斤。"斫锯制焉"，斫锯之制，制于此。"绳墨杀焉"，绳墨之杀，杀于此。"椎凿决焉"，椎凿之决，决于此。始以利器用之资，卒以为杀伤之具，是固非好知者始料之所及已。"杀"如杀青之杀，削也。"决"，断也。"脊脊"同藉藉，谓相陵藉也。《胠箧篇》言"天下每每大乱，罪在于好知"，而此云天下大乱"罪在撄人心"者，穷其好知之源也。

"大山"，"大"读如字。"岩"一作巖，字同。"嵁岩"，险岩也。"忧栗"，忧苦而危栗也。"殊"，身首异处也。"桁杨"，长械，施于人之颈与胫，如后世连枷大镣之类。多人而共一械，故曰"相推"。"刑戮"之"戮"同僇，谓辱也。如墨黥鞭笞之刑不伤及生命者，盖自殊死等而下之，则知刑戮之为轻刑，而非斩戮之谓矣。"乃始"犹乃方。"离跂"，阔步也。"攘臂"犹奋臂。"桎"，足械。"梏"，手械。"桎梏"正与"离跂攘臂"相对。人方桎梏，而己乃奋臂高步，故曰"无愧而不知耻也"。"意"

同噫,叹辞。"甚矣哉",犹言过矣哉,此"甚"字与下"甚矣"之甚别,不得作重复看。"楱櫺",小木。接之、折之,以为桁杨之柱楔者也。"凿枘",桎梏之笋牙。与凿之围枘相似,故以凿枘名之,非谓用凿枘以为桎梏也。为桎梏或须于凿,若枘,则何用哉?"嚆矢",向秀注云"矢之鸣者",是也,后世谓之响箭。盗贼劫人,则先发响箭以为号,故"为桀、跖嚆矢"者,犹云为桀、跖先声云尔。

篇首云"未闻治天下",而此云"绝圣弃知而天下大治"者,不治之而自治,是为大治也。又此节发端谓"以仁义撄人之心",结尾乃舍仁义而归重于圣知者,仁义发自仁义,仁义未失为仁义也。仁义而发自圣知,仁义乃不能无伪,而虚存仁义之名。至虚存仁义之名,而祸天下者起矣。故欲除天下之祸,反仁义之实,必自去知始。此庄子之微意也。若以为仁义圣知必四名并举,而后于文为全,此后世文士之见,亦浅之乎知庄子矣。

黄帝立为天子十九年,令行天下,闻广成子在于空同之上,故往见之,曰:"我闻吾子达于至道,敢问至道之精。吾欲取天地之精,以佐五谷,以养民人;吾又欲官阴阳,以遂群生。为之奈何?"广成子曰:"而所欲问者,物之质也;而所欲官者,物之残也。自而治天下,云气不待族而雨,草木不待黄而落,日月之光益以荒矣。而佞人之心翦翦者,又奚足以语至道!"

黄帝退,捐天下,筑特室,席白茅,闲居三月,复往邀之。广成子南首而卧,黄帝顺下风,膝行而进,再拜稽首而问曰:"闻吾子达于至道,敢问治身奈何而可以长久?"广成子蹶然而起曰:"善哉问乎! 来! 吾语女至道。至道之精,窈窈冥冥;至道之极,昏昏默默。无视无听,抱神以静,形将自正,必静必清;无劳女形,无摇女精,乃可以长生。目无所见,耳无

所闻,心无所知,女神将守形,形乃长生。慎女内,闭女外,多知为败。我为女遂于大明之上矣,至彼至阳之原也;为女入于窈冥之门矣,至彼至阴之原也。天地有官,阴阳有藏,慎守女身,物将自壮。我守其一,以处其和,故我修身千二百岁矣,吾形未尝衰。"黄帝再拜稽首曰:"广成子之谓天矣!"

广成子曰:"来!余语女。彼其物无穷,而人皆以为终;彼其物无测,而人皆以为极。得吾道者,上为皇而下为王;失吾道者,上见光而下为土。今夫百昌皆生于土而反于土,故余将去女,入无穷之门,以游无极之野。吾与日月参光,吾与天地为常。当我,缗乎!远我,昏乎!人其尽死,而我独存乎?"

此节盖示人以安其性命之情之道,而托之于广成子之语黄帝也。"空同"一作崆峒,山名。《史记·五帝本纪》亦言"黄帝西至于空桐",殆一地也,在今甘肃凉州。

"至道之精",精微也。"天地之精",精华也。两字不同训,不得混而一之。"官阴阳",使阴阳不失其官,即《中庸》所谓"天地位"也。"群生"对上"民人"言。"遂群生",即《中庸》所谓万物育也。黄帝所问未尝非也,而广成不然者,盖以中和未致而求天地位万物育,是不揣其本而齐其末也,故曰"而所欲问者,物之质也;而所欲官者,物之残也"。曰质曰残,皆对上"至道之精""精"字言。质则非精,残又质之残余不全者也。

"而"同尔,下"自而治天下","而佞人之心"两"而"字亦同。"族"同簇,聚也。"云气不待族而雨",喻助长也。"草木不待黄而落",喻速成也。"荒"如《诗·周颂》"天作高山,大王荒之"之荒,言大也。"日月之光益以荒矣"者,喻不能含其聪明,而用知之无已也,故曰:"而佞人之心翦翦者,又奚足以语至道!""翦翦"与戋戋同,残义,亦狭小义也。

"筑特室,席白茅",所以斋其心也。席用白茅者,白取其洁,茅则取其物薄而用重也。_{物薄用重},语本《易·系辞传》。"邀"通要。"要之",求之也。"稽首",首至地也。"顺下风膝行而进,再拜稽首",言其卑礼之至。盖于是而"令行天下"之心,丝毫无复有存者矣。退而问"治身"。"治身",治天下之本也。曰"奈何而可以长久",则非助长速成之意,于是而性命之情可安矣,故广成善其问,而卒语以至道也。

窈冥昏默,皆用知之反也。然而真知于是出焉。故《知北游》曰"昭昭生于冥冥",原其始也。《齐物论》曰"知止乎其所不知",归其根也。"无视无听"以下,言其用功之次。"抱神以静,形将自正",神为形主也。形既正矣,而复曰"无劳女形"者,有一强为正之之心,是即劳也;既"无视无听"矣,而又曰"无摇女精"者,有一强为"无视无听"之心,是即摇也。故曰"必静必清",形不劳则静矣,精不摇则清矣。及至"目无所见、耳无所闻、心无所知",是自然之无见无闻无知,不独不见外,亦不见内,不闻外,亦不闻内,不知外,亦不知内,内外两忘而后形与神合,故曰"神将守形,形乃长生"也。"慎女内,闭女外,多知为败",又复丁宁以戒之也。

"我为女遂于大明之上矣"四句,答前"取天地之精"及"官阴阳"之问也。盖既得其本,则其用不难识也。"为女"犹与女。不独语之,且与之实践其境。惟黄帝闲居斋心三月之后,故可以领受之也。"遂"犹达也。至阳至阴,皆回原者,以别其非物之质而为天地之精。若所谓"佐五谷,养民人,遂群生"_{此遂为成遂之遂,不得与"遂于文明"遂字混。}者,皆其余事,即皆其残也。"天地有官",天地自官也。"阴阳有藏",阴阳自藏也。"藏"如府藏之藏,读去声。百物皆由阴阳以生,故曰"藏"也。"慎守女身"者,不为阴阳天地之贼也。"物将自壮"者,五谷自生,民人自养,群生自遂也。"守其一",守天地之一。老子曰:"天得一以清,地得一以宁。"是天地亦此一也。"处其和",处阴阳之和。"修身千二百岁",千二百岁无时而不修身,此形之所以未尝衰,故黄帝曰:"广成子之谓天

矣。""天"者,四时行,百物生,运行无息,而不见其功者也。

　　"彼其物","彼"承上两"至彼"之"彼"言之。前阴阳分言,此阴阳
合言,故曰"其物"。"物"即老子"有物混成"、"道之为物"之物,与上言
"物之质"、"物之残"之物异,彼粗而此精也。质言之,则此云"其物",
即"至道"之异名,故下即继曰"得吾道"、"失吾道",知物与道非两事
也。上节云"施及三王,而天下大骇矣",此乃云"得吾道者上为皇而下
为王",犹存王之一等者。王者治以仁义,仁义固不在道之外也。"见
光","见"读如现。《列御寇篇》所谓"形谍成光"者,此正神不守形之
征,而道之所不收也。若夫下为土,则与百昌同生同死,乌有长久者
哉!"百昌"犹百物也。"入无穷之门,以游无极之野",犹《应帝王篇》
言"游无何有之乡,以处圹埌之野"也。"与日月参光","与天地为常",
犹《齐物论》言"旁日月,挟宇宙,参万岁而一成纯"也。"缗"亦昏也。
昏即"昏昏默默"之昏。司马彪注:"缗、昏并无心之谓。"是也。"当我",
谓今问答时。"远我",谓将去女时。一以无心遇之,故曰"当我,缗乎!
远我,昏乎!"惟无心为长生之道,故曰:"人其尽死,而我独存乎!"

　　夫无心则无我,无我而曰我存,何也? 不知无我,斯无往而非我,
亦即无往而不存。若区区据一己而有之,是必死之道,人之所以尽死
也。昔宰我问于孔子曰:"予闻诸荣伊,言黄帝三百年。请问黄帝者,
人邪? 抑非人邪? 何以至于三百年乎?"孔子曰:"夫黄帝尚矣! 抚万
民,度四方,以顺天地之纪,幽明之故。劳心力、耳目,节用水人材物,
生而民得其利百年,死而民畏其神百年,亡而民用其教百年,故曰三百
年。"见《大戴礼记·五帝德篇》。中有节文。知黄帝三百年之说,则知广成子
千二百岁之说,而所谓长生者,非如神仙家之云"保其形骸而不委化
也"。夫老子亦曰"死而不亡者寿",读《庄子》者可不晓此义乎!

　　云将东游,过扶摇之枝,而适遭鸿蒙,鸿蒙方将拊髀雀跃
而游。云将见之,倘然止,贽然立,曰:"叟何人邪? 叟何为

此?"鸿蒙拊髀雀跃不辍,对云将曰:"游。"云将曰:"朕愿有问也。"鸿蒙仰而视云将曰:"吁!"云将曰:"天气不和,地气郁结,六气不调,四时不节。今我愿合六气之精,以育群生,为之奈何?"鸿蒙拊髀雀跃,掉头曰:"吾弗知,吾弗知。"云将不得问。

又三年,东游,过有宋之野,而适遭鸿蒙。云将大喜,行趋而进,曰:"天忘朕邪? 天忘朕邪?"再拜稽首,愿闻于鸿蒙。鸿蒙曰:"浮游,不知所求;猖狂,不知所往。游者鞅掌,以观无妄。朕又何知!"云将曰:"朕也自以为猖狂,而民随予所往。朕也不得已于民,今则民之放也。愿闻一言。"鸿蒙曰:"乱天之经,逆物之情,玄天弗成;解兽之群,而鸟皆夜鸣,灾及草木,祸及止虫。意! 治人之过也!"云将曰:"然则吾奈何?"鸿蒙曰:"意,毒哉! 仙仙乎归矣!"云将曰:"吾遇天难,愿闻一言。"鸿蒙曰:"意,心养! 汝徒处无为,而物自化。堕尔形体,吐尔聪明,伦与物忘;大同乎涬溟,解心释神,莫然无魂。万物云云,各复其根;各复其根而不知,浑浑沌沌,终身不离;若彼知之,乃是离之。无问其名,无窥其情,物故自生。"云将曰:"天降朕以德,示朕以默;躬身求之,乃今也得。"再拜稽首,起辞而行。

此与上节旨趣相似。旧训"将"为主,无义。"将"当训行,读平声。"云将",即《易·乾彖》"云行雨施"之云行也。知"将"当训行者,下言"天气不和,地气郁结",以至"愿合六气之精以育群生"云云,意实在行,云固以行为用者也。"扶摇"见《消摇游》,即"飚"之缓读,盖云有形者也;风无形,而触之如有物,则犹有迹也;至鸿蒙,则混然一气,并迹而无之。此其寓言之次第也。扶摇言枝者,《易·说卦》言"风以散

之"。散则由本而末,由大而小,斯枝之谓矣。

常以为庄子最善体物,故一字一义无有不合于其物情者,如于鸿蒙下"拊髀雀跃"四字,仔细玩之,是四字施之于风则不似,施之于云更不似,惟有天地之元气,其运行也,鼓舞动荡,徐徐然,悠悠然,本无迹也,而欲以有迹状之,故不得曰鼓翼而曰拊髀,不得曰马驰而曰雀跃,抑何其形容之深细耶!"倘然"犹忽然。"贽然"与《田子方篇》"慹然似非人"之慹然同,不动貌也。"倘然止,慹然立",此于状云,亦可谓切矣。是故读《庄子》更无一字可以轻易放过者,字字不放过,而更于上下文通其语脉,寻其宗趣。虽不能尽,亦思过半矣。

始称鸿蒙曰"叟",而后称之曰"天"者,"叟"如《寓言篇》之叟叟,一作搜搜向注云"动貌",盖以其动也而称之。"天"则无为之称也,不知鸿蒙之动,未尝有为、未尝非天也,故拊髀雀跃不辍,而对云将曰:"游。""游"者天游,"天游",见《外物篇》实无为也。云将不解,而更愿有问,故鸿蒙仰而视之曰:"吁。""吁",如《书·尧典》"吁,咈哉"之吁,不然之辞也。云将自称曰"朕"者,《应帝王》曰"体尽无穷而游无朕",云将东游,亦游也,而非游无朕之游,故以"朕"名之。有朕则有迹,有迹则有我矣。

"天气不和,地气郁结"者,天道不下济,则地气亦不上应也。"六气不调,四时不节"者,"六气"见《消摇游》,即天地之气。天地不交,则寒暑温凉亦将错乱也;寒暑温凉错乱,而万物蒙其害矣,故曰"我愿合六气之精以育群生"。"为之奈何",愿闻其方也。鸿蒙掉头不顾,而连曰"吾弗知,吾弗知"者,非弗知也,真知出于无知,故先以弗知酬其问也。

"有宋之野",宋于其时处天下之中,又庄子宋人,故托之于宋,以成其说焉。"浮游"以上下言,故曰"不知所求"。"猖狂",谓放纵也,以四旁言,故曰"不知所往"。游与求为韵,狂与往为韵,亦与下掌、妄为韵。"鞅掌",《小雅·北山》之诗毛传曰"失容也"。失容者,谓忽遽而不暇为礼容也。本书《庚桑楚篇》曰:"拥肿之与居,鞅掌之为使。"以鞅

掌与拥肿并称，则鞅掌自亦犷野无礼之义，正与毛传义合。以犷野无礼形其不可规范，犹上以狷狂形其不可羁约也。旧解以自得释之，非矣。夫自得者，可以不拘礼法。然自得之义与不拘礼法之义，则固截然为二事也。至若王先谦《荀子集解》谓有鞅在掌，言出游也。以叠韵謰语义当求之于声者，而以形求之，望文生义，其谬误更不待言矣。"以观无妄"者，"观"，所谓"中正以观天下，下观而化也"。语见《易·观卦象传》"无妄"，则"天下雷行，物与无妄"。语见《易·无妄卦象传》。无、無字同。"无妄"者物之本然，而更欲以无妄治之，所谓"无妄之药不可试"，《无妄卦》九五象辞天下之多事，率由乎是也。曰"朕又何知"者，既发"游者鞅掌以观无妄"之言，是即有朕可循矣。有迹而复泯之于无迹，故言"朕又何知"也。

至是三年，云将已进于前，曰"朕也自以为狷狂"，则非复昔之"愿合六气之精以育群生"者之自矜有我矣。而"民随予所往，朕也不得已于民"，是虽忘我，而犹未能忘民也。伯昏瞀人之戒列御寇也，曰："吾固告女曰：'人将保女。'果保女矣，非女能使人保女，而女不能使人无保女也。""随予所往"，即保女之说也。保，司马彪注云"附也"，是也。"不得已于民"，即不能使人无保女之说也。以是比而观之，则知今也"民之放"也，谓得解放于民。"民之放"，正如《马蹄篇》"天放"之放，不得若郭子玄之训为仿效矣。其有训放为依者，误亦同。盖于是民我两忘，我忘民，民亦忘我，云将为更进矣。夫然后鸿蒙乃可以告之。

"乱天之经"，"经"，常也。天有其常，乱之，而常失矣。"逆物之情"，物有其情，逆之，而情悖矣，此所以"玄天弗成"也。"玄天"二字并列，郭子玄注云："情不逆而经不乱，玄默成而自然得也。"以玄与天分而释之，是也。"解兽之群"以下，极言乱经逆情之害。"止虫"犹豸虫也。宣十七年《左传》"庶有豸乎"，谓乱庶有止也。彼以"豸"作"止"，此以"止"作"豸"，其为通假一也。"豸"，虫之无足者也。不知者乃改"止"为"正"，失之矣。"意"同噫。"治人之过"，谓人之治之之过。夫

知治之之过,则勿乱其经,勿逆其情足矣。而云将犹有"吾奈何"之问,故曰:"噫,毒哉!""毒"者,责其问之无已,犹今云困窘人也。"仙仙乎归矣"者,劝之使归,犹孟子告曹交,言归而求之有余师也。

"吾遇天难",寓言达天德之难,若徒以难与鸿蒙相遇观之,浅矣。"心养",与《诗·鄘风·二子乘舟》言"中心养养"意同。毛传云:"养养然,忧不知所定。"朱子《集传》谓养养犹漾漾,则心养即心漾,非养心之谓也。若曰养心,则告之之辞,而非责之之辞,与"噫,治人之过!""噫,毒哉!"语气绝不相似,即不当以噫声发端。且下云"解心释神,莫然无魂",心且不得而有,又何从而养之?抑养心而曰心养,毋乃失之不辞乎?马其昶作《庄子故》,亦知"心养"之不辞也,于是连下"女"字为句,而解"意"同億,曰"億,安也",谓安心养女,是则求其说而不得,而强为之辞,谬乃益甚矣。

"吐"同杜。"杜尔聪明",塞尔聪明也。"伦",类也。"伦与物忘",倒文,言与物则忘其类也。"滓溟"即鸿蒙之别名。鸿蒙不得自举其名,故易言曰"滓溟"也。"大同乎滓溟",同于一气之浑沦也。"解心"则无心,"释神"则不神。<small>不神之所以为神也。</small>"莫然无魂"者,漠然无营也。老子"载营魂",王弼注曰"营,魂也",是营魂可互训也。"万物云云,各复其根",承上"而物自化"言,谓各复其本。各复其本者,各得其所也。老子亦有"夫物芸芸,各归其根"之语,然其上言"万物并作,吾以观其复",彼就观之者言,此则就物之本身言,取义各异,不得据彼以解此。"云云",犹种种也。"各复其根而不知",物自不知也。惟不知而后能复,故曰"浑浑沌沌,终身不离"。"若彼知之,乃是离之","彼"者,彼万物也。夫彼且自不知,而我乃欲问其名,窥其情,从而治之,可乎?故曰"无问其名,无窥其情,物故自生"。"物故自生"者,物本自生也。

"降朕以德",原其受命之初也。"示朕以默",感今复命之教也。孔子曰:"默而识之,学而不厌,诲人不倦。"<small>见《论语·述而篇》</small>于学诲之前,特提默识,可见默固入道之机也。"躬身求之,乃今也得",见求之

之勤,而得之之不易也。"起辞而行","行"者,可以行其合六气育群生之始愿,体立而用自彰也。

世俗之人,皆喜人之同乎己,而恶人之异于己也。同于己而欲之,异于己而不欲者,以出乎众为心也。夫以出乎众为心者,曷尝出乎众哉!因众以宁所闻,不如众技众矣。而欲为人之国者,此揽乎三王之利,而不见其患者也。此以人之国侥幸也,几何侥幸而不丧人之国乎!其存人之国也,无万分之一;而丧人之国也,一不成,而万有余丧矣。悲夫,有土者之不知也!夫有土者,有大物也。有大物者,不可以物。物而不物,故能物物。明乎物物者之非物也,岂独治天下百姓而已哉!出入六合,游乎九州,独往独来,是谓独有。独有之人,是之谓至贵。

大人之教,若形之于影,声之于嚮。有问而应之,尽其所怀,为天下配。处乎无嚮,行乎无方;挈女适复之,挠挠以游无端;出入无旁,与日无始;颂论形躯,合乎大同,大同而无己。无己,恶乎得有有!睹有者,昔之君子;睹无者,天地之友。

贱而不可不任者,物也;卑而不可不因者,民也;匿而不可不为者,事也;粗而不可不陈者,法也;远而不可不居者,义也;亲而不可不广者,仁也;节而不可不积者,礼也;中而不可不高者,德也;一而不可不易者,道也;神而不可不为者,天也。故圣人观于天而不助,成于德而不累,出于道而不谋,会于仁而不恃,薄于义而不积,应于礼而不讳,接于事而不辞,齐于法而不乱,恃于民而不轻,因于物而不去。物者莫足为也,而不可不为。不明于天者,不纯于德;不通于道者,无自

而可；不明于道者，悲夫！何谓道？有天道，有人道。无为而尊者，天道也；有为而累者，人道也。主者，天道也；臣者，人道也。天道之与人道也，相去远矣，不可不察也。

此节承上"大同乎涬溟"之言，更详畅大同无己之旨，因以判分有无之等，有为无为之异，以见末不离本，精不废粗。于是无为而无不为之用，乃该备而无渗漏矣。

首言"世俗之人喜人之同己而恶人之异己"者，此有己之害，而不能大同之根，故特抉发之也。"以出乎众为心"者，意在高出于众人之上也。意在高出于众人之上，乃反因众人之同己，以安其所闻而坚其自信，是《大宗师》所谓"役人之役、适人之适"者。其不如众人之技亦多矣，则何尝出乎众哉！此唤醒世人之语。郭子玄注曰："众皆以出众为心，所以为众人也。若我亦欲出乎众，则与众无异，而不能相出矣。"此说是也。而又曰："吾一人之所闻，不如众技多。故因众则宁。若不因众，则众之千万皆我敌也。"是则横生枝节，与上下文皆不连贯，且于"以宁"断句，以"所闻"属下，技非耳治之事，于文亦不辞，故不敢从也。

"而欲为人之国"者，承上文而言，谓以喜同恶异之心为人之国也。"揽乎三王之利"，利谓出众。"而不见其患"，"患"谓"因众以宁所闻"。夫居尊位，操生杀予夺之柄，其欲人之同己亦易矣。然而圣人不取此，必明四目，达四聪，周谘兼听，执两端以用中者，诚以众同之未足恃，而是非之必衷于道也。若离道而取同，背公而信己，即不失之专断，亦失之偏党。以此为国，其何能淑！故曰"以人之国侥幸"，"侥幸"者，尝试之谓，如子产所云"操刀使割，其伤实多"者，见襄三十一年《左传》故曰："几何侥幸而不丧人之国乎！"

"一不成而万有余丧"，对"无万分之一"言，言丧人之国，则非万分之一之事，且过于万数而有余，极言其丧亡之不可免也。"悲夫，有土者之不知"，谓不知此患。"有土"即有天下也。老子曰"天下神器"，此

曰"有土者,有大物也"。神器言其难为,大物言其难任,欲其易任,莫若藐之,老子曰:"治大国若烹小鲜。"是也。故曰"不可以物"。"不可以物"者,不可以其为大物而振矜之也。以为大物而振矜之,则我为物役,物为主而我为客,何以任之!故曰:"物而不物,故能物物。"此言"物"者,谓我则役物;"不物"者,谓不为物所役。如是则我为主而物为客。"故能物物"者,谓能物此大物,亦即能任此大物也。旧以"不可以物物"为句,兹断后一"物"字属下,于文则顺,于义则惬,善读者知不以为妄也。

"物物者之非物",与《齐物论》言"指非指"一义,盖物不能物物,物物者人,然人常陷于物中,则人亦物也,安能物物!故此非物之云,当知不独非物,亦且非人。非人者,丧己之功,而与天合德者也。故曰"出入六合,游乎九州,独往独来,是谓独有"。"独"即《养生主》所云"天之生是使独"之独,亦即《大宗师》"朝彻而后能见独"之独。独则无耦,《齐物论》以丧我为丧耦,则独者无我,故知此是丧己之功。丧己则非人而天,故知与天合德。与天合德,贵孰贵于此,故曰"独有之人,是之谓至贵"也。有此"至贵",其于治天下百姓,曾不足当一瞥,尚何有同己出众之心哉!

"大人"即独有之人,而易名曰"大人"者,对上有大物言,在位之称也。不曰治而曰教者,以德化天下,不以治也。"若形之于影,声之于響","響"同响,此倒文,谓若影响之随形声,即《德充符》所云"和而不唱"者也。"有问而应之,尽其所怀",如孔子"叩两端而竭焉"之意。见《论语·子罕篇》非仅应者必尽其理,亦使问者得尽其情也。"为天下配","配",对也。《大雅·皇矣》之诗所谓"以对于天下"也。"处乎无響","无響"与下文"无方"文对,则"響"从本训。郭注"寂以待物",非也。"挈女适复之"五字为句,与"有问而应之"句同。"女"指所教之人。"挈"者提挈。"适"音敌,主也。"复"即上节"各复其根"之复。谓教者不过提挈之复其本有,非有他道,故曰"适复之"也。"挠挠"即《大宗

师》之"挠挑"。彼云"挠挑无极",此云"挠挑以游无端",文义并同。故知"挠挑"当属下为句,一为诨语,一为重言,其训非有二也。"无极"以终言,"无端"以始言,其旨亦非有二也。"出入无旁",即上"出入六合"义。"无端"、"无旁",正与上"无嚮"、"无方"文相应,亦可知"嚮"之为"向",不得同上声响,以响释之矣。"与日无始","无始"疑"无终"之讹。此一段影、嚮为韵,怀、配为韵,嚮、方、旁为韵,两"之"字亦为韵,若"无始"为"无终",则与下"大同""同"字为韵,且郭注云:"与日新俱,故无始也。"推日新之义,似当言无终,不得言无始。成玄英疏云:"与日俱新,故无终始。"于"始"上加"终"字,倪亦于郭注不能无疑欤! 兹不敢率改,特著其所见,以俟知者。

"颂"通诵,孟子言"颂其诗,读其书",即诵诗读书也。见《万章》下篇"颂论"者言,"形躯"者形。上言教言应,皆颂论事。言处言行,言挈言游,皆形躯事,故两举之,而谓其"合乎大同"。章太炎解象作皃,即貌本字解类作象,谓颂论、形躯一义。则是只有形之一边,不独于"大人之教""教"字不相应,即于喜人同己、恶人异己之言,亦不相应。何也? 同异皆由于颂论,观"以宁所闻"之文可见也。近人解庄者,每每喜据之以为说,殆不可解矣。"大同而无己",大同则无己也。"无己恶乎得有有","恶"同乌。上"有"与"无"对,无之反。下"有"与"己"对,谓物也。故"恶得有有",即云无物。无物者,不见有物也,即承上"不可以物,物而不物"而言之。不曰物而曰有者,欲与无对论,而无者更无可名,故不得已而易之曰有也。

"睹有者,昔之君子",谓制礼乐、立法度者,上云三王是。"睹无者,天地之友",谓官阴阳、合六气者,则上云黄帝、广成是也。然虽黄帝、广成亦不能舍礼乐法度而为治,故以高下之等言之,则天地之友信非君子所可企及。而以本末之道言之,则君子亦天地之友所依赖而不可缺少者。所以有下一段文字也。

"贱而不可不任者物","卑而不可不因者民",先物而后民者,民恃

物以生也。"匿而不可不为者事","粗而不可不陈者法",先事而后法者,法因事而立也。"匿",微也,_{见《尔雅·释诂》}非匿藏之谓。"远而不可不居者义","亲而不可不广者仁",义言远而仁言亲者,义以方外,_{见《易·坤卦·文言》}故曰远。"亲亲,仁也",_{见《孟子》}故曰亲。"居"者守也。"广"者推也。先义而后仁,自远而反诸近也。"节而不可不积者礼","中而不可不高者德",礼取节文,故曰"节"。德贵中庸,故曰"中"。"不可不积"者,礼以配地,_{见《乐记》}积厚者地也。"不可不高"者,惟德配天,高明者天也。_{见《礼记·中庸》}"一而不可不易者道","神而不可不为者天","易",变易也。执一则非道,故"不可不易"。"为"借作譌,与上"不可不为者事""为"字异。"譌"同讹。《尧典》"平秩南讹",《史记·五帝本纪》引作"南譌"是其证也。讹者化也。神以化为用,故不可不化也。《易·系辞传》曰:"穷神知化,德之盛也。"又曰:"知变化之道者,其知神之所为乎?"孟子曰:"君子所存者神,所过者化。"并以神化对言,故知为是化义。

"观于天而不助",《大宗师》所谓"不以人助天也"也。"成于德而不累",《应帝王》所谓"尽其所受乎天而无见得"也。无见得,何累之有!"出于道而不谋",《德充符》所谓"圣人不谋"也。"会于仁而不恃","会"者同也,《庚桑楚》所谓"至仁无亲"也。无亲,何恃之有!"薄于义而不积","薄"同溥。"积"如《天道篇》"运而无所积"之积。"不积",谓不泥也。"应于礼而不讳","应",肆应,"不讳"者,不以多忌讳为礼也。"接于事而不辞","接"谓如理而应,故不辞避也。"齐于法而不乱","齐"读去声,同剂。谓以时调剂损益之,故不为所乱也。"恃于民而不轻","不轻",不以得民而轻用之也。"因于物而不去","不去",不逐物而随以去也。"物者莫足为也,而不可不为",此"物"则总括自礼以下,重提以起下文,而归重于天道。故曰"不明于天者,不纯于德;不通于道者,无自而可"。"无自而可"者,无所之而不触碍也,故曰"不明于道者,悲夫!"

"有为而累者,人道也","累"谓劳累。有为而累,即有为而劳。郭

注以有为为累，则是负累之义。以有为为负累，则人道臣道，群将趋而避之矣，尚成何世界乎！此大非庄子之意也。曰"天道之与人道也，相去远矣"，庄子之尊天道则有之，而未尝有薄人道而不为之意也。《大宗师》曰："知天之所为，知人之所为，至矣！"非其明征乎？至宣颖《南华经解》乃谓自"贱而不可不任者物也"以下，意肤文杂，不似庄子之笔。王先谦《集解》亦赞同其说盖以为既言无为，则不当更言有为，不知本末精粗、相依为用，此正一篇大关键处。若遂删之，岂徒于理不全，即文字亦无收煞。吾尝叹庄子之学之晦，大率由注家晦之，若此者盖不鲜，安得一一而为之辩驳乎哉！

天 地 第 十 二

此下《天地》、《天道》、《天运》三篇、盖自为一类，而与上《在宥》之义相承，为庄子自作无疑。

　天地虽大，其化均也；万物虽多，其治一也；人卒虽众，其主君也。君，原于德而成于天，故曰：玄古之君天下，无为也，天德而已矣。以道观言，而天下之君正；以道观分，而君臣之义明；以道观能，而天下之官治；以道泛观，而万物之应备。故通于天地者，德也；行于万物者，道也；上治人者，事也；能有所艺者，技也。技兼于事，事兼于义，义兼于德，德兼于道，道兼于天。故曰：古之畜天下者，无欲而天下足，无为而万物化，渊静而百姓定。《记》曰："通于一，而万事毕；无心得，而鬼神服。"

　此承上篇而言君道同于天道也。"卒"，徒也；徒，众也。"人卒"犹今云民众。成玄英疏以"卒"为隶卒，失之。《秋水篇》亦有"人卒九州"之语，则"卒"非隶卒可知也。"原于德"，推其始，"成于天"，究其终。

195

天无为,德亦无为也,故曰:"玄古之君天下,无为也,天德而已矣。"曰"玄古"者,远古也,前所谓至德之世是也。或疑玄古之名不常见,因于"玄"字断句,并引老子"同谓之玄"以说之。宋吕惠卿《庄子义》及褚伯秀《管见》皆如此,近人亦有从之者。不知此云"故曰:玄古之君天下"与下文"故曰:古之畜天下"者同一笔法,此可以"故曰玄"为句,将下亦以"故曰古"句绝乎?且老子之书言道言名故可谓之玄,此文言君,君者人也,人安得谓之玄乎! 是亦不思之甚矣。

　　"以道观言",谓观名也。老子以道名对举,而《齐物论》则以道言对举。知庄书之"言"即老子之"名"矣。"观言而天下之君正"者,君之名正也。君之名何以正? 前篇所云"主者天道,天道无为而尊者",是此一篇之要旨也。"分"读去声。有名斯有分。君不能为臣之事,犹臣不能为君之事,此其分也,此分读平声故曰"观分而君臣之义明"。"能"者,技能。能治水者不必能教士,能典刑者不必能共工,工读供各因其能而任之,则事无不举,故曰"观能而天下之官治"。"天下之官",即皆臣道也。又不独是而已,五土异宜,五材异用,三农异产,百工异制,上之所以财成辅相,以左右民者,又非可执一以求也。故曰"泛观而万物之应备","泛观"犹博观也。

　　"通于天地者德",总上"天地虽大"至"天德而已矣"一段言。"行于万物者道",总上"以道观言"至"以道泛观"一段言。"上治人者事","事"即百官之事也。"能有所艺者技","艺"者树艺,犹今云生产。易能而曰技者,为其有所专也。"技兼于事","兼"者,统也。技各有所专,此其长也。而专则不能相通。以不通之故,或至相妨相病,则其短也,故必待主其事者,为之经画而节制之,是所谓"技兼于事"也。"事兼于义","义"即上君臣之义。无君臣之义,则有如《天道篇》所云"上无为下亦无为,下有为上亦有为"者,而分乱矣。分乱,事恶得治! 故于此又将"义"字特为提出。前后文义甚明。或疑"通于天地者德"以下,言德言道、言事言技而未尝言义,见宋道士陈碧虚注引江南古藏本

作"故通于天者道也,顺于地者德也,行于万物者义也",遂谓今通行本有阙文,当据古藏本补入。<small>见近人王叔岷《庄子校释》</small>不知郭注云:"万物莫不皆得,则天地通。道不塞其所由,则万物自得其行矣。"原文明明是"通于天地者德,行于万物者道",安得有"通于天者道、顺于地者德、行于万物者义"之说乎?所谓江南古藏本者,岂能先于郭象所见之本?盖道士之不学者,不明文义,妄为改窜,遂使上下文自相矛盾,是何可恃以为据乎!

"义兼于德",即谓"臣兼于君"。"德兼于道,道兼于天",则所谓君道也。"畜"者,养也。易"君天下"而曰"畜天下"者,承上"德"字言。老子曰:"道生之,德畜之。"是也。"无欲而天下足"三句,与老子之文颇有异同。老子曰:"圣人云:'我无为而民自化,我好静而民自正,我无事而民自富,我无欲而民自朴。'""正"与"定"一义。"富"、"朴"即"足"也。彼四句皆曰"民",而此三句曰"天下"、曰"万物"、曰"百姓",分而言之者,以上言天下、言万物,不仅言民,必如是而义始具备也。于此可见庄文虽曰洸洋自恣,而固未始不严谨有法也。

"记"者,古传记之书,《音义》云"老子所作",此出揣拟之辞,不足信。"通于一","一"者道也。"而万事毕"者,道行于万物也。"无心得","得"者德也。"而鬼神服"者,德通于天地也。以此益知古藏本之妄,而"通于天地,行于万物"之文之万无可易也。

夫子曰:"夫道,覆载万物者也,洋洋乎大哉!君子不可以不刳心焉。无为为之之谓天,无为言之之谓德,爱人利物之谓仁,不同同之之谓大,行不崖异之谓宽,有万不同之谓富。故执德之谓纪,德成之谓立,循于道之谓备,不以物挫志之谓完。君子明于此十者,则韬乎其事心之大也,沛乎其为万物逝也。若然者,藏金于山,藏珠于渊;不利货财,不近贵

富;不乐寿,不哀夭;不荣通,不丑穷;不拘一世之利以为己私分,不以王天下为己处显。显则明,万物一府,死生同状。"

此及下文两引夫子之言道以为首节之证,盖所谓重言者也。"夫子",有以为庄子者,司马彪注是;有以为老子者,《音义》所举"一云",而成玄英疏遵用之者也。案本书自内篇以至杂篇,称庄子皆曰庄子,此不应独曰夫子。若以为出自庄子弟子之口,则此篇以文论、以义论,皆当为庄子自作,未有显证能断其必出于弟子之笔,是司马氏之注不可从也。以为老子,似矣。而自内篇至杂篇,称老子皆曰老聃,或曰老子,亦未有称夫子者。其称老聃为夫子,如弟子曰:"非夫子之友邪?"见《养生主》孔子曰:"夫子德配天地。"见《田子方》皆述他人之言,而非庄子之称之,不应于此忽用"夫子"之号,是"一云"与成疏亦不可从也。

然则"夫子"孰谓?曰:本文有明征矣。后"夫子问于老聃,老聃曰'丘,予告若而所不能闻与而所不能言'"。彼"夫子"之为孔子,既见孔子之名,孰得而疑之! 今以彼证此,同在一篇之中,同一"夫子"之名,其不得为两人决也。宣颖《南华经解》独以夫子为孔子,是则有卓见。其所以疑非孔子者,盖皆以为庄子之学出于老聃,其所称述,非老氏之言莫属,故于前"记曰",明明谓古传记之书,而亦必曰老子所作。不知庄于孔门实有渊源,书中所称引,出于七十子之徒传述者不少,即不必定为颜子之嫡传,要之其尊信孔氏,则通全书观之,固班班可考也。或又疑下节言"视乎冥冥,听乎无声",与《论语》孔子之言不类,则曷不取《小戴礼记·孔子閒居》之篇而读之? 孔子告子夏以"三无五至",即有"明目视之不可得而见,倾耳听之不可得而闻"之语,与是所言有何异? 圣人岂真不言有无者哉?"圣人不言有无。言有无,诸子之陋也。"张横渠先生语,见其所著《正蒙》。此非一名之争,关乎庄子学术之本源者甚大,故不得不详辩焉。

"刳心"犹尽心。刳心焉,谓刳心于道,非谓刳其心而去之。旧注自郭象以下,皆失其解,盖浅而凿之使深,反于文义悖戾矣。"无为为

之之谓天"以下,皆本道为说。道,一也,析而言之,则有十。十者,未尝在道之外也。

"无为言之",与"无为为之"对举,"言"谓教也。老子曰:"不言之教,无为之益,天下希及之。"是则孔子与老子所主,未尝有异者。若下言"爱人利物之谓仁",案之老子"道失而后德,德失而后仁"之说,则不无径庭。而与《论语》所记"志道,据德,依仁"以及其他言仁诸章,盛称仁之为德者,如出一揆。以是推之,此为仲尼之言益可见矣。"不同同之",谓能同彼不同,如《易·同人卦》所云:"能通天下之志者,是之谓大。"非曰以不同同之,如所谓不齐之齐也。郭注:"不引彼以同我,乃成大耳。"亦误。"行不崖异",即《戴记·儒行篇》所云:"忠信之美,优游之法,慕贤而容众,毁方而瓦和,其宽裕有如此者。"是以谓之宽也。"有万不同之谓富",即《系辞传》所云"富有之谓大业"也。

"执德",谓执此德以君天下。执得其要,故曰"之谓纪"。于"执德"上加"故"字者,上六者主言体,下四者主言用。从体起用,故以是而别之也。"德成之谓立","立"如孟子"中天下而立,定四海之民"之立,非谓立一己而已也。"循"一作修,修实"循"之讹。"循道",谓率道而行也。"之谓备"者,"备"谓无应而不可也。"不以物挫志",此"挫志"字甚细。如孟子所云"大行不加,穷居不损","不以加齐之卿相而动心"之类,故曰"之谓完","完"者,完其德而无缺也。十者终之以此。盖虽德成道备,而犹有丝毫物之见存隐微之中,为所摇撼,即与无为之本体不相应,故君子为学之功未尝有一息之可懈,所以曰"不可以不刳心者"为是也。

"韬"言包,容也。作"藏"解者非。"其为万物逝","为"当读去声,犹与也。与万物逝,即《齐物论》之所谓"物化",《应帝王》之所谓"顺物自然",而上篇《在宥》之所谓"物而不物,故能物物"者也。"沛乎"言其无碍。孟子云"沛然谁能御之"是也。郭注横加"德泽"字,而曰"德泽滂沛",支矣。若合之上文,则"韬乎其事心之大",言体之立。事心义见

《人间世》。"沛乎其为万物逝",言用之行也。

"藏金于山,藏珠于渊",乃比况之辞。"藏"如《养生主》"善刀而藏"之藏,谓藏其用而不轻发也。何以知其为比况之辞?下云"不利货财",不利则有之,货财固未尝无也。若果藏金而不开,藏珠而不采,试问货财于何而生?不独是也。下又云"不拘一世之利以为己私分",此即《礼运篇》所云"货恶其弃于地,不必藏诸己"之弘义。试问为一世兴利,有藏金不开、藏珠不采者乎?郭注云:"不贵难得之货。"珠或可谓难得,若金则五金,民生之所必需,不独孔子,即依老氏之说,亦只云"使民有什伯之器而不用",未尝谓于五材之中去金也。"拘"谓揽取之。"分"读去声。"私分",犹言私有也。"王天下",即上云"君天下"。"王"者,王读去声。天下之所归往也。不以天下之所归往"为己处显",盖推尧、舜犹病之心,"尧、舜犹病",两见《论语·雍也》与《宪问篇》。常歉然若不足,岂有荣名显功之可居也。

"显则明"者,"明"即上"明于此十者"之明,谓明此十者以达之于天下也,是则其显功之所在,故曰"显则明"也。"万物一府",道无物我也。"死生同状",道无死生也。"洋洋乎大哉",必至是而始极,故卒言之。

夫子曰:"夫道,渊乎其居也,漻乎其清也。金石不得无以鸣。万物孰能定之。夫王德之人,素逝而耻通于事,立之本原而知通于神,故其德广。其心之出,有物采之。故形非道不生,生非德不明。存形穷生,立德明道,非王德者邪?荡荡乎,忽然出,勃然动,而万物从之乎!此谓王德之人。视乎冥冥,听乎无声。冥冥之中,独见晓焉;无声之中,独闻和焉。故深之又深而能物焉,神之又神而能精焉。故其与万物接也。至无而供其求,时骋而要其宿。大小长短,修远。"

"居",不动也。"渊"即上渊静之渊。"漻"同浏,清貌,《诗·溱洧》

"浏其清矣"是也。"金石不得无以鸣",言道虽清静,实为万物之主,举金石之鸣由道而得,以见其余皆然也。"万物孰能定之",承上"不得"二字言,意不得道,即万物莫能定之。下文所谓"形非道不生",虽专就人言,而万物亦莫能外也。

"金石不得无以鸣"下,今各本皆有"故金石有声,不考不鸣"九字,此乃郭子玄注误入正文者。郭注本云:"声由寂彰,故金石有声,不考不鸣,因以喻体道者物感而后应也。"后人以注散入正文各句下,传写者偶未能明,遂成此误,其迹甚显。夫既言"金石不得无以鸣",又言"金石有声,不考不鸣",已嫌重复,况加以"故"字,又如何连接得上!故断然删去,以还其本。

"王德之人",即有王天下之德之人。"素逝"之"逝",即上"为万物逝"之逝。"素"如《中庸》"素其位而行"之素。彼以素行言,此以素逝言,一也。"素逝"者,虽与万物皆逝而其素不改,即《知北游》所云:"与物化者,一不化者也。"

"耻通于事","耻"疑"胹"字之讹,《天下篇》"以胹合欢",崔、郭、王并云"和也",然则胹通于事,与《德充符》孔子告鲁哀公"使之和豫通而不失于兑""和豫通"之义正同。若如今本作耻通于事,以通事为耻,此则山谷之士、避世之人或有之,岂王德者而出于是! 不独与孔子之学不合,即在庄子亦尝深斥之矣,见《刻意篇》且郭注云:"非好通于事。"耻与非好,中间悬殊甚远。盖亦心有所疑,不得不迁就为说。以后注家率依郭注敷衍其义,而不知其不可通也。惟平江苏舆认"耻"字有误,见王先谦《庄子集解》可谓卓识,然亦未能指其误之所由。考《天下篇》"以胹"之胹各本作聏,聏与耻字形甚相近,而亦有惭义,见《集韵》则聏误作耻,信有可能,非凭空妄构也。然此误在郭前。郭本沿用已久,未敢率改,谨记其所见于此,以俟知者决焉。

"立之本原","本原"即指道。上云"素",亦与本原一义,但"素"作虚字用耳。"知通于神",则较胹通于事更进一步言之,极道其用之不

可测,接曰"故其德广",德之广由于用之神也。

"其心之出,有物采之",言心与道一,本静本清,而物则采之。"采之"犹伐之也。举此以见"立德明道"之不可缓,故此八字当合下文看,不当合上文看。"形非道不生",推其受生之本。"生非德不明",示之全生之方。"存形"谓保身,"穷生"谓尽性,身之不保,性之不尽,则物害之也。"立德"者,德立则物不能摇;"明道"者,道明则物不能惑。不摇不惑,则心以应物,非物以役心。是以"荡荡乎,忽然出,勃然动,而万物从之"也。出曰"忽然",动曰"勃然",斯其出动心不由物,明矣。如是,岂有物能采伐之者哉!圣人于应酬纷扰之中,而能养其生而不伤,率用是道也。

"视乎冥冥,听乎无声",此"存形穷生"之功。"见晓"、"闻和",则"立德明道"之效。"深之又深而能物焉,神之又神而能精焉",即《系辞传》所云"唯深也故能通天下之志,唯几也故能成天下之务,唯神也故不疾而速,不行而至"者,此皆实际理地,常人思议之所不及,非夫夫子聪明圣知达天德者,语本《中庸》其孰能发之乎!

"至无而供其求",承"深之又深而能物"言,深则无迹,虽无迹而物来斯应,应之不穷,是"至无而供其求"也。"时骋而要其宿",承"神之又神而能精"言,神则周行,"周行而不殆",本《老子》语。虽周行而同于坐驰,未离其位,是"时骋而要其宿"也。"要"如要归之要,读平声。"要其宿"者,归于所止,无放失也。

"大小长短"句,言其可大可小,可长可短,不可以形象求也。"修远"二字为句。"修",久也。犹云久矣远矣,言其不可以时日穷也。《淮南子·原道训》作"大小修短各有其具",盖因安父名长避用"长"字,改作修短,乃加四字以足其义。其意浅近,自非庄书原文。或乃欲援用《淮南子》于"修远"之下补入此四字,误矣。

黄帝游乎赤水之北,登乎昆仑之丘而南望。还归,遗其

玄珠。使知索之，而不得。使离朱索之。而不得。使吃诟索之，而不得也。乃使象罔，象罔得之。黄帝曰："异哉！象罔乃可以得之乎？"

此寓言也。托之于黄帝者，"黄"，中央之色，犹之《应帝王》言中央之帝也。"昆仑"犹混沦，混沦犹浑沌也。"赤"，离火之色。"水"，坎也。水而曰赤，则坎离合也。坎离合，是以有"昆仑之丘"焉。"玄"，水色。"珠"，水产也。水，北方之卦也，故"游乎赤水之北"而得之，"南望还归"则遗失之矣。"南望"，乡明也。以乡明而失之，故使知索之而不得，使离朱索之而不得，使吃诟索之而不得，为其愈用而愈远也。"乃使象罔"，"象罔"恍惚之貌，《淮南子·人间训》即作忽恍。斯与玄冥混沦为近，故得之也。

"黄帝曰：异哉，象罔乃可以得之乎"，言"异"者，正明其非异，所谓正言若反者也。"吃诟"，即《胠箧篇》之解垢，故《初学记》引此即作"儌诟"，谓巧辩也。详见《胠箧篇》注。"象罔"一作罔象。象罔之为罔象，犹恍忽之为忽恍，颠倒用之皆可，其名非有二也。

尧之师曰许由，许由之师曰啮缺，啮缺之师曰王倪，王倪之师曰被衣。尧问于许由曰："啮缺可以配天乎？吾借王倪以要之。"许由曰："殆哉圾乎天下！啮缺之为人也，聪明睿知，给数以敏，其性过人，而又乃以人受天。彼审乎禁过，而不知过之所由生。与之配天乎？彼且乘人而无天。方且本身而异形，方且尊知而火驰，方且为绪使，方且为物絯，方且四顾而物应，方且应众宜，方且与物化，而未始有恒。夫何足以配天乎？虽然，有族有祖，可以为众父，而不可以为众父父。治乱之率也，北面之祸也，南面之贼也。"

"许由"见《逍遥游》。"啮缺"、"王倪"见《齐物论》与《应帝王》。

"被衣"即蒲衣子。被蒲一声之转,亦见《应帝王》。曰"师"云云,并寓言,非事实。不然,许由明揭啮缺之过,而乃从而师之,非自相矛盾乎?"配天"谓为天子;然不曰为天子而曰"配天"者,承上"天德"言,意谓其称读去声是天德否也。"借王倪以要之","王倪"犹天倪也。惟借天倪可达天德,此又文外意也。

"圾"同岌,故一本作岌。殆、岌,皆危也。言殆又言危,极言啮缺之不可使为天下也。"睿知",圣知也。"知"与智同。"给",便给。便,读平声。"数"音朔,捷疾也。"敏",敏锐。"聪明睿知"言其智,"给数以敏"言其才,总之则曰"其性过人"。"过人",则其求之于人也亦必过,而人将不堪矣。"而又乃以人受天","受"犹代也。以人代天,则必有如《胠箧篇》所云"上悖日月之明,下烁山川之精,中堕四时之施"者,而物亦将不堪矣。人不堪,物亦不堪,则过失必多矣。夫以彼"聪明睿知",宁有不知者?以彼"给数以敏",又宁有不能禁者?"而不知过之所由生",正在于"聪明睿知"与"给数以敏",不变其道,而惟以禁之之为事,则灭于西而生于东,塞于前而坏于后。"聪明"、"给数"亦将有穷时,此所以云"殆哉圾乎天下"也。

然而其失不易见也,"与之配天","方且本身而异形","且",将也;"异形",变异其形,能柔能刚,能阴能阳也。"方且尊知而火驰","火驰"者,机应捷疾如火传之速也。"方且为绪使","绪",丝端,言细微也。细微无有不到,无有不受其役使者,是曰"绪使"也。"方且为物絯",《集韵》"絯,大丝也",正与上"绪"字相对。绪言其细,絯则言其大。纲纪万物而揽其全,是曰"物絯"也。"方且四顾而物应,方且应众宜,方且与物化",旧注皆就不好处说,实则自"本身而异形"以下七句,皆言其才智之优,而前一句断之曰"彼且乘人而无天",后一句结之曰"而未始有恒"。"恒"者,天道。"未始有恒",即从乘人无天来。惟其如是,以"配天"言,则其才智之优反成殆圾之祸,失之不易见者,兹乃昭然若揭矣,故曰"夫何足以配天乎?"

郭注"未始有恒"曰："此皆尽当时之宜。然今日受其德，而明日承其弊矣，故曰未始有恒。"不知庄子之所谓"恒"乃贯万事万物之常道，历万古而不改者。若夫一设施、一举措久而无弊，亦不过百年而止，以是为"恒"之诠解，则亦浅矣。然而郭氏之言却有可以为后世戒者，分别观之可也。

"有族有祖"，"族"者，一族之人，喻万事万物。"祖"者，一族之所自始，喻道。"可以为众父"，喻啮缺为臣道而有余。"而不可以为众父父"，喻啮缺为君道则不足。"众父父"，即祖也。"众父"之名本于老子。老子言："道之为物，惟恍惟惚。"下云："自今及古，其名不去，以阅众甫。吾何以知众甫之然哉？"以此众甫与众父，一也。

"治乱之率也"以下三句当连读。"率"者准率。"祸"与过通，言为北面而过，乃南面之贼。治乱之准，实在乎是也。北面之过、南面之贼，并指啮缺言。注家乃或牵引他事释之，非也。此与上节皆言"知"与"道"相背，合前"视乎冥冥，听乎无声"之文观之，当自晓然。

尧观乎华。华封人曰："嘻，圣人！请祝圣人，使圣人寿。"尧曰："辞。""使圣人富。"尧曰："辞。""使圣人多男子。"尧曰："辞。"封人曰："寿、富、多男子，人之所欲也，女独不欲，何邪？"尧曰："多男子则多惧，富则多事，寿则多辱。是三者，非所以养德也，故辞。"封人曰："始也我以女为圣人邪，今然，君子也。天生万民，必授之职，多男子而授之职，则何惧之有！富而使人分之，则何事之有！夫圣人，鹑居而鷇食，鸟行而无彰，天下有道，则与物皆昌；天下无道，则修德就闲；千岁厌世，去而上仙，乘彼白云，至于帝乡。三患莫至，身常无殃，则何辱之有！"封人去之。尧随之，曰："请问。"封人曰："退已！"

无为非厌事也，故上篇曰"贱而不可不任者物也，匿而不可不为者事也"，又曰"物者莫足为也而不可不为"。此节引华封人之言，盖在申明此义。初不为富、寿、多男子说也。

"观"即《易·观卦·大象》所云"省方观民"之观，故得见封人也。"嘻，圣人"者，讶之之辞，故后曰"始也我以女为圣人邪"，用"邪"不用"也"，依训诂言，"邪"与"也"通；以文章言，则"邪"与"也"语气固有别矣。"多男子则多惧"者，惧无以为之养也，故曰"多男子而授之职"。"职"，业也。有业则人足以自养，如是，"何惧之有！""富则多事"者，封殖经营皆事也，故曰"富而使人分之"。分之于人，则无经营封殖之劳，而享富有四海之名。如是，"何事之有！""鹑居鷇食"，取其居食之无心。"鸟形无彰"，取其行动之无迹。是皆比况之辞，非有深切之义。若必执鹑无常居，谓宜野处，鷇食仅饱，便当减膳，则岂对尧之言，喻君之道？且使圣人富之谓何？天下有野处之王者而损食之富人哉？解书如此，亦太泥矣。"皆"同偕。"与物偕昌"，即孟子之"兼善天下"。"修德就閒"，即孟子之"独善其身"。"厌"读如饜，饱也，足也。"厌世"，谓德业成就，经世愿足，于是"去而上仙，乘彼白云，至于帝乡"，正老子所云"功成名遂身退，天之道"者。"千岁"、"上仙"云云，犹是祷祝之辞，非为实语。而神仙家因之，便据以为上仙不死之证，于是漆园之吏蒙受"南华真人"之号，或竟以老仙呼之，抑何可笑之甚也！"三患"，寒暑、饥渴、疾病也。注家或以水、火、风三灾当之。水、火、风三灾之说，出于释典，中土岂有是哉？"身常无殃"，老子所谓"及吾无身，吾有何患"也。夫无身，非必身不存也。身在而忘其身，斯谓之无身已。故又曰"后其身而身先，外其身而身存"。此言"身常无殃"，盖同此义。夫"寿则多辱"者，为阴阳人事之患之逼也。若一以忘其身者应之，则阴阳调，人事顺，"何辱之有！"

由是观之，天下之事，莫不各有其当然之则。此当然之则，即所谓道也。故曰"以道泛观而万物之应备"。诚能执道以治事，即无事而不

治,又何事之可厌哉!故前解"素逝而耻通于事",断然以"耻"为"胹"之误,亦以见夫事之当为而不当拒。通《庄子》全书观之,义固如是也。"退已"者,所言已尽,不烦更说,令之退求也。

　　尧治天下,伯成子高立为诸侯。尧授舜,舜授禹,伯成子高辞为诸侯而耕。禹往见之,则耕在野。禹趋就下风,立而问焉,曰:"昔尧治天下,吾子立为诸侯。尧授舜,舜授予,而吾子辞为诸侯而耕,敢问其故何也?"子高曰:"昔尧治天下,不赏而民劝,不罚而民畏。今子赏罚,而民且不仁,德自此衰,刑自此作,后世之乱自此始矣。夫子阖行邪? 无落吾事!"俋俋乎耕而不顾。

　　此节承上兼明二义:一、讥禹德衰,乱将自此始。此本义。读者皆知之矣。二、子高辞为诸侯而耕在野,且对禹曰"无落吾事"。此隐义。不独读者,即注家亦鲜注意及之。孔子称舜无为而治,而孟子曰:"舜自耕稼陶渔以至为帝,无非取于人者。"故无为、有为,一皆视乎其位。天下有能有为而不能无为者矣,未有能无为而不能有为者也。今子高去诸侯之君道,就耕夫之末业,岂徒见穷通贵贱之等观,亦以表有为、无为之同迹,故曰"无落吾事"者。其在诸侯之位,则垂拱吾事,及耕而在野,则劳力吾事,无非事也,亦无非吾也,是真王德之人而配天之道也。

　　"立为诸侯","立",位本字,即位为诸侯也。"刑自此作","作",今各本皆作"立",《吕氏春秋·长利篇》作"作",《后汉书·冯衍传》注、《李固传》注亦并作"作"。"作"者行义,较"立"字义长。其作"立"者,盖涉上文诸立字而误,兹订正。"阖"本亦作"盖",字同。"落",败也。"俋俋"犹抑抑,言专意也。意专,故不顾。旧以为耕貌,或耕人行貌,皆非也。

泰初有无,无有无名;一之所起,有一而未形。物得以生,谓之德;未形者有分,且然无间,谓之命;留动而生物,物成生理,谓之形;形体保神,各有仪则,谓之性。性修反德,德至同于初。同乃虚,虚乃大。合喙鸣,喙鸣合。与天地为合,其合缗缗,若愚若昏,是谓玄德,同乎大顺。

"玄德"即天德也。不曰天德而曰玄德者,因上玄珠而言。玄珠示其象,此则申其理也。"泰初有无"句。"无"对"有"言。既无矣,故曰"无有"。此"无有"犹云非有。既无有矣,故曰"无名"。"无有无名",皆所以为无之诠释者也。或有读"有无无"为一句,"有无名"为一句,分作两截说者,非也。

抑此"无"非死物也,万物实得之以生。老子云"有生于无"是也。物既得之以生矣,则不复得谓之无,于是名之曰"一"。老子又曰:"天得一以清,地得一以宁,万物得一以生。"是也。

然无之与一,名固不同也。无何由而转为一? 既可转而为一,何为立无之名? 为破此疑,故曰"一之所起,有一而未形"。此九字当分两层看。"一之所起",言一起于无,无则非一也。无既非一,则一何由起? 曰:无中实有一,特未形耳,以是故能起一。此破无何由而转为一之疑也。无虽一之所起,虽实有此一。而当其在无时,一固未形也。一既未形,自不得名之为一。不得名之为一,自不害有无之名。此破无转为一何为而立无之名之疑也。

曰无曰一,皆推物之本源超于物以为之名者。若就物言,则亦曰"物得以生谓之德"而已。"物得以生谓之德",其言似甚简易易知也,然析而言之,一何从有物? 物何从有生? 有生矣,又何为有人物之异? 则非简易易知也。故于是又重溯其本源而详说之。

"未形者有分,且然无间,谓之命"者,命非他,即上之所谓无、所谓一也。无而一矣,则未形者将形,将形则有分。读平声"分"即《齐物论》

所云"其分也成也"之分。然有分而尚未分,则犹保其无间之本然,故曰"未形者有分,且然无间,谓之命"。"且然"犹云然且。"无间"谓无间断也。宋儒好言"天命流行",于"天命"下加"流行"二字,最说得好。此云"无间",正即流行意也。"谓之命",则就赋予于物而言之。非如曰无曰一、超于物外之名也。

"留动而生物,物成生理,谓之形"者,"动"即流行也。流行之中而有留滞,则无间者卒有分矣,是物之所从生也。分者不一,则成亦不一,是物之所以有万也,故曰"留动而生物,物成生理,谓之形"。此文"留"字最为要义。或以《释文》有"留或作流"之言,因谓"留"借为"流",以流动生物作解,误之甚也。

又此所谓"物成生理谓之形",尚就一切物言,未说到人上,至"形体保神,各有仪则,谓之性",乃专就人说。盖形体留滞者也,而神则非留滞者也,故以形体言,人与物未始有异;而以神言,则人与物迥然不同。是神也,即无间之命之粹然者也。以有是以为一身之主,故不独耳聪目明,手持足行,而肝仁肺义,心礼脾智,俨然备四时之气,同阴阳之和,是"各有仪则谓之性"者,乃人之所得以生之德。故性与德,有时分言,有时通言,观《骈拇篇》言"侈于德",又言"侈于性"可见也。

虽然,人之性固特出于物,而是性之神又其命之粹然者矣。然既生而为人,为万物之一,终是有分以后之体。与夫未形之前,所谓"天地与我并生,万物与我为一"之本源,不能无隔。此不必深论。观夫常人于物之生杀荣枯,漠然若无关于己,已足知其陷于躯壳之小,而失其性命之全矣。故若欲还源返本,即非实下修之之功不可。何以修?亦率其性以上达夫其德而已矣。故曰"性修反德,德至同于初"。此言"德至",与《系辞传》言"尽性以至于命"之至同。"至"者上达,中间煞有层次,非谓一蹴而便至也。

"同乃虚",同则一,虚则无也。言虚至矣,而又言"虚乃大"者,以见凡有皆小,惟无为大。无之大,即道之大。所以上文夫子称"道覆载

万物,而曰洋洋乎大哉! 君子不可以不刻心"也。老子曰:"道生一。"又曰:
"有物混成,先天地生,吾不知其名,字之曰道,强为之名曰大。"夫不知其名者,本无名
可加也。无名可加,故谓之无。合此二言观之,无即指道可知。

　　大则合于天地,故曰"与天地为合"。在"与天地为合"上复有"合
喙鸣,喙鸣合"二言者,此则插入一喻,与《齐物论》"喜怒哀乐,虑叹变
慹,姚佚启态,乐出虚,蒸成菌,日夜相代乎前,而莫知其所萌"一段文
字相类。"喜怒哀乐"十二字,本直接"日夜相代乎前",而以"乐出虚"
六字横隔其间,以见相代乎前者正与乐菌之出同为无根。此庄子之文
之奇诡处,读者注者易为之迷惑者也。此文亦然。合喙而鸣,喙鸣而
合,两"合"字与下文"与天地为合""合"字完全无涉。"合"犹同也。同
喙而鸣,鸣出于无心。喙鸣而同,同亦出于无心。于鸟之鸣见无心感
应之妙。无心者虚也,因以是为"同乃虚、虚乃大"之注脚,犹是《齐物
论》嗀音作喻之比。注家乃率牵及下文,比类而释之,支矣。

　　"缗缗",合之密也。"若愚若昏",见非知之所能至。"是谓玄德",
"玄德"者,修后之德。无而有,有而复反于无,有无并妙,所谓"玄之又
玄,众妙之门"者也,故曰"玄德"。"同乎大顺","大顺"者,无所往而不
通,《易·大有卦》所谓"大有元亨"者也。玄德大顺,亦本于老子。老
子曰:"玄德深矣、远矣,与物反矣,乃至于大顺。"彼言"至",究其终极
而言之;此言"同",溯其原始而言之,一也。此一节文字虽简而义蕴深
微,乃一书中最紧要处,故解释特详,然终惭学问浅薄,不足以发也。

　　夫子问于老聃曰:"有人治道若相放,可不可,然不然。
辩者有言曰:'离坚白若县寓。'若是,则可谓圣人乎?"老聃
曰:"是胥易技系、劳形怵心者也。执留之狗成思,猿狙之便
自山林来。丘,予告若而所不能闻,与而所不能言。凡有首
有趾、无心无耳者,众。有形者与无形无状而皆存者,尽无。
其动,止也;其死,生也;其废,起也。此又非其所以也。有治在

人。忘乎物,忘乎天,其名为忘己。忘己之人是之谓入于天。"

此寓言,托于孔、老问答以明用智与忘己之异也。知其为寓言者,当孔、老时尚未有离坚白之说,今问而引此,则非孔子之言可知也。孔子虽有"不曰坚乎? 磨而不磷。不曰白乎? 涅而不缁"之言,见《论语·阳货篇》。然与公孙龙之论绝不相涉。

"放"即《马蹄篇》"一而不党,命曰天放"之放。"放"者执滞之反也。"可不可,然不然"者,人皆可者必可,然者必然,不可者必不可,不然者必不然,而此则可而有所不可,然而有所不然,无执必之意,治道如此,近于无滞,故曰"若相放"也。旧注皆以"放"作仿,解为仿效。夫曰相效则相效耳,无取于言"若"也。以此断之,则"放"非仿效明矣。"寓",宇之籀文。见《说文解字》"离坚白若县宇"者,言坚白相离,如悬之宇间,至昭晰也。此辩者之言。引此者,以见"可不可、然不然"析理之精,与之无二。因假以为比。非更举辩者以为问也。

"胥易技系、劳形怵心",见内篇《应帝王》注。以是讥之者,为其穷虑竭志,终不出名言物象之间。以是为放,实则自缚耳。故曰"执留之狗成思,猿狙之便自山林来",此二句乃互文。"执留之狗",当如司马彪第二注,言狗之被执留者。"留"读如字,作狸作貍,皆非也。"执留"正对上"放"字说。"成思"者,思山林而不得也。"便"者便捷。"自山林来",自山林而来,被执留也。如此解本甚明晰。注家因《应帝王篇》,有"虎豹之文来田,猿狙之便执斄之狗来藉"之文,牵率为说,遂疑中有误字,失之远矣。

"告若而所不能闻与而所不能言","若"、"而"皆汝也。所不能闻所不能言,即超出乎名言物象之外者,下文所谓"无形无状"者是也。"有首有趾",自顶至踵,具夫人形者也。"无心无耳",能言而不知言,能闻而不知闻,即不及夫"可不可、然不然"者,此世俗之人,故曰"众"也。"可不可,然不然",则闻所能闻,言所能言,可谓有心有耳矣。然所闻所言,犹是有形边事。若夫"有形者与无形无状而皆存者",则"尽

211

无"矣。不曰"无"而曰"尽无",是在此之前尚有一等寡有之人,文中虽不指出,意在上文所问"治道若相放"可谓圣人之人可知也。

此文与《德充符》申徒嘉言"自状其过以不当亡者众,不状其过以不当存者寡,知不可奈何而安之若命,唯有德者能之",分作三等说,正相类似。彼一一叙说,此则但说两头,中间不说者,以中间已在所问,不待更说。注者未能细心寻究上下语脉,仅就逐句作解,宜其令读者茫然,无从下手也。

"其动,止也"至"有治在人"二十三字,当作一气读,言人之动止、死生、废起皆非其所自以而别有治之者。"有治在人"乃倒文,如云在人有治。此治人者何? 即天是也。知其有天,而以为吾依天而动可矣。存此一依天而动之心,即未免执天为己;执天为己,则依然是己而非天也,故曰"忘乎物,忘乎天,其名为忘己。忘己之人是之谓入于天"。"入于天"则真放矣。"天"字正与"放"对,不可不知。

将闾葂见季彻曰:"鲁君谓葂也曰:'请受教。'辞不获命,既已告矣,未知中否,请尝荐之。吾谓鲁君曰:'必服恭俭,拔出公忠之属,而无阿私。民孰敢不辑!'"季彻局局然笑曰:"若夫子之言,于帝王之德,犹螳螂之怒臂以当车轶,则必不胜任矣。且若是,则其自为处危。其观台多,物将往投迹者众。"将闾葂觑觑然惊曰:"葂也汒若于夫子之所言矣。虽然,愿先生之言其风也。"季彻曰:"大圣之治天下也,摇荡民心,使之成教易俗。举灭其贼心,而皆进其独志,若性之自为,而民不知其所由然。若然者,岂兄尧、舜之教民,溟涬然弟之哉? 欲同乎德,而心居矣。"

"将闾葂","将闾"姓,而"葂"名也。"将"一作蒋,疑是不知者所改。"鲁君谓葂也曰'请受教'"九字为句。"中"犹当也。"荐",陈也。

"服",行也。"公忠之属",言"属"者,见君子与君子为朋,物各有其类也。"拔出",谓选擢而登之上位。"辑",和也。

"局局然",笑声,今言笑声曰格格,即局局之音也。"轶"同辙。"犹螳螂之怒臂以当车辙",言虽竭其全力,卒无当于帝王之德,此当读去声故曰"必不胜任也"。"自为处危"句,"其观台多"句,"物将往投迹者众"句。"观台",即《周官·太宰》之"象魏",古者县象法之所。"观台多"者,喻言象法之多,如上所云"恭俭"、"公忠"之名皆是。"投迹",谓饰行以投上之所好。《天运篇》曰:"夫迹履之所出,而迹岂履哉?"然则投迹非能践其实者,皆趋名以邀利者耳。此其自为处之所以危也。旧注以"观台"作通常之台观释之,而于"投迹"迹字又率轻轻忽过,宜其误也。

"觑觑",震惊之貌。"汒"同茫。"汒若"犹茫然,谓惑而不明也。"风"即《天下篇》"道术有在于是,闻其风而说之"之风。愿夫子之"言其风",欲闻季彻之所称述也。

"摇荡"犹鼓舞也。"贼心",谓如不公不忠以及饰行趋名之心,皆贼其本性者,故曰"贼心",篇末云"趣舍滑心,使性飞扬",正谓此也。"独志",则脱出于贼心之上者。"无"与"为"对,故谓之"独"。贼心之灭,即"独志"之进。"举"与皆,一也。"若性之自为",顺性之自为也。"不知其所由然",与孟子言"民日迁善而不知为之者"意同。"兄"同况,比也。"弟",古次第字。"溟涬"即《在宥篇》之涬溟,谓一气无别也。"岂兄尧、舜之教民,溟涬然弟之"者,言不比尧、舜之教民于本无分别之中,而为之次第其高下也。此对上"拔出公忠之属"及"民孰敢不辑"而言。公忠之属与民既已不齐,曰"拔出",曰"孰敢不辑",又显有差等,故有"弟之"之言。不知人本同德,何分高下!齐而视之,则无有不公,区而别之,即偏私以起,故进曰"欲同乎德而心居矣"。"居"者,止其所而不迁也。摇荡者启其新机,居止者复其本位,圣人之作用如是而已,岂能于人之德性有所加损哉!

213

　　子贡南游于楚,反于晋,过汉阴,见一丈人方将为圃畦,凿隧而入井,抱瓮而出灌,搰搰然用力甚多,而见功寡。子贡曰:"有械于此,一日浸百畦,用力甚寡,而见功多。夫子不欲乎?"为圃者卬而视之曰:"奈何?"曰:"凿木为机,后重前轻。挈水若抽,数如泆汤,其名为槔。"为圃者忿然作色,而笑曰:"吾闻之吾师:'有机械者必有机事,有机事者必有机心。机心存于胸中,则纯白不备;纯白不备,则神生不定;神生不定者,道之所不载也。'吾非不知,羞而不为也。"子贡瞒然惭,俯而不对。

　　有间,为圃者曰:"子奚为者邪?"曰:"孔丘之徒也。"为圃者曰:"子非夫博学以拟圣,於于以盖众,独弦哀歌,以卖名声于天下者乎? 女方将忘女神气,堕女形骸,而庶几乎! 而身之不能治,而何暇治天下乎? 子往矣,无乏吾事!"子贡卑陬失色,顶顶然不自得,行三十里而后愈。

　　其弟子曰:"向之人何为者邪? 夫子何故见之变容失色,终日不自反邪?"曰:"始吾以为天下一人耳,不知复有夫人也。吾闻之夫子:'事求可,功求成。用力少见功多者,圣人之道也。'今徒不然。执道者德全,德全者形全,形全者神全,神全者,圣人之道也。托生与民并行,而不知其所之,汒乎淳备哉! 功利机巧,必忘夫人之心。若夫人者,非其志不之,非其心不为。虽以天下誉之,得其所谓,警然不顾;以天下非之,失其所谓,傥然不受。天下之非誉,无益损焉。是谓全德之人哉! 我之谓风波之民。"

　　反于鲁,以告孔子。孔子曰:"彼假修浑沌氏之术者也,识其一,不知其二;治其内,而不治其外。夫明白入素,无为

复朴,体性抱神,以游世俗之间者,女将固惊邪? 且浑沌氏之术,予与女何足以识之哉!"

此节与《论语》所记长沮桀溺、荷蓧丈人,颇相类而主旨不同。此于汉阴丈人极尽其褒美之辞,不独子贡赞之,孔子亦推之,盖意在表浑沌之德,申治身之要,故不惜屈孔子以扬其人。所谓寓言十九,贵在得意忘言,不得便作实事实论观也。自郭子玄不明此意,误解"假修""假"字,遂有假浑沌、真浑沌之说,而以子贡之迷没于丈人,比之于列子之心醉于季咸。其于推尊孔子则是矣,然而非庄子之旨也。惟宋道士罗勉道《庄子循本》解后段孔子之言所谓"明白入素,无为复朴,体性抱神,以游世俗之间者",即是指汉阴丈人。细详上下文义,罗解实过于郭。又下文云:"且浑沌氏之术,予与女何足以识之哉!"与《齐物论》长梧子之答瞿鹊子曰:"是黄帝之所听莹也,而丘也何足以知之!"虽一出孔子自言,一出长梧子之论,其文其义,正复相同,安得以"何足识之"为薄之之辞哉! 故兹依《循本》之辞,更为诠释如下。

"汉阴",汉水之阴也。水南曰阴。"圃"即《论语》老农老圃之圃,今所谓菜园也。圃下加畦字者,分圃为若干畦,中间作沟以通水,为下抱瓮出灌而发也。"隧",道也。"瓮"亦作瓷,字同,汲水器也。"搰搰"同滑滑,读如汩汩。焦氏《易林》"涌泉滑滑",即汩汩也。水自瓮中出貌,字不从水而从手者,为其抱瓮而灌,故从手以表之。周秦古书用字往往如此,是所谓转注也。旧注云"用力貌",失之。"有械于此","械",器也。"浸"亦灌也。《消摇游》云:"时雨降矣,而犹浸灌。"浸灌联用,知其义同矣。"夫子不欲乎?"夫子称丈人也。"卬"即仰字。曰仰而视之者,抱瓮以灌,身正俯也。"机",械之巧而能自动者。"挈水"谓提水而出之。"若抽",若引也。"抽",司马、崔氏二本并作"流"。流、引义亦相近。"数"音朔,疾速也。"泆"一作溢。"汤"一作荡。字并通。"数如泆汤",言其速如水之自涌溢而荡决也。旧注有解作如汤之沸溢者,《循本》亦从之,大非也。"槔",桔槔,本亦作桥,桥即桔槔之合音。《曲

礼》:"奉席如桥衡。"郑注云:"桥,井上絜皋。"絜皋即桔槔也。

"忿然作色"句。"而笑",乃笑也。先作色而后乃笑,是两层。旧连读亦非也。"吾师"特托辞。丈人不必有师,即有师亦不知何人。《释文》云:"吾师谓老子。"附会,不足信也。"机械",机巧之械。"机心",机巧之心。"纯白不备",谓心本纯白,有此染污,遂损缺之也。"神生不定",神之生不定也。或读"生"如性。庄书言神者多矣,未有以神与性连言者,殆不然也。"道之所不载",应上"道覆载万物"言,谓道所屏弃也。"羞而不为",耻其为机事机心,故不为也。孟子亦曰:"为机变之巧者,无所用耻焉。"盖机巧能利人,即能害人,而在当时,以之利人者少,用之害人者多,故圣哲之士每为危之,欲以杜人之贼心而启其愧悔,亦应时之药言也。"瞒",目睑低也。人惭则视下,故曰"瞒然惭"。旧云"惭貌",未尽也。

"拟圣",谓比于圣人。"於于","於"音乌,如《史记》"项王暗恶叱咤"之恶。"于"同盱,张目也,如《汉书》"王莽盱衡厉色"之盱。皆盛气貌。司马彪云"夸诞貌",意亦近之而未的也。"独弦哀歌",言其唱而无和,盖皆讥之之辞。"忘女神气",犹上篇鸿蒙之言"吐尔聪明"也。"堕女形骸",犹鸿蒙之言"堕尔形体"也。"而庶几乎",言乃庶几于道。此则教之之辞也。"而"字句。"身"对"天下"言。"乏",空也。空,旷也。"无乏吾事",犹云无旷吾事。"卑陬",局踏不安也。处卑处陬,皆有局踏之形。"项项",头低垂也。《说文》:"头项项,谨貌。"谨则非昂头,故知为低垂也。"不自得",不自适也。"愈"犹复也。下云"不自反","反"亦复也。

"天下一人"谓孔子。"夫人"犹此人,谓丈人也。"今徒不然","徒",但也,谓但今不然。"但今"而言"今但",犹"乃今而后"言"而后乃今",古人语法往往不必与后世同也。前篇曰"抱神以静、形将自正",先神而后形,此曰"形全者神全",乃先形而后神者,对前"神生不定"言,此固以神为主也。"托生与民并行",谓与凡民无别。"而不知其所之",谓莫测其所至,则与凡民不同也。"淳备"即纯白之备,改言

"淳"者,推其本而言之,见其本不得而染污也。"功利机巧必忘夫人之心","忘"同亡,谓是四者不存于其心也。"得其所谓"者,与其所谓相合。"失其所谓"者,与其所谓相反。"所谓",即上"其志"、"其心",犹今言所认识所主张也。"警",同傲。"警然不顾",傲而不顾也。"悗",忽也。"悗然不受",忽而不受也。"风波之民",言德不全者无定守,有如风波然也。

"假",《循本》云:"托也。'假修浑沌氏之术',言托于修浑沌之术。'识其一不知其二',专一而无二也。'治其内不治其外',得乎己自忘乎物也。是丈人者,明白而归诸素,无为而还之朴,体性抱神,以游于世俗者也,赐之学宜不及此,固将惊之矣。"案:《循本》说是也。"将固惊邪",犹云固将惊邪,"邪"者叹辞,非反语。而郭注云"岂必使汝惊哉",已失其语气。王先谦《集解》更引俞樾《平议》之言以证之,谓"固读为胡,固、胡皆从古声,故得通用"。不观其全文,而专于一字上迁就为训,有清一代训诂家,多不免此病,而至末期尤甚。以是涂塞学者耳目,道之入于乖离破碎。每一言及,未尝不为之三叹也。

谆芒将东之大壑,适遇苑风于东海之滨。苑风曰:"子将奚之?"曰:"将之大壑。"曰:"奚为焉?"曰:"夫大壑之为物也,注焉而不满,酌焉而不竭,吾将游焉。"

苑风曰:"夫子无意于横目之民乎?愿闻圣治。"谆芒曰:"圣治乎?官施而不失其宜,拔举而不失其能,毕见其情事,而行其所为,行言自为,而天下化,手挠顾指,四方之民莫不俱至,此之谓圣治。"

"愿闻德人。"曰:"德人者,居无思,行无虑,不藏是非美恶;四海之内,共利之之谓悦,共给之之为安;怊乎若婴儿之失其母也,傥乎若行而失其道也;财用有余而不知其所自来,

饮食取足而不知其所自从，此谓德人之容。"

"愿闻神人。"曰："上神乘光，与形灭亡，此谓昭旷。致命尽情，天地乐而万事销亡，万物复情，此之谓混冥。"

此之"谆芒"、"苑风"，犹上篇之鸿蒙、云将，假立姓名，以文为戏，所谓卮言日出者也。"谆芒"者，云气。李云："望之谆谆，察之芒芒，故曰谆芒。"是也。"芒"一作汇，并与茫同。"大壑"，谓海也。"苑"有长养义。"苑风"，长养之风，谓东风也。"注焉而不满"二语，见《齐物论》。彼云"此之谓天府"，然则大壑犹天府之比矣。

"横目之民"，谓人。"横"同衡。衡目，两目平生也。"圣治"，"德人"，"神人"，虽分三问而意实贯通，不独意相贯通，亦即理无二致。于"圣治"，曰"天下化"，曰"四方之民莫不俱至"。于"德人"，曰"四海之内共利之之谓悦，共给之之为安"。于"神人"，曰"万事销亡，万物复情"。其言始终不离天下万物，此与《中庸》言"能尽其性则能尽人之性，能尽人之性则能尽物之性，能尽物之性则可以赞天地之化育"者，宁有异乎？特《中庸》混言之，此则分言之耳。故在说"圣治"中，最要一语曰"毕见其情事"。在说"德人"中，最要一语曰"不藏是非美恶"。在说"神人"中，最要一语曰"致命尽情"。"尽情"即毕见情事之充类至尽，而"致命"则不藏是非美恶之盛德极功也。自来解《庄子》者，专在无为、自化上著眼，而不知无为之中正有无限工夫在，故于是不得不一阐发之。

"手挠"犹手麾也。"顾指"犹目指也。手麾目指，四方之民莫不俱至，如帝舜之"从欲以治，四方风动"。见《古文尚书·大禹谟》从欲者，非从其欲，乃从四方之欲也，是故"毕见其情事而行其所为"，亦见天下之情事而行天下之所为，如是，天下安有不化！四方之民安有不至者哉！

然欲见天下之情事，行天下之所为，必自虚己、无己始、故于"德人"曰："居无思，行无虑，不藏是非美恶。"无思无虑，乃无分别见之谓，

非不用心之谓也。此与"不藏是非美恶"正是一连贯事,不得作两截看。"四海之内共利之之谓悦,共给之之为安",谓为一义。"给",足也。共利、共给,是乃见天下情事、行天下所为之本心,故以是为悦、为安也。"怊乎"以下,则是摹写"德人"之容之言。"怊"与惆一声之转。"怊乎"犹怅然也。"傥乎"已见上。若婴儿失母、行而失道,皆言其栖栖皇皇,忧天下之甚,与《史记·孔子世家》郑人对子贡言"孔子累累若丧家之狗"意全相同。盖既以四海共利为悦、共给为安,其有不得,自不免于忧苦彷徨也。"财用有余",与"饮食取足"对文。"取足"犹言粗足、才足。"从"上各本无"自"字,惟焦竑《庄子翼》有之。"自来"与"自从"亦对文,于义当有,故从焦氏本补入。此言有余才足皆不问其所从来。盖志在四海,自不以一己之贫富享用为意也。

"上神乘光","光"即《庚桑楚篇》所云"生者德之光也"之光。"乘光"犹言乘神,《养生主》所谓官止而神行者也。不言神而言光者,于文不得曰"上神乘神"也。"与形灭亡"者,"形"谓物形。物过而神敛,是光与形俱灭也。《应帝王》曰"圣人之用心若镜,不将不迎,应而不藏,故能胜物而不伤","与形灭亡"即"应而不藏"之意,实则神无灭无亡也。"昭旷"旧作照旷。姚鼐《庄子章义》云:"晋人讳昭,皆书作照。"是也。"昭"者明也。"旷"者空也。明而空,空而明。光如是,神亦如是,故曰"此谓昭旷"。"昭旷"与下"混冥"一例,皆叠用状辞,作昭为合,故改正。"天地乐"者,即下《天道篇》所云"与天和者谓之天乐",言其与天地和也。"万物销亡",言无事也。"万物复情",言万物各还其本,各得其所也。"混冥"即"大同乎涬冥"之谓。"混"言同也,同则冥矣,故曰"混冥"。

门无鬼与赤张满稽观于武王之师。赤张满稽曰:"不及有虞氏乎!故离此患也。"门无鬼曰:"天下均治,而有虞氏治之邪?其乱而后治之与?"赤张满稽曰:"天下均治之为愿,而

何计以有虞氏为！有虞氏之药疡也，秃而施髢，病而求医。孝子操药以修慈父，其色燋然，圣人羞之。至德之世，不尚贤，不使能；上如标枝，民如野鹿；端正而不知以为义，相爱而不知以为仁，实而不知以为忠，当而不知以为信，蠢动而相使不以为赐。是故行而无迹，事而无传。”

此承上均利、均给以至混冥之文，而假赤张满稽之言，以益畅其义也。“不及有虞氏”，言其生也后，不逮虞舜之盛也。“离”同罹，遭也。“此患”，即指武王征伐之师。征伐必有杀伤，故曰“患”也。“天下均治”至“乱而后治之与”，为无鬼问辞。“与”读如欤。

郭注云：“言二圣俱以乱故治之，则揖让之与用师，直是时异耳，未有胜负于其间也。”此大失庄意。若然，则“不及有虞氏”之叹，岂妄发者邪？盖满稽前言乃即事论事之辞，后则所谓理想之语，故曰“天下均治之为愿”。观一“愿”字，其意可知。宣颖《南华经解》谓满稽因无鬼之言而乃悟，亦非也。

“何计以有虞氏为！”言未尝计虞氏而以为至也。“药疡”，“药”为动字，言下药治病也，与疗同。“疡”，身创也。有疡而后用药，是乱而后待治也，故又设喻以明之，曰“秃而施髢，病而求医”。“髢”，髪也，字同鬄，以其剔罪人之发以为之，故曰鬄，以其用之被于发上，故曰髢。《诗·鄘风·君子偕老》之篇曰：“鬒发如云，不屑髢也。”是发美者不用髢，故此云“秃则施髢”。“秃”，发稀少也。“病而求医”，犹之秃而施髢，是求医非得已也，故“孝子操药以修慈父，其色燋然”。“修”借作羞，进也。“燋然”，憔悴貌。忧父之疾致然，如此可谓孝矣。然而圣人羞之者，为其不能养亲使不病也。“羞之”，耻之也。此喻均治则不待治，以起下文。

“不尚贤”，人均贤也，何贤之足尚？“不使能”，人皆能也，何能之当使！“上如标枝”，“标”，末也。标枝在木，未见其尊。“民如野鹿”，

鹿在于野,亦未见其不自足也。义而不知以为义,仁而不知以为仁,忠而不知以为忠,信而不知以为信,蹈其实而忘其名也,相使不以为赐,同乎物而忘乎己也。先言"蠢动"者,谓如豸虫之动,信天而行,《庚桑楚篇》所谓"惟虫能虫,惟虫能天"也。"行而无迹",即上之所谓"昭旷"。"事而无传",即上之所谓"混冥"。"无传"者,无可传述于后,盖无得而称之意,非如郭注所云"各止其分,故不传教于彼"也。

孝子不谀其亲,忠臣不谄其君,臣子之盛也。亲之所言而然,所行而善,则世俗谓之不肖子;君之所言而然,所行而善,则世俗谓之不肖臣。而未知此其必然邪? 世俗之所谓然而然之,所谓善而善之,则不谓之道谀之人也。然则俗故严于亲而尊于君邪?

谓己道人,则勃然作色;谓己谀人,则怫然作色。而终身道人也,终身谀人也。合譬饰辞聚众也,是终始本末不相坐。垂衣裳,设采色,动容貌,以媚一世,而不自谓道谀;与夫人之为徒通是非,而不自谓众人,愚之至也。

知其愚者,非大愚也;知其惑者,非大惑也。大惑者,终身不解;大愚者,终身不灵。三人行而一人惑,所适者犹可致也,惑者少也;二人惑,则劳而不至,惑者胜也。而今也以天下惑,予虽有祈向,不可得也,不亦悲乎!

大声不入于里耳,《折杨》、《皇荂》,则嗑然而笑。是故高言不止于众人之心,至言不出,俗言胜也。以二缶钟惑,而所适不得矣。而今也以天下惑,予虽有祈向,其庸可得邪? 知其不可得也而强之,又一惑也,故莫若释之而不推。不推,谁其比忧!

此伤世俗之说胜而道德之论不见听也,故于篇之将终而痛切言之。举孝子忠臣之不谀不谄以发端者,见严莫严于亲而尊莫尊于君。然而犹有诤臣谏子,而世俗亦知不诤不谏之为不肖也。乃于世俗之议则不然,群起而和之,莫敢相非,而未尝谓之道谀之人,此真天下之惑也。故一则曰"未知此其必然邪?"言责子之于父、臣之于君则然,至其于世俗则不知责之矣。再则曰"俗故严于亲而尊于君邪?"言其视世俗反尊严过于君亲,其非人情也亦甚矣。"道谀"即谄谀。"道"、谄一声之转。"故"与固同。

"勃然"、"怫然",皆怒貌。"作色",动色也。"合譬",《礼》之所谓"雷同"。"饰辞",《礼》之所谓"剿说"。"毋剿说,毋雷同",并见《小戴礼记·曲礼》。"终始本末不相坐","坐"犹因也。谓既有"道人"、"谀人"之实,而不愿受"道人"、"谀人"之名,是终不因始,末不因本,有是理乎?"采色",与《人间世》言"采色不定"之采色同。"设采色",犹云正颜色。"以媚一世",即孟子所云:"同乎流俗,合乎污世,阉然媚于世者。"自孔子恶乡原,而孟子发挥之,庄子此论亦岂有异于孔孟哉!"与夫人之为徒通是非而不自谓众人"十五字连作一气读。"徒通是非",言其仅知是之非之,是非与众人同而不自谓众人,道谀"以媚一世,而不自谓道谀",此二者正属一类,故以之为比而同曰"愚之至也"。愚生于惑,下因言惑。

"终身不灵",终身不悟也。"犹可致",犹可使之至也。"劳而不至",不得其路,故徒劳也。"祈",报也,告也。"向"者方向。"祈向",谓以方向告示人也。"里"同俚。"里耳",谓俚俗之耳。"大声"犹正声,谓雅乐也。"荂"同华,故本一作华。古皇、黄通用。"皇荂"疑即黄华矣。《皇荂》、《折杨》,皆当时俗曲之名。"嗑然",各本作"嗑然",惟《释文》云"本又作嗑"。"嗑",音同哑。《易·震卦》"笑言哑哑",徐锴《说文系传》引作"笑言呃呃",则"嗑然"即《易》之"哑哑呃呃"。"嗑"当是"嗑"之讹字,故兹改从嗑。"高言",谓异乎世俗之言。"至言",则以

上各节所论是也。"不出",谓为俗言所蔽不能显出,非不出诸口也。"缶"、"钟"皆乐器。此承上"大声不入于里耳"二句言,钟为雅音,缶则俗乐。李斯《谏逐客书》所云"击瓮叩缶而歌呼乌乌,真秦之声"者也。缶二而钟一,缶足以乱钟,故曰"以二缶钟惑"。《楚辞·卜居》云:"黄钟毁弃,瓦釜雷鸣。"意正略似。《释文》谓"缶钟"应作"垂踵",固非。近人或引《小尔雅》以缶钟为量器,亦不然也。"强之",谓强其必听。强则非因物之道,故曰"又一惑也"。"释之而不推",置之更不推寻也。

"谁其比忧",比如孟子"愿比死者一洒之"之比,见《梁惠王篇》犹言谁其为忧,此似自解之辞,而实则忧世之切,不得已发为慨叹。此老苦心,正当于言外求之也。此一节郭注全误,至谓服物在于从俗,是岂庄旨!明眼人自能辨之,更不待驳。

厉之人夜半生其子,遽取火而视之,汲汲然唯恐其似己也。百年之木,破为牺樽,青黄而文之,其断在沟中。比牺樽于沟中之断,则美恶有间矣,其于失性一也。跖与曾、史,行义有间矣,然其失性,均也。且夫失性有五:一曰五色乱目,使目不明;二曰五声乱耳,使耳不聪;三曰五臭薰鼻,困惾中颡;四曰五味浊口,使口厉爽;五曰趣舍滑心,使性飞扬。此五者,皆生之害也。而杨、墨乃始离跂自以为得,非吾所谓得也。夫得者困可以为得乎?则鸠鸮之在于笼也,亦可以为得矣。且夫趣舍声色,以柴其内,皮弁鹬冠,搢笏绅修,以约其外,内支盈于柴栅,外重缴缴,睆睆然在缴缴之中,而自以为得,则是罪人交臂历指,而虎豹在于囊槛,亦可以为得矣。

"厉之人",有癞疾之人也。"遽",骤也。"汲汲然",急也。"唯恐其似己",恐其亦有是疾也。此三句各本皆连上节释之,不知厉犹骈拇、枝指,皆失性而然,故以此为下文发端,言己失其性,更不欲其子亦

尔,而世人乃反以失性为得,是不如厉之人犹为能自知也,意亦与上"知其愚者非大愚,知其惑者非大惑",遥遥相应。然后知虽上下各自为节,而文仍脉络相通,前所谓天德、圣治,亦但使人无失其性而已。是《庄子》一书之统宗会元也。

"破"犹剖也。"牺樽",樽之刻为牺牛之形,读如字,今博物馆中犹得见之。"青黄而文之",加以青黄之文采也。"断"者,断余之木。牺樽于祭器中为最贵,又最华美,故曰"比牺樽于沟中之断,则美恶有间矣"。"失性",失其木之本性也。"跖与曾、史",已见上《骈拇》等篇。"行"读去声。外之所为曰行,心之所持曰义,合内外而言之,故曰"行义"。"均"犹一也。此以下皆言人之"失性",虽列五名,而惟重在"趣舍滑心"。何以见之?下言杨、墨,墨子节用、非乐,其于声色臭味皆所屏斥,是前之四者不足难彼,故知意在第五也。

"五色",青、赤、黄、白、黑。"五声",角、徵、宫、商、羽。"五臭",膻、焦、香、腥、朽。"五味",酸、苦、甘、辛、咸。并见《礼记·月令》"困",困苦。"愤"者,臭上冲逆也。"中"读去声。"中颡",由鼻以中于颡也。旧解"困愤"为刻塞不通,非是。既不通矣,安能上及于颡乎?"浊"谓使口不清。"厉",病。"爽",失。失其辨味之能也。"滑"音骨,亦乱义。"趣舍",或取或舍也。"飞扬",不守其舍也。"离跂",阔步,已见《在宥篇》。

"困可以为得乎","困"谓困于"趣舍声色",正消摇、天放之反,故不可以为得。《养生主》曰:"泽雉十步一啄,百步一饮,不蕲畜乎樊中,神虽王,不善也。"故此以鸠鸮在笼为比。"鸠"即《消摇游》学鸠之鸠。"鸮"即《齐物论》"见弹而求鸮炙"之鸮。鸮亦鸠类。见前《齐物论》注是以鸠鸮连言也。"趣舍声色",先趣舍而后声色,即此亦可知趣舍为重矣。"以柴其内",用"柴"字,与言蓬心、蒿目一例,皆以实字作活字用。陆西星《南华副墨》谓"柴"有三义:一者蕴崇,二者错乱,三者梗碍。分析可谓至密。实则"柴内"即上"滑心"之变文,亦言其乱而不安而已。

"皮弁",武冠,以皮为之,清时之瓜皮帽即弁形也。"鹬冠",以鹬羽饰冠。"皮弁鹬冠"非常服,而此云云者,疑墨者之徒服之。墨之后流而为任侠,宜其以武冠为尚也。"笏",手版。"搢",插于带间也。"绅",大带。"修",长也。"约",约束之不得自肆也。"栅"音策,柴之编为篱樀者。"支",支撑。"盈",充满也。"缰"即《骈拇篇》"缰索"之缰。"缴"音皎,谓缴绕也。"缰缴",即上"约"字之张大。"重"读平声,谓加也。"睆",张目也。旧解"睆睆"为穷视貌,正谓遭穷阨而张大其目以视,非云穷其视力也。"交臂",谓缚其手。"历"与枥同。"枥指",谓以木枥其十指也。"槛",圈也,所以捕虎豹者,以其可进而不可出,如囊然,故曰"囊槛"。或以"囊槛"作二物解,非也。

天道第十三

《在宥篇》末节云："何谓道？有天道，有人道。无为而尊者，天道也。有为而累者，人道也。主者，天道也。臣者，人道也。"此篇盖即其义而敷畅之。吾前言庄子不薄有为，观于《天道篇》，当益信。

天道运而无所积，故万物成；帝道运而无所积，故天下归；圣道运而无所积，故海内服。明于天，通于圣，六通四辟于帝王之德者，其自为也，昧然无不静者矣。圣人之静也，非曰静也；善，故静也；万物无足以铙心者，故静也。水静则明烛须眉，平中准，大匠取法焉。水静犹明，而况精神！圣人之心静乎！天地之鉴也，万物之镜也。

夫虚静恬淡、寂寞无为者，天地之平，而道德之至，故帝王圣人休焉。休则虚，虚则实，实者备矣。虚则静，静则动，动则得矣。静则无为，无为也则任事者责矣。无为则俞俞，俞俞者忧患不能处，年寿长矣。

夫虚静恬淡、寂漠无为者，万物之本也。明此以南乡，尧

之为君也;明此以北面,舜之为臣也。以此处上,帝王天子之德也;以此处下,玄圣素王之道也。以此退居而闲游,江海山林之士服;以此进为而抚世,则功大名显,而天下一也。静而圣,动而王,无为也而尊,朴素而天下莫能与之争美。夫明白于天地之德者,此之谓大本大宗,与天和者也;所以均调天下,与人和者也。与人和者,谓之人乐;与天和者,谓之天乐。

庄子曰:"吾师乎!吾师乎!䪠万物,而不为戾;泽及万世,而不为仁;长于上古,而不为寿;覆载天地,刻雕众形,而不为巧;此之谓天乐。故曰:'知天乐者,其生也天行,其死也物化。静而与阴同德,动而与阳同波。'故知天乐者,无天怨,无人非,无物累,无鬼责。故曰:'其动也天,其静也地,一心定,而王天下;其鬼不祟,其魂不疲,一心定,而万物服。'言以虚静推于天地,通于万物,此之谓天乐。天乐者,圣人之心以畜天下也。"

言帝道、圣道而先以天道者,帝道、圣道皆本乎天也。帝道与圣道分言者,帝固应圣,而圣则不必帝。下文有处上、处下、退居、进为之分,盖谓是也。"运"者,运行。"无所积",无所滞也。"积"、滞一义,今医家于病人运化不良犹谓之积滞,可见也。上篇云"留动而生物",而此云"运而无所积,故万物成",或疑其言为矛盾,不知自物言之,其生也,自是于天命流行之中有所留滞。不然,则物不成。而自天道言之,则终始一运行不息之机,更无停滞。若有停滞,生生之机亦息,何以成物!譬之沤与海水,海自运行,沤自留滞,岂相妨哉!

"辟"同阛。"六通四阛",谓于帝王之德,无之而不通也。"昧然","昧"对"明"言。"无不静","静"对"运"言。盖用明者昧,制动者静。故"昧然无不静"上加"其自为也"四字,亦足见昧与静在己,而明动用之于物,非是一味偏主于静也。

"非曰静也"句。"善故静也"句。此与"万物无足以铙心者故静也"一样句法，两"故"字正相对成文。郭象读"非曰静也善故静也"八字作一句。注云："善之乃静，则有时而动也。"迂曲为说，殊非庄旨。"非曰静也"者，谓圣人之静非若平常之所谓静也云尔。"善"即《应帝王》所云"善者机"之善，亦即《易·乾卦·文言》"元者善之长也"之善，盖根上"运而无所积"说。惟有是生生活泼之机故静，不然，静真成槁木死灰矣。此义甚是紧要，而解者从来失之，可叹也。"铙"借作挠，搅乱也。万物无足以挠心者故静，明静非绝物也。内保生生之机，而外不绝物，于是静乃有体有用。吾故曰非是一味偏主于静。通前后文观之，当知非妄说也。

"烛"犹照也。"中"读去声。"平中准，大匠取法焉"，即《德充符》所云"平者水停之盛，其可以为法"者也。"圣人之心静乎"句。"鉴"、"镜"字同。大可以鉴天地，细可以镜万物，两言之，言人知圣人之心之静，而不知其功用乃如此，故以"乎"字喝起下文。庄子之文无一字虚下也。

"恬淡"，《刻意篇》作恬惔，"淡"本澹字之省便，以其言心，故亦转而从心，六书所谓转注者是也。一"静"字也而化为"虚静恬淡、寂寞无为"八字者，于其中而分析之，本末始终如是，乃可以尽其蕴也。此观于下文而可知。"休"者止也。"虚则实"者，如镜本无物，而万象毕涵，非"虚则实"乎？"备"各本作伦，陈碧虚《阙误》引江南古藏本作"备"，"备"与下"得"、"责"字协韵，而与"实"字意亦相承，"伦"、"备"形近易讹，"伦"自是"备"字之误，故兹订作"备"。"实者备"，犹实则备。古"者"、则字可通用。实则备，即《天地篇》所云"以道泛观而万物之应备"者也。"静则动"者，如车轴不动，而轮恃以行，非静则动乎？"动则得"，即《天地篇》所云"忽然出，勃然动，而万物从之"者也。"任事者责"，谓任事者各责其成，即《天地篇》所云"天生万民，必授之职"，与夫"官施而不失其宜"者也。"俞"同愉。愉愉即所谓恬淡也。《管子·心

术篇》曰："恬愉无为，去智与故。"彼以恬愉连文，则知愉与恬义一矣。"忧患不能处"，谓忧患不能入居其心。《刻意篇》云："忧患不能入。"或曰入，或曰居，意相通也。

"南乡"犹南面。"乡"同向，故本亦作向。"玄圣"，玄默之圣。"素王"，素白之王。《孔子家语》齐太史子舆见孔子，退而曰："天将欲素王之乎！"盖有王者之德，而无王者之位，是之谓素王，犹今云无冕帝王也。"抚世"犹云安世。《说文》："抚，安也。""无为也而尊"，即《在宥篇》所云："无为而尊者，天道也。""朴素"指道言，老子曰"道常无名"是也。"天下莫能与之争美"，言天下之美无有过于道者。"此之谓大本大宗，与天和者也"，说道德之体。"所以均调天下，与人和者也"，说道德之用。"人乐"者，乐以天下。"天乐"者，乐天知命也，是所谓"俞俞者忧患不能处"也。

"吾师"以下六句，《大宗师篇》有之，以为许由之言，而此作"庄子曰"者，彼许由本托名，许由之言实即庄子之言也。"戾"，暴也。彼作"义"。举相对者言，则曰仁义；举相反者言，则曰仁暴。彼末云"此所游已"，而此曰"此之谓天乐"。惟游故乐，亦惟乐天而后能游，意亦未始不相通也。"生也天行"，与天偕行。"死也物化"，与物偕化。"静"、"阴"以体言，故曰"同德"。"动"、"阳"以用言，故曰"同波"。"波"者，播也，播散之于万物也。"无天怨"，不怨天。"无人非"，不尤人。"无物累"，不累于物。"无鬼责"，不责报于鬼神。惟不责报于鬼神，故"其鬼不祟"。"祟"，祸也。老子曰："以道莅天下，其鬼不神。非其鬼不神，其神不伤人。"正同此义。惟不累于物，故"其魂不疲"。"推于天地"，应上"天地之鉴"言。"通于万物"，应上"万物之镜"言。前但言静，而此言虚静者，虚者静之本，所谓虚则静者也。"圣人之心以畜天下"者，天下之大在圣人一心涵育之中，体用不分内外也。

夫帝王之德，以天地为宗，以道德为主，以无为为常。无

为也,则用天下而有余;有为也,则为天下用而不足。故古之人贵夫无为也。上无为也,下亦无为也,是下与上同德。下与上同德,则不臣。下有为也,上亦有为也,是上与下同道。上与下同道,则不主。上必无为而用天下,下必有为为天下用,此不易之道也。

故古之王天下者,知虽落天地,不自虑也;辩虽雕万物,不自说也;能虽穷海内,不自为也。天不产而万物化,地不长而万物育,帝王无为而天下功。故曰:"莫神于天,莫富于地,莫大于帝王。"故曰:"帝王之德配天地。"此乘天地,驰万物,而用人群之道也。本在于上,末在于下;要在于主,详在于臣。三军五兵之运,德之末也;赏罚利害,五刑之辟,教之末也;礼法数度,形名比详,治之末也;钟鼓之音,羽旄之容,乐之末也;哭泣衰絰,隆杀之服,哀之末也。此五末者,须精神之运、心术之动,然后从之者也。末学者,古人有之,而非所以先也。君先而臣从,父先而子从,兄先而弟从,长先而少从,男先而女从,夫先而妇从。夫尊卑先后,天地之行也,故圣人取象焉。

天尊地卑,神明之位也;春夏先,秋冬后,四时之序也;万物化作,萌区有状,盛衰之杀,变化之流也。夫天地至神,而有尊卑先后之序,而况人道乎!宗庙尚亲,朝廷尚尊,乡党尚齿,行事尚贤,大道之序也。语道而非其序者,非其道也。语道而非其道者,安取道!

是故古之明大道者,先明天,而道德次之;道德已明,而仁义次之;仁义已明,而分守次之;分守已明,而形名次之;形名已明,而因任次之;因任已明,而原省次之;原省已明,而是

非次之；是非已明，而赏罚次之；赏罚已明，而愚知处宜，贵贱履位，仁贤不肖袭情，必分其能，必由其名。以此事上，以此畜下；以此治物，以此修身；知谋不用，必归其天。此之谓太平，治之至也。

故书曰："有形有名。"形名者，古人有之，而非所以先也。古之语大道者，五变而形名可举，九变而赏罚可言也。骤而语形名，不知其本也；骤而语赏罚，不知其始也。倒道而言，迕道而说者，人之所治也。安能治人！骤而语形名赏罚，此有知治之具，非知治之道；可用于天下，不足以用天下，此之谓辩士，一曲之人也。礼法数度，形名比详，古人有之。此下之所以事上，非上之所以畜下也。

前者帝道、圣道并言，此下则专言帝王之德者。圣功之用本在于王道，观内七篇终于《应帝王》亦可知也。"用天下而有余"，无为之至，上与天地精神往来，非徒治一世而已，故曰"有余"。"为天下用而不足"，有为之弊，越尊俎而代庖，非败坏其事不止，故曰"不足"。"不臣"者，失臣之德。"不主"者，失主之道也。"不易之道"，谓世有变迁，而此道则不可改易也。

"落"同络。"络天地"，包天地也。"雕"借作周。周万物，遍万物也。"穷"，极也。极海内，犹冠海内也。然而"不自虑"，"不自说"，"不自为"者，知用一己终不如用天下也。"万物化"，"化"谓化生。"天下功"，"功"谓成功。《荀子·富国篇》亦曰"百姓之力待之而后功"，是功自可作成功用。或据郭注功自彼成，谓"功"下当有"成"字，非也。"驰万物"，"驰"字根上"乘天地"说，盖驱使之义。曰乘曰驰曰用，皆言其槃操自我也，是之谓本，是之谓要。本以御末，故曰："本在上，末在下。"要以挈详，故曰："要在主，详在臣。""要"者纲要，"详"者细目也。

"三军"，周制大国三军，军万有二千五百人。"五兵"，戈、殳、矛、

楯与弓矢也。"运",运用。"德之末"者,德不能化而后用兵,故曰"德之末"。赏使民见其利,罚使民知其害,故曰"赏罚利害,五刑之辟"。"辟",致法也。古以墨、劓、剕、宫、大辟为五刑,前四者所谓肉刑,大辟则死刑也。"教之末"者,教所不行而后致法,故曰"教之末"。

"数度"各本作度数,而后"礼法数度,形名比详,古人有之",则作"数度"。考《天下篇》曰:"其明而在数度者,旧法世传之。"亦作"数度"。又曰:"明于本数,系于末度。"是"数"在"度"前甚明,故兹订作"数度"。盖礼别为法,"法出于礼",见《管子·枢言篇》。法别为数,数别为度,此其次也。"数"者差等。《天下篇》云:"其数一二三四,百官以次相齿。"是也。"度"者制度。《易·节卦象传》曰:"节以制度。"节者,节约之使各不侵越也。后文于"形名"之前,言"分守",即"分"与"数"相当,"守"与"度"相当,此又其别也。

"形名"详后。"比详"者,比校而推详之。后文于"形名"之下言"因任原省",是皆比详之类也。曰"治之末"者,此皆治之具,而非治之道,故为"末"也。"羽旄",舞者所执。舞有进退俯仰之容,故曰"羽旄之容"。《乐记》曰:"乐者非谓黄钟大吕、弦歌干扬也,乐之末节也。"与此说同。彼言干扬,扬,斧也。武舞所执。此言"羽旄",则谓文舞也。"衰"同缞,丧服也。"绖"有首绖、腰绖之分。腰绖,象带。首绖,象冠而缺顶,与缞同,皆制以麻。"隆杀之服","隆"谓加隆。《荀子·礼论》云:"至亲,以期断,何以三年也?曰:加隆焉尔也。""杀"谓降杀,视亲疏之等而服丧,至今乡里犹有"五服之亲"之语,即谓是也。五服者,斩衰、齐衰、大功、小功、缌麻,其详在《仪礼·丧服传》。"衰"者,丧礼主哀也。"末学"即指前"德之末"以下五者之学,而以治之末为主。故后于"礼法数度,形名比详"更详论之。"圣人取象",取尊卑先后之序,以为治本也。

"神明之位","神"属天言,"明"属地言。《天下篇》曰:"神何由降?明何由出?"神言"降",属天可知。明言"出",属地可知。故"神明"者,天神而地明。"明"之为言盛也。上云"莫神于天,莫富于地"。"明"、

"富"皆盛义也。"化作"犹言化生。"萌区","区"同句,读钩,句、区一声之转。《月令》"季春之月,句者尽出,萌者毕达。"注云:"句,屈生者。"是也。"有状",言形状各不同。"盛衰之杀",谓由盛而衰,其降以渐。"变化之流",总上三句言。"流"犹行也。宗庙所以合族,故"尚亲"。朝廷所以序爵,故"尚尊"。乡党所以事老,故"尚齿"。"行事",不言地而言事者,无往而非事,即无往而非尚贤。前三句为宾,此则主也。孟子亦曰:"天下有达尊三:爵一,齿一,德一。朝廷莫如爵,乡党莫如齿,辅世长民莫如德。"德即贤也。孟子不言亲者,亲亲尊尊,名义各殊,以达尊言,故不及亲也。"语道而非其序",则乱,故曰"非其道"。"语道而非其道",则妄,故曰"安取道"。"安取道"者,非道不可取。道而妄,则不可用也。

"先明天而道德次之"者,道德本乎天也。"道德已明而仁义次之"者,仁义出乎道德也。"仁义已明而分守次之"者,有仁义而后有礼法,分守生于礼也。"分守已明而形名次之"者,如有道德仁义、礼法分守种种之形,斯有道德仁义、礼法分守种种之名。言"形名",犹言名实也,故公孙龙有《名实论》,而尹文著书,则称形名。其在当时,或曰形名,或曰名实,一而已矣。形名既彰,各有责成,因而任之,不为牵制,是曰"因任"。上云"无为也,则任事者责矣",任事者责,即所谓因任。循名考实,月比岁校,原情省功,无所假借,是曰"原省"。原省皆察也。名实当者是,名实违者非,是为是非。是于是有赏,非于是有罚,是为"赏罚"。"处宜",处得其宜。"履位",履当其位。"袭",合也。"情",实也。"袭情",谓合于其实也。"必分其能",人各有能,不能兼也。"必由其名",能各有名,不容混也。"知同智谋不用",无相虞诈也。"必归其天",返于淳朴也。"此之谓太平"者,必如是而后谓之太平也。

"书",时所传之书。"有形有名",书之言也。九者之中独断自形名而言之者,形名之说为名法家所乐道。针对名法之弊,故于此尤致意焉。"古人有之",亦因名法家言而始为是说,言古人未尝不知此事,

非谓古人已有此名也。故有以"书曰"。上"故"字连下"书"字,释为"古书曰"者,不敢苟同也。"五变而形名可举,九变而赏罚可言",名法之弊,至专以赏罚驱使天下,故于形名之后又更提赏罚也。司马迁《史记·老庄申韩列传赞》曰:"申子卑卑,施之于名实。<small>申不害也。</small>韩子引绳墨,切事情,明是非,其极惨礉少恩。<small>韩非也。</small>"虽其论申子为庄书所不道,而韩非更在庄子之后,然以施于名实为卑,明是非之极则惨礉少恩,实有合于庄子此章之意。盖迁之父谈尝习道论于黄子,迁承其父之学,固宜其能见及此也。今录迁说,自非注书之体,然以是见庄之意在贬斥名法,亦未为无助也。"骤"犹遽也。"连",逆也。"人之所治",谓只可受人之治。"治"读平声,下"治人"之治亦同。"辩士"指名家言。"一曲"犹一端一隅,谓不能见其全也。余文义可明,更不作释。

昔者舜问于尧曰:"天王之用心何如?"尧曰:"吾不敖无告,不废穷民,苦死者,嘉孺子,而哀妇人。此吾所以用心也。"舜曰:"美则美矣,而未大也。"尧曰:"然则何如?"舜曰:"天德而出宁,日月照而四时行,若昼夜之有经,云行而雨施矣。"尧曰:"胶胶扰扰乎! 子,天之合也;我,人之合也。"夫天地者,古之所大也,而黄帝、尧、舜之所共美也。故古之王天下者奚为哉? 天地而已矣。

此承上"明此南乡尧之为君,明此北面舜之为臣"而言,见舜在臣位,而实有君德,尧之禅让,为能得其人也。舜问用心,不曰帝王而曰"天王"者,表王道本于天道,且为下"天德"、"天合"发端也。

"敖"同傲。"无告"即穷民。孟子曰:"天下之穷民而无告者。"以其无告,则易于傲,故曰"不傲无告"。以其穷,则易于废,故曰"不废穷民"。"废"谓阁置而不理也。不傲则将有以教之,不废则将有以养之。不言教养,而但曰不傲不废者,以舜问用心,故答亦及于用心而止也。

郭注以无告为顽民，意谓无可教告，非也。"苦死"者，苦谓哀苦之。"嘉孺子"，"嘉"谓善爱之。"哀妇人"，"哀"谓矜怜之也。举穷民、死者、孺子、妇人为言者，于无告者而犹若是，则他人可知，非谓用心仅在于四者也。

"天德而出宁"，以天德而出宁也。"出宁"与《易·乾卦象传》言"首出庶物，万国咸宁"同。"宁"，安也。舜曰"未大"，"大"何在？"大"正在首出咸宁。郭注云"与天合德则虽出而静"，以宁为静，亦非也。"日月照而四时行，若昼夜之有经"，于《乾象》则"大明终始"一语尽之。"云行雨施"，亦《乾象》中语。然则此所谓"天德"，一乾德而已。庄子之学本于《易》，是亦一证也。

"胶胶扰扰"，言向之用心之过也。"胶胶"则非善，"扰扰"则非静也。"子，天之合"，言其合于天。"我，人之合"，则合于人而已。尧、舜之问答止此。以下则所以结上三节之文。"所大"谓所称大。老子曰："天大、地大、王亦大。"故王者法天地。

孔子西藏书于周室。子路谋曰："由闻周之征藏史，有老聃者，免而归居。夫子欲藏书，则试往因焉。"孔子曰："善。"往见老聃，而老聃不许。于是翻十二经以说老聃。中其说，曰："太谩。愿闻其要。"孔子曰："要在仁义。"老聃曰："请问：仁义，人之性邪？"孔子曰："然。君子不仁则不成，不义则不生。仁义，真人之性也。又将奚为矣？"老聃曰："请问：何谓仁义？"孔子曰："中心物恺，兼爱无私，此仁义之情也。"老聃曰："意，几乎后言！夫兼爱不亦迂乎！无私焉，乃私也。夫子若欲使天下无失其牧乎？则天地固有常矣，日月固有明矣，星辰固有列矣，禽兽固有群矣，树木固有立矣。夫子亦放德而行，循道而趋，已至矣。又何偈偈乎揭仁义，若击鼓而求

亡子为？意，夫子乱人之性也！"

此为"道德已明而仁义次之"句作诠释也。周为当时共主，列国兵争之所不及，藏书于周，可以免于毁灭，孔子所以有西而藏书周室之意也。"子路"，孔子弟子仲由。"谋"，谋其所因也。"因"者，因之以通于其执事者。古者无因，则不得通焉。"征"犹典也。"征藏史"，典守藏室之史也。《史记·老子列传》言聃为守藏室之史，与此正同。此"藏"读去声，谓藏书之所。"免而归居"，已解免史职而归居于家也。"老聃不许"，不允为之通也。"翻十二经以说老聃"句，"说"如游说之说，音税。"说"者，欲说而服之，俾知其有可藏者存也。旧于"说"字句绝，非也。

"十二经"，旧注有三说：一曰《诗》、《书》、《礼》、《乐》、《易》、《春秋》六经加六纬合为十二经。案六经之名见于《天运篇》，未尝兼纬而谓之十二经也。纬之名至汉始有之。诸子之书皆言六经，未有六纬之说。则此一说不可从。一曰《易》上下经并十翼为十二。若然，则是一《易》也。但言翻《易》以说可矣，无为张大之而曰十二经。则此一说尤不可从。一曰《春秋》十二公经也。吾今从此说。一，《诗》、《书》、《礼》、《乐》、《易》皆旧籍，聃之所知，不待孔子为之陈述，惟《春秋》为孔子所作，聃或有未尽晓者，故翻以说之。二，孔子作《春秋》，曰："吾欲托之空言，不如见之行事之深切著明也。"庄亦曰："《春秋》经世，先王之志。"见《齐物论》此篇论帝道王德而及于礼法数度、形名比详，则翻《春秋》以说，于一篇之旨为合。以是二义，故知第三说为优矣。

或曰：孔子问礼于老聃，在未相鲁之先，而《春秋》绝笔于获麟，去夫子之卒才两年耳。老聃虽老寿，计其时殁已久矣，安得有以《春秋》说老聃之事？曰：是固寓言也。岂特此为寓言，即《天运篇》孔子谓老聃"丘治《诗》、《书》、《礼》、《乐》、《易》、《春秋》，以奸七十二君"者，亦寓言也。顾虽寓言，亦必忠于事实，言之成理。以其近于事理者求之，则舍夫《春秋》十二经之说，固未有能胜之者也。且"翻"者绅绎之谓。执《春秋》以通《诗》、《书》、《礼》、《乐》、《易》，合《诗》、《书》、《礼》、《乐》、

《易》以说《春秋》，皆可谓之翻也。然则"西藏书"者，所藏为六经。说老子者，所说为《春秋》。两义亦可兼备。与《天运篇》之言六经不相背触，其非前二说所可比拟，断断然矣。此予所以独采第三说也。

"中其说"者，孔子之说谗（整理者按：谗，或当作缠）及半也。"谩"字从曼。曼，长也。《诗·鲁颂》"孔曼且硕"，毛传："曼，长也。""太谩"者，嫌其说之太长，是以"愿闻其要"也。"仁"，春也，本以生物。"义"，秋也，本以成物。而此言"不仁则不成，不义则不生"者，生成互相为用，错综之以见仁义之不可分，而同出于一性也。"又将奚为"者，言舍仁义无为也。

"中心"与"物恺"对文。"中心"以心言，"中"者言其不偏。"物恺"以物言，"恺"如"恺恻"之恺，言其于物常怀恺恻，惟恐伤之。旧注训恺为乐，非也。"兼爱"承"物恺"说。"无私"承"中心"说。"仁义之情"者，谓仁义之实也。

"意"同噫。"几乎后言"，几于失言也。"后言"何以谓失言？后者不及之义。言而过，失言也。言而不及，亦失言也。以兼爱为"迂"者，"迂"，远也。本无有不爱，何取于言兼爱？言兼爱则有兼之所不至者矣。是已落第二义，故曰远也。"无私乃私"者，既以无私为言，则有不合于我所者，皆将以无私责之。而私与无私对立，是于大公之中自生畛域。畛域者，正私之所由起，故曰"无私乃私"也。"牧"，养也。养者养其性，故"无失其牧"，亦即谓无失其性之常然者也。"放德而行"，任德而行也。"循道而趋"，遵道而趋也。"已至"者，不言仁义而仁义已至也。"偈偈"，用力貌。"揭仁义"，谓举仁义之名以号召于天下。比之于"击鼓而求亡子"者，"亡子"，逃人也。击鼓求之，则闻鼓声而愈逃愈远耳。故由道德而仁义，其势也顺；由形名而仁义，其势也逆。老、庄之掊击仁义，盖欲破仁义之名，以返仁义之实。是不可不知也。

"为"各本作焉。案："何"、"为"二字相呼应，书中如此者甚多，为、焉形近，是以讹舛，其迹甚显，兹特改正。"乱人之性也"，犹云乱人之

性耳。盖针对上"仁义,真人之性"句而发。

　　士成绮见老子,而问曰:"吾闻夫子,圣人也。吾固不辞远道,而来愿见;百舍重跰而不敢息。今吾观子非圣人也。鼠壤有余蔬,而弃妹,不仁也。生熟不尽于前,而积敛无崖。"老子漠然不应。士成绮明日复见,曰:"昔者吾有刺于子,今吾心正却矣,何故也?"老子曰:"夫巧知神圣之人,吾自以为脱焉。昔者子呼我牛也,而谓之牛;呼我马也,而谓之马。苟有其实,人与之名而弗受,再受其殃。吾服也恒服,吾非以服有服。"士成绮雁行避影,履行遂进,而问修身若何。老子曰:"而容崖然,而目冲然,而颡頯然,而口阚然,而状义然。似系马而止也。动而持,发也机,察而审,知巧而睹于泰,凡以为不信。边竟有人焉,其名为窃。"

　　"士成"姓,"绮"名。"老子",老聃也。不曰来见,而曰"来愿见",表其向慕之切也。"舍"如字,止舍也。古者行三十里(或三十五里)而一止舍,则"百舍"三千余里也。"跰",足生胝也,今俗云鸡眼,即"跰"之缓读。一作茧,则假借字也。"重"读平声,厚也。"鼠壤",鼠穴口土也。"余蔬",鼠所窃食而弃于穴外者。言老子畜蔬之富如此,而"弃妹"不养,故谓之"不仁"也。

　　"妹",女弟。郭注云"无近恩,故曰弃",是也。《释文》引刘熙《释名》云:"妹,末也。"以"妹"为末学之徒,谓"当慈诱,乃见弃薄,是不仁之甚"。案《释名》云"妹,末也"者,见"妹"有末义,非"妹"即末也。且即曰末矣,何以见为末学之徒?《释文》之说牵强不可通,甚明。或乃径以末为抹杀,而连"弃"释之,谓弃抹余蔬而不惜,所以为不仁。奚侗说如此夫弃抹余蔬不惜,特细过耳,何为即加以不仁之名?且下云"积敛无崖",方责其聚而不知散,安得有弃抹之事! 其不通殆又过于《释

文》矣。又有读"妹"为昧者,如成玄英疏解作暗昧之徒,王先谦《集解》则解作散弃而佯不知,其谬亦与前等。推诸家所以宛转曲折作如是解者,不过以为老子之圣不当有弃妹之事耳。不知弃妹出之士成绮之口,其间岂无误会? 而老子不辩,且曰:"苟有其实,人与之名而弗受,再受其殃。"亦若有难言之隐者。大抵古人所见不同,虽在骨肉之间,不欲强合,若陈仲子避兄离母,处于於陵。其兄夫岂甚不肖者? 见《孟子》屈平好修不变,而女媭申申詈予,既不为之讳,媭亦殆非寻常女子也。见《离骚》以是言之,即安知非妹弃聃而聃甘受弃妹之名而不辞? 又何取于讳哉!

然郭注亦有误者。"鼠壤有余蔬"句,乃以翻起弃妹之文,而注云言其不惜物,于是一事分作两截。后之解者以弃末连文,即未始不由此发其端,而不知"而"字语气一转,乃以两层并为直下,皆不察全文之过也。

"生熟不尽于前",仍承上"蔬"字说。"积敛无崖",无崖犹无涯,谓已有余而仍敛之无已也,又反复言之者。"蔬",司马彪读作糈,曰"糈,粒也"。注家亦有从之者,以为言糈与后"生熟"字较合,又谷粒于生活为重,不若蔬之轻也。然此文盖以轻见重,蔬且有余,谷之多不言可知。改字殊无义,故兹仍读依本文,以见聃之弃妹而不养,实以惜财之故。盖老氏本主俭主啬,因得以是坐其罪耳。

"漠然不应",于"不应"上著"漠然"二字,不仅见聃之不介意于绮言,亦以表聃胸中虚而无物。上文所谓"虚静恬淡、寂漠无为"者,并于此二字尽之。绮之心能正却者,全因为此气象所感动,未可轻易放过也。

"却",退也。"正却"者,言昔者疑刺之心已退听也。"脱"犹免也。以绮前儗之为圣人,故曰"夫巧知神圣之人,吾自以为脱焉"。此即《消摇游》"圣人无名"之意,而于"神圣"之上加"巧知"二字者,明其为巧知之属,果不足重也。"呼我牛也而谓之牛,呼我马也而谓之马",即《应

帝王》"一以己为马，一以己为牛"之意。"而"犹"则"也。言呼我牛则应之牛，呼我马则应之马也，实指弃妹之事说。"人与之名"，"名"指不仁之刺说。"再受其殃"者，弃妹已一殃，不受不仁之名又一殃。"殃"者咎也。"服"，郭注云："容行之谓也。"是也。"吾服也恒服"二句，答绮"何故"之问。绮之问感于"漠然不应"，故告之吾之漠然之容之行乃恒常如是，而非以有所服而为是也。郭注云："有为为之，则不能恒服。"以"有服"为有为为之，亦是也。惟云"不以毁誉自殃，故能不变其容"。专在毁誉上说，则不免失之于浅。若惟因不受毁誉而不变，是则犹出于有为，而非恒服之道也。

"雁行避影"，侧身斜行也。"履行遂进"，蹑聊之后而卒进也。或以"履行"为不脱履而行，非也。复见请问之时，便已升堂入室就席，岂容此时尚未脱履耶？"而问修身"者，退而返求诸己身也。

"而"，汝也。"崖然"犹岸然，不自下也。"冲然"，光暴，不内敛也。"颡"已见《大宗师》"其颡颡"注。此谓之"颡然"者，无其实而有其貌，故曰"然"也。"阚"如《诗·大雅·常武》"阚如虓虎"之阚，故郭注云："虓豁之貌。"言常欲张动，口容不止也。"口容止"，为《礼记·玉藻篇》文。"义然"亦见《大宗师》，是即《春秋公羊传》所谓"义形于色"者也。以上分说。"似系马而止也"以下，乃总说。《在宥篇》曰："偾骄而不可系者，其惟人心乎？"既已偾骄，如何可系？此曰"似系马而止"，亦只见其强系强止而已。故曰"动而持，发也机"。言本动而持之，其发也如机在括，时欲跃然上之。"崖然"、"冲然"是种种者，皆此机之发露者也。推是病之由，坐在"察而审，知巧而睹于泰"。老子之书曰："俗人察察，我独闷闷。"又曰："弃知绝巧。"本云："绝圣弃知，绝巧弃利。"此合而一之。盖"察"者，知巧之所由生，而知巧亦即察察之所积。知巧与察，乃修身学道之大忌，故以是卒言之。"审"，悉也，审则是非明而责人苛。"泰"，骄泰，泰则己见深而偏信易。故又结之曰"凡以为不信"。"不信"者，不诚也。凡非性命之本然，皆虚妄而非诚实者也。抑泰不曰泰，而曰

"睹于泰"者,泰必外见。上云"发也机",机之发即皆泰之睹也。

"边竟有人焉,其名为窃","竟"同境。守边之人主于窥视,故谓之"窃"。"窃"有私义,亦有浅小义。《齐物论》云"窃窃然知之"是也。窥觇之智,必私必浅,故以是为喻,欲其自为体勘焉。

夫子曰:"夫道,于大不终,于小不遗,故万物备。广广乎,其无不容也;渊渊乎,其不可测也。形德仁义,神之末也,非至人孰能定之! 夫至人有世,不亦大乎,而不足以为之累;天下奋棅,而不与之偕;审乎无假,而不与利迁;极物之真,能守其本;故外天地,遗万物,而神未尝有所困也。通乎道,合乎德,退仁义,宾礼乐,至人之心有所定矣。"

"夫子",孔子也,说见前《天地篇》注。各本有作老子曰者,盖用成疏"庄子师老子,故称夫子"之言而改,非其本也。于此引夫子之言者,盖一以结篇中先道德而后仁义之文,一以起下道不在形色名声之论。或疑上孔子对老聃曰"要在仁义",而此则云"退仁义,宾礼乐",前后语不相类,因以是断"夫子"决非孔子。夫"回忘仁义","回忘礼乐",颜子尝有是言矣,见《大宗师篇》于弟子之言忘仁义、忘礼乐则无疑,于其师之言"退仁义,宾礼乐"则疑之,何也? 若曰前后语不相类,则庄子尝称"孔子行年六十而六十化,始时所是卒而非之"。见《寓言篇》先言"要在仁义",而后曰"退仁义",此正圣人学问变化之功,而始是卒非之证,又何伤于不相类乎?

抑吾以为庄子安排孔子是前后不相类之语于一篇之中,特有深意。盖藏书周室,原为借书以传道,而道则有非书之可得而传者,欲明斯旨,故于卒章设为轮扁之对,而有书为糟魄之言。然由轮扁发之,不如孔子自为解之之尤见亲切也。夫书之要在仁义,而今退仁义,即书之要失。非书之要失,吾已得夫书之所以为书,则所存者糟魄耳,何要

之有！故曰"非至人孰能定之！"又曰"至人之心有所定矣"，"定"者止也。止也者，止于是而无事他求也。《天地篇》引记曰"通于一而万事毕"，是则真其要也，真其精华也。以此意求之，则一篇文义前后贯串，视彼支支节节、割裂而观之者，不较愈乎！

"于大不终"，"终"，尽也，言大则无尽。"于小不遗"，"遗"，漏也，言小则无漏。"广广"犹恢恢。"渊渊"各本不叠字，兹依陈碧虚《阙误》引江南古藏本加。"形德"犹后言"形色"。色就著于外者言，德就具于内者言。此"德"字义浅，固非道德之德，亦非德性之德，盖谓一形之德，如耳之德聪，目之德明是，故与仁义并言，而曰"神之末也"。

"有世"谓有天下。"不足以为之累"，世不足为其累也。"棅"同柄，谓权柄。奋柄，以权柄而奋争也。"不与之偕"，不与奋棅者偕也。"审乎无假"至"能守其本"二句，亦见《德充符篇》。"利"，彼作"物"。"极物之真"，彼作"命物之化"。"能"，彼作"而"。"本"，彼作"宗"。"能"与"而"通，"本"与"宗"一义。前云"大本大宗"，可见此以对末言，故曰"本"。言利不言物者，承上有世与奋柄言，是天下之大利而不为之累、不与之偕，故曰"不与利迁"也。言"真"不言"化"者，意不在化而在真。化者物之变，真者物之实。物之实当尽其蕴，故曰"极"。"极"者，穷也。言至人有世，而又曰"外天地"，言极物之真，而又曰"遗万物"者，意似相碍，而实不相碍。盖有世而不为之累，是即外天地；极物之真而守其本，是即遗万物。即事离事，神之所以不困也。下言"退仁义，宾礼乐"，意亦若是。"宾"犹摈也。"退仁义"，所以"通乎道"；"宾礼乐"，所以"合乎德"。通道，则仁义在其中；合德，则礼乐在其中。若认为仁义礼乐皆所不用，则前文所云本末要详，与夫"道德已明而仁义次之"之言，岂皆戏论乎哉？

世之所贵道者，书也。书不过语，语有贵也。语之所贵者，意也，意有所随。意之所随者，不可以言传也，而世因贵

言传书。世虽贵之哉，犹不足贵也，为其贵非其贵也。故视而可见者，形与色也；听而可闻者，名与声也。悲夫，世人以形色名声为足以得彼之情。夫形色名声果不足以得彼之情，则知者不言，言者不知，而世岂识之哉！

桓公读书于堂上，轮扁斫轮于堂下，释椎凿而上，问桓公曰：“敢问公之所读者何言邪？”公曰：“圣人之言也。”曰：“圣人在乎？”曰：“已死矣。”曰：“然则君之所读者，古人之糟魄已夫！”桓公曰：“寡人读书，轮人安得议乎！有说则可，无说则死。”轮扁曰：“臣也以臣之事观之。斫轮，徐，则甘而不固；疾，则苦而不入；不徐不疾，得之于心而应于手，口不能言，有数存焉于其间。臣不能以喻臣之子，臣之子亦不能受之于臣，是以行年七十而老斫轮。古之人，与其不可传也死矣，然则君之所读者，古人之糟魄已夫！”

《易·系辞传》子曰：“书不尽言，言不尽意。”此之所论大率本之《易·系辞传》，而于“意”之上更进一层，曰“意有所随”，“随”者从也，谓意之所从来也。意之所从来者何？即上文所谓“精神之运、心术之动”，而《易·系辞传》所云“变而通之以尽利，鼓之舞之以尽神”者也。故曰“不可以言传”。而世因“贵言传书”，则所传者三等之下也。故曰“世虽贵之哉，犹不足贵也”。“哉”字各本有作我，属下读者，非是。若曰我犹不足贵，则不足贵者由于我见，而非天下之公，其言亦浅矣。“为其贵非其贵也”，“为”读去声。贵在道，而今贵言，故曰“贵非其贵”。“形与色”指文字，“名与声”指言语。“彼之情”，即前文所谓“物之真”。“物之真”且不可以形色声名得之，而何况于道乎！“知者不言，言者不知”，二语见老子书，后《知北游篇》亦引之，而叙释较详，可以互参。“世岂识之哉！”谓岂识此不言不知之理也。

“桓公”，齐桓公小白也。“轮扁”，轮人名扁者。古者制车，为舆与

243

为轮者分工。故《考工记》有舆人,有轮人。而孟子曰:"梓匠轮舆,亦别而称之。""斫轮",斫削木以为轮也。"椎"与"凿",皆为轮之具。"释"谓置之。"上",上堂也。"何言"犹云何等言。"糟",酒之渣滓。"魄"借作粕,糟烂则为粕。言"古人之糟魄"者,酒虽糟魄所自出,而糟魄非酒,以喻语言文字虽道之所寓,语言文字非道也。"有说则可,无说则死","说"谓解说也。

"臣之事",斫轮之事也。"徐"言斫之细,"疾"言斫之完。"甘"者宽也,"苦"者紧也。此皆以辐之辏于辋,即俗云斗笋处言之。故"不固"者,动摇而不牢。"不入"者,滞涩而难入。"得之于心而应于手",谓心手如一,即《养生主》所云"官止神行"者。今各本多"心""手"二字互错,"得心应手"已成民间习用之语。《北堂书钞》所引,正"心"字在上、"手"字在下,是隋、唐旧本如此,足证各本之误也。"数",如今言心中有数之数,谓疾徐之际,自有一定分寸也。"喻",晓喻。不能以喻臣之子,言不能举此以告其子。而即告之,其子亦不能领会,故又曰"臣之子亦不能受之于臣"。"行年七十",年且七十也。"老斫轮",老于斫轮,而无以易其业也。古之人已死,斯其不可传者亦与之俱死,故曰"古之人与其不可传也死矣"。或有于"与"字断句,而读作"欤"者,非也。

此段文字,实从"世之所贵道者,书也"一句起。以其泥书以求道,故有古人糟魄之语,非谓书果可不读也。郭注云:"当古之事,已灭于古矣,虽或传之,岂能使古在今哉!古不在今,今事已变,故绝学任性,与时变化,而后至焉。"其云"绝学任性",实大违庄子之旨。不独违庄子之旨,亦与老子言"绝学无忧"意悖。老子明言:"执古之道,以御今之有。"夫"与时变化",一皆自学而来,岂有绝学任性而能与时变化者哉!以其言不免贻误学者,使执之以为薄古之口实,故不能不辩焉!

天 运 第 十 四

此篇之意，全重在一"运"字。"运"者，上篇所云"天道运而无所积"、"帝道运而无所积"、"圣道运而无所积"是也。故虽以天运发端，而所论皆帝道、圣道之事，如庄子答太宰荡之问仁、黄帝告北门成之问乐、老聃之两语孔子，皆论圣道之运；师金之答颜渊、老聃之语子贡，则论帝道之运也。而帝道、圣道非有两事，一皆本之天道，故以孔子之"与化为人"终焉。"与化为人"，即与天为人。而不言天而言化者，化则兼天与运二义而有之。天道之活泼泼地，于是乎全盘托出。读者可不加细玩乎哉！

天其运乎？地其处乎？日月其争于所乎？孰主张是？孰维纲是？孰居无事而推行是？意者其有机缄而不得已邪？意者其运转而不能自止邪？云者为雨乎？雨者为云乎？孰隆施是？孰居无事淫乐而劝是？风起北方，一西一东，有上彷徨，孰嘘吸是？孰居无事而披拂是？敢问何故？巫咸袑曰："来，吾语女！天有六极五常，帝王顺之则治，逆之则凶。

九洛之事，治成德备，监照下土，天下载之，此谓上皇。"

"处"对"运"言，谓静止而不动也。古人依其所见，皆以天为动而地为静，故庄子云然。然地统于天，天运则地亦随之而运，此理古人亦知之，故《易·坤卦象辞》曰："牝马地类，行地无疆。"夫地类犹行，则地之行可知矣。是以下文曰"推行"，曰"有机缄而不得已"，曰"运转而不能自止"，皆兼天地而言之，不以地为在运之外也。此意读者不可不知。日月言"争于所"者，以其更相出入，而时先时后，有不相让之象，故曰"争"也。

"而推行是"，今各本作"推而行是"，盖误倒。郭注云："无事而推行是者谁乎？"以"推行"连文，可证也。"主张"、"维纲"、"推行"，分三层说。"推行"，有迹可见。而"主张"、"维纲"，则从可见之迹推言之。"主张"犹言主宰，"维纲"犹言维系。主宰维系，其用不可得而见也。不可得见者，所谓无为、无事也。故"推行"上著"居无事"三字，是非闲文也，此意亦不可不知也。

"云者为雨乎？雨者为云乎？"不知云雨孰为先后，故曰"孰隆施是？""隆"，兴也，就云言，《诗》所谓"兴云祁祁"也。见《小雅·大田》之篇。今各本作"兴雨"。"雨"为"云"之误。"施"，行也，就雨言，《礼》所谓"大雨时行"也。见《小戴礼记·月令篇》俞樾《诸子平议》云："隆借为降，谓降施此云雨也。"不知雨可云降施，云不可云降施。隆降诚可通，然非所语于此。注家多有从之者，吾不敢苟同也。"淫乐"犹言湛乐。"劝"，助也。助而曰湛乐者，见其鼓舞而非出于强勉，犹上言"不得已"、"不能自止"之意也。

"有上彷徨"，或上彷徨也。"彷徨"一作旁皇，字同。彷徨者，不西不东，盘绕回翔于上，故司马彪注云："旁皇，飙风。"盖即《逍遥游》所云"抟扶摇而上者"也。"嘘吸"，犹《齐物论》云"大块噫气"。"披拂"，则如老子之言"橐籥"，老子："天地之间其犹橐籥乎？"王弼注云："橐籥，冶铸所用致风之器。"盖即今风箱也。谓鼓排也。

"敢问何故",欲穷其所以然也。然此其故,殆未有能对者,故托而问之于巫咸,此与《离骚》云"巫咸将夕降兮,怀椒糈而要之"同一用意。"诏",宣颖《南华经解》以为招之讹。窃疑"诏"与诏通。诏之为诏,犹稷之为襓,媒之为禖,从示,以表其神也。巫咸义王家,见《尚书·君奭篇》,在殷中宗太戊时,而后世从而神之,故王逸《离骚注》曰:"巫咸,古神巫也。"《释文》引李颐《集解》,谓:"巫咸,殷相,诏,寄名也。"夫"咸"即其名,何为复有寄名之说? 则李氏之解误也。

"六极",上下四方也,与言六合同。下文云:"充满天地,苞裹六极。"六极即六合可知。"五常"谓五行。《小戴礼记·礼运篇》云:"五行之动,迭相竭也。"_{竭如后世云生克义。}下举五声、五味、五色,并言其还相为质。是以五行之运为常道,古人所见正复如此,故庄子言之。

"九洛",盖古帝王之号,如罗泌《路史》所称"九头纪"之类。成玄英疏云:"九洛之事,九州聚落之事也。"以"洛"为聚落,一无根据,其误易知。至吕惠卿《庄子义》以"洛书"、"九畴"当之,_{明杨慎、清郭嵩焘皆有是说。然非袭自吕惠卿也。}则其说甚巧,故注家独喜用之,而不知亦误也。何以言之? 上文云"帝王顺之则治,逆之则凶",而下云"治成德备",两"治"字相对,明此所举即"顺之则治"帝王之事。此其一。又云"监照下土,天下载之","载"与戴通,故本亦有作戴者。戴者,戴其人。"九洛"为帝王之号,故言戴。若"九洛"为"九畴"之书,则何以言天下戴之? 此其二。至末云"此谓上皇",其明明指人言,更不待释。是以的然知"九洛"为古帝王也。或疑"九洛"为古帝王,于他书无征。则《胠箧篇》所举容成大庭,伯皇中央,以至赫胥、尊卢诸氏,亦未见他书也。抑"洛出书",见《易·系辞传》,"九畴",见《尚书·洪范篇》。以"洛书"为"九畴",始于《尚书》伪孔传,其说盖本之刘歆,而后儒如林之奇辈即多不信之。然则解"九洛"为即"洛书"、"九畴",其无征亦与吾指"九洛"为古帝王之号等。而以前后文义论,则帝王之号可通,作"洛书"、"九畴"便处处窒碍。其孰去孰从,识者想必能辨之也。

又巫咸之对,与所问似不相应,仔细玩之,紧要全在一"顺"字。盖能顺其运行之机,则于所以运行之故,自有相默契而不待于言说者。观"监照下土"云云,实有欐柄在我之意。窃望读者能于此著眼也。

商大宰荡问仁于庄子。庄子曰:"虎狼,仁也。"曰:"何谓也?"庄子曰:"父子相亲,何为不仁?"曰:"请问至仁。"庄子曰:"至仁无亲。"大宰曰:"荡闻之:'无亲则不爱,不爱则不孝。'谓至仁不孝,可乎?"庄子曰:"不然。夫至仁尚矣。孝固不足以言之。此非过孝之言也,不及孝之言也。夫南行者至于郢,北面而不见冥山,是何也? 则去之远也。故曰:'以敬孝易,以爱孝难;以爱孝易,而忘亲难;忘亲易,使亲忘我难;使亲忘我易,兼忘天下难;兼忘天下易,使天下兼忘我难。'夫德遗尧、舜而不为也,利泽施于万世,天下莫知也。岂直大息而言仁孝乎哉! 夫孝悌仁义,忠信贞廉,此皆自勉以役其德者也,不足多也。故曰:'至贵,国爵并焉;至富,国财并焉;至愿,名誉并焉。'是以道不渝。"

"商",宋也,宋为商后,故亦称"商",其都商丘,见《人间世篇》。"大宰",官名,"大"读太。"荡",人名。旧用司马彪注,以"荡"为字,非也。下云"荡闻之"。古人自称皆以名,不以字也。

"父子",指虎狼之父子,此"父"实兼母言。虽虎狼,父母未有不亲其子,子未有不亲其父母者,此即仁之根源,故曰"虎狼,仁也"。"至仁无亲","无亲"者无往而不亲,即《礼运篇》孔子所云"天下一家,中国一人"者。如是,则亲疏之名不立,故曰"至仁无亲"也。大宰不达庄子之旨,故有"至仁不孝"之疑。夫孔子言"不独亲其亲,不独子其子"。_{亦见}《礼运篇》不独亲其亲,正从亲其亲来。不独子其子,正从子其子来。若曰:不亲其亲而亲天下之亲,不子其子而子天下之子,是无源之水,无

根之木,可假饰于一时,岂能久哉? 庄子之意正与孔子同,故答曰"不然"。"不然"者,不然其无亲不爱、不爱不孝之说也。

"尚"同上。"至仁尚矣",犹云至仁贵矣。"孝固不足以言之",谓孝不足以尽仁也。"此非过孝之言,不及孝之言也",此即指前"至仁无亲"语。"非过孝"者,非以孝为过,犹云非以孝为不当。"不及孝"者,以孝为不及,犹云孝有所未尽,即上"孝固不足以言之"之意。下以喻明之。"南行",谓自宋之楚。"郢",楚都,在今湖北江陵。"冥山",即《春秋》所云"冥阨之塞",在今河南信阳。旧注以为北极之山,非也。若北极之山,何必至郢而后始北面不见耶? 冥山以喻孝。郢以喻至仁。至郢而不见冥山,犹至仁而不言孝。"去之远"者,喻仁与孝大小悬殊也。

"以敬孝易",敬可勉强,故易。"以爱孝难",爱出自然,故难。"以爱孝易而忘亲难","忘亲"者,忘其孝也。"忘亲易,使亲忘我难","亲忘我"者,亲亦不见我之孝也。此以上就孝言。以下则入仁言。"使亲忘我易,兼忘天下难","兼忘天下"者,不见天下之为天下也。人于天下而有不仁,皆由视天下为天下,即视天下在我之外,是即强为施仁,终非万物一体之量,故曰"兼忘天下难也"。"兼忘天下易,使天下兼忘我难","天下兼忘我"者,天下亦不见我之仁也。使天下见我之仁,则我之仁为有迹;有迹者终有限,不能如天之生万物而物不感,死万物而物不怨也,故曰"使天下兼忘我难"。"德遗尧、舜而不为",以尧、舜为不足为,是兼忘天下者也。"利泽施于万世,天下莫知",是使天下兼忘我者也。如是不特孝不足言,即仁亦不足言,故曰"岂直大息而言仁孝乎哉!""直"与值同。岂值犹言何须。"大"读太。太息犹叹息也。

"自勉以役其德","勉",勉力。"役其德",谓役于其德。德由是八者而修,故八者为德之役。"不足多"者,不得以是而自满也。《秋水篇》云:"方存乎见少,又奚以自多?"多对少言,故有满义。"至贵,国爵并焉,至富,国财并焉","并",兼也,合也。言贵为一国之君,则爵莫非其爵,财莫非

其财,如《大学》言"未有府库,财非其财"者也,故曰"国爵并"、"国财并"。"并"自当从本训。郭注"并者,除弃之谓",读"并"同屏弃之屏,非庄书义也。此二为喻,"至愿,名誉并焉",则其主旨所在。"愿"谓誓愿。"名誉并"者,一切善名合归于是,即下文所谓道也。故终之曰"是以道不渝"。"渝"与逾同,过也。道者,贯孝悌仁义忠信贞廉而一之。是八者莫有能出于道之外者,故曰不逾也。

北门成问于黄帝曰:"帝张咸池之乐于洞庭之野,吾始闻之惧,复闻之怠,卒闻之而惑;荡荡默默,乃不自得。"

帝曰:"女殆其然哉!吾奏之以人,征之以天,行之以礼义,建之以大清。夫至乐者,先应之以人事,顺之以天理,行之以五德,应之以自然,然后调理四时,大和万物。四时迭起,万物循生;一盛一衰,文武伦经;一浊一清,阴阳调和,流光其声;蛰虫始作,吾惊之以雷霆;其卒无尾,其始无首;一死一生,一偾一起;所常无穷,而一不可待。女故惧也。

"吾又奏之以阴阳之和,烛之以日月之明;其声能短能长,能柔能刚,变化齐一,不主故常;在谷满谷,在阬满阬;涂却守神,以物为量。其声挥绰,其名高明。是故鬼神守其幽,日月星辰行其纪。吾止之于有穷,流之于无止。子欲虑之,而不能知也;望之,而不能见也;逐之,而不能及也。傥然立于四虚之道,倚于槁梧而吟。'目知穷乎所欲见,力屈乎所欲逐,吾既不及已夫!'形充空虚,乃至委蛇。女委蛇,故怠。

"吾又奏之以无怠之声,调之以自然之命。故若混逐丛生,林乐而无形;布挥而不曳,幽昏而无声;动于无方,居于窈冥;或谓之死,或谓之生;或谓之实,或谓之荣;行流散徙,不

主常声。世疑之,稽于圣人。圣也者,达于情而遂于命也。天机不张,而五官皆备,此之谓天乐,无言而心说。故有焱氏为之颂曰:'听之不闻其声,视之不见其形,充满天地,苞裹六极。'女欲听之而无接焉,而故惑也。

"乐也者,始于惧,惧故祟。吾又次之以怠,怠故遁;卒之于惑,惑故愚;愚故道,道,可载而与之俱也。"

此借言乐以明道也。"北门成"与"黄帝",盖皆托名。"黄帝"者,中央之帝为浑沌者是。"北门成",则艮象也。艮于卦位居东北,故曰"北"。艮为门阙,故曰"门"。成言乎艮,故曰"成"也。"成"者,万物之所成终而所成始也。并见《易·说卦传》成终成始,周流不息,是之为运。此明天道圣道之运,故取象于艮也。

"张",设也。"咸池",黄帝乐名,取"咸池"为言者,"咸"者感也,"池"者泽也。《咸卦》下《艮》而上《兑》,二气感应以相与。并见《易·咸卦传》。兑为泽也。乐之感人,有似于是。又乐莫备于咸池,《礼记·乐记》曰:"咸池备矣。"则咸又有备义。故言乐独取"咸池"也。"洞庭之野",取其空洞而广大,非必果在今之洞庭也。

"始闻之惧"者,"惧"者震象,《震卦》言"震来虩虩"是也。《彖》曰:"震来虩虩,恐致福也。"虩虩为恐惧。传文甚明。故下文言"蛰虫始作,吾惊之以雷霆"。"雷霆"即震也。《说卦》云:"震为雷。"震者艮之反,于卦位则震继艮而首出。艮之成始,成始乎震也,故言乐始乎此,入道亦始乎此,子思作《中庸》,所以首言"戒慎恐惧"也。

"复闻之怠"者,"怠"者豫象,《杂卦》言"谦轻而豫怠"是也。"豫"者,雷出地奋,先王所以作乐崇德也。见《豫卦大象传》故此"怠"非怠惰之谓,乃奋豫之至,力无所著,形为此象。故下文言:"目知穷乎所欲见,力屈乎所欲逐,吾既不及已夫!"盖入道之久,情移形释,往往有此境界,此颜子所以有"既竭吾才,欲从末由"之叹也。见《论语·子罕篇》颜渊喟

然叹曰章。

"卒闻之而惑"者,"惑"非迷惑之谓。荡荡而无所倚,默默而无可名,此于《易》象,则非一卦之所主,所谓变动不居,周流上下,不可为典要,而唯变所适者。见《系辞传》故下文言"动于无方,居于窈冥","行流散徙,不主常声",此孔子所以自称"无可无不可",而孟子所以曰:"可以速而速,可以久而久,可以处而处,可以仕而仕,孔子也。"见《孟子·万章篇》道至于此,何处复容有我?故曰"乃不自得"。"不自得"者,艮之"不获其身",见《易·艮卦象传》而《齐物论》所言"今者吾丧我也"。

"帝曰:女殆其然哉!"喜其如此,而又虑其未遽如此,故曰"殆"。"殆"者,庶几也。言"奏之以人",复言"征之以天"者,"征",成也。奏之在人,而非天则不能成也。《释文》云:"徵,古本多作徽。"徵、徽古亦通用。"行之以礼义"者,"礼"言其有节文,"义"言其有裁制也。"建之以大清"者,"大"读太。太清,天之清气,老子曰:"天得一以清,地得一以宁。"《鹖冠子》则曰:"圣人之德上及太清,下及太宁。"是言太清犹言天也。兹以清气言者,克就乐言,故加气字。后世乐家所谓元声,《齐物论》谓之天籁。是为五音之源,而节文裁制皆不能离此,故对"行"而言"建"。"建"者,建之以为本也。

"夫至乐者"以下至"调理四时,大和万物"三十五字,苏氏辙谓为郭注误入正文,故各本有径删之者。然观今郭注云:"由此观之,知夫至乐者,非音声之谓也,必先顺乎天,应乎人,得于心而适于性,然后发之以声,奏之以曲耳。"正本"应之以人事"四句而言,则是非郭注也。子由所以疑其非正文者,不过因其言人事天理、五德自然,与上文似犯复耳。不知此非复也。上言人、言天、言礼义、言大清,乃言奏乐时,是言乐;此言人事、言天理、言五德、言自然,则言奏乐前,是言德。必有是德而后有是乐,因乐而及德,正不可或少之文。此观一"先"字,更观"然后调理四时,大和万物"句,此大读如字。和,与调理字对,乃动辞也。可以知之。下言"四时迭起,万物循生",亦正承此文而言。盖惟平时德能

调理四时，故乐应之而四时迭起。平时德能大和万物，故乐应之而万物循生。子贡言闻其乐而知其德者，语见《孟子·公孙丑篇》盖谓是也。故今一仍其原文，并著所见于此，以俟识者择焉。

"一盛一衰，文武伦经"，言舞。"盛衰"，舞之容。舞有文舞，有武舞，见前《天道篇》"羽旄之容"注。"伦经"，犹经纶。"经"者，舞之行缀之分。"纶"者，舞之行缀之合也。"一浊一清，阴阳调和，流光其声"，言声。声有清浊，故曰"一浊一清"。"阴阳"谓律吕，律阳而吕阴也。"光"通广。"流光"，流动而充广也。此以上盖总言之。"蛰虫始作，惊之以雷霆"者，《月令》所谓："雷乃发声，始电，蛰虫咸动，启户始出。"春分之候，而《易》云"帝出乎震"时也。为下"惧"字发端。"其卒无尾，其始无首，一死一生，一偾一起"，并承"雷霆"言。雷霆之来也骤，其过也亦速，故曰"始无首，卒无尾"。一雷霆过，一雷霆又来，故曰"一死一生，一偾一起"。"偾"，仆也。大乐之奏，其始也以钟鼓，此以雷霆为喻者，盖钟鼓之音也。"所常无穷"，所以为常在也，而实无穷。"一不可待"，所以为一也，而实不可待。直是无下手处，是以惧也。

"又奏之以阴阳之和，烛之以日月之明"者，如雷霆之后，天地清朗，光景暄丽，故曰和曰明。以乐言之，则钟鼓之后，堂上琴瑟，堂下笙管，更起迭奏，其声一变，故曰"能短能长，能柔能刚，变化齐一，不主故常"。言变化又言齐一，变化之中自有条理，是之谓"齐一"。又虽齐一，而时变化，故又曰"不主故常"。不故，言其日新。不常，言其不测也。"在谷满谷，在阬满阬"，"阬"如坳堂之类。谷大而阬小。言大小无不充塞，即上云"流光其声"者也。"涂却守神"，"却"同隙，谓人耳目之窍也。"涂却"，如《人间世》孔子言"听止于耳"。"守神"，如言"心止于符"。"涂"者，塞也。此谓乐之入人也深，使人能黜聪明而内守如此。"以物为量"者，随其所得之深浅，而乐之用亦如之，如在谷则满谷，在阬则满阬，故曰"以物为量"也。"其声挥绰"，以琴瑟言。"挥绰"者，挥散而绰缓也。"其名高明"，以歌者言。歌则有言文，有意义，故

曰"名"。"高明"者,高亢而明亮也。"鬼神守其幽,日月星辰行其纪",皆比况之辞。《书·尧典》所云:"八音克谐,无相夺伦。"《礼·乐记》所谓"论伦无患"与"安其位而不相夺"者也。"止之于有穷",止乎其所不得不止,"流之于无止",行乎其所不得不行,即上言"顺之以天理,应之以自然"者也。

"子",谓北门成。各本有作"予"者,误也。此以下皆为"怠"字发端。"欲虑之而不能知,望之而不能见,逐之而不能及",虑之、望之、逐之,皆言其致力之甚,正与颜子言"仰之弥高,钻之弥坚,瞻之在前,忽焉在后"同一景象,故余以"怠"为豫怠之怠,知其是进而非退,盖以此也。"傥然"犹悦然。"四虚之道",言其力无所著。"槁梧",谓琴也。于此言"倚于槁梧而吟"者,以其当堂上弦歌之时,因比类而说之。"吟"犹叹也。下三句即代为所吟之词。故曰"吾既不及已夫!""吾"者,吾北门成也。注家不明,以为是黄帝自吾,遂改上"子"字为"予",误由是生矣。"目知穷乎所欲见",言目又言知者,合"虑之不能知,望之不能见"二句而言之。"力屈乎所欲逐",则谓逐之不能及。"屈"犹竭也。"形充空虚",承"立于四虚之道"言,谓其形为空虚所充满,非谓乐满于空间也。"乃至委蛇","委蛇"即《应帝王》壶子曰"吾与之虚而委蛇"之委蛇。然彼为动辞,故注云"随顺",此则为状辞,与《国风·羔羊》之诗"退食自公,委蛇委蛇"之义为近,盖舒缓宽闲之貌,故曰"女委蛇,故怠"也。

"又奏之以无怠之声,调之以自然之命",自然言"命"者,谓此天命之流行也。此以下则合乐之时。知其为合乐者,曰"故若混逐丛生",以混然相逐、丛然并生为喻,非合乐而何?"林乐而无形","林"如林林总总之林,谓众也。"林乐"承"丛生"言。"无形"者,合众音而为一音,不能为之形状,故曰"无形"也。"布挥而不曳",承"混逐"言。"布"者布散,"挥"者挥动。"不曳"者,前音继后音,绎如之中而皦如不乱。^{"绎如""皦如",见《论语》子语鲁太师乐章。}若未尝引续然者,故曰"不曳"。

"曳",引也。"幽昏而无声",合上二句而言之。"幽"言其深,"昏"言其淡,深且淡焉,故谓之"无声"。非无声也,心耳之所领取,不在于声,有似无声云尔。"动于无方",言乐之用。"居于窈冥",言乐之体。以其体之窈冥也,故"或谓之死,或谓之生;或谓之实,或谓之荣"。此"死生"与前言"一死一生"异。前"死生"谓生灭,以声音言,其语浅;此"死生"犹言动静,以乐理言,其语微。"荣实"犹言文质,谓之不同者,由见之不齐也。以其用之无方也,故"行流散徙,不主常声"。此"不主常声",与前言"不主故常"亦稍异。前言声,乃分言;此言乐,则总言也。

"世疑之,稽于圣人"者,《乐记》云:"知声而不知音者,禽兽是也;知音而不知乐者,众庶是也。唯君子为能知乐。""圣人"者,君子之进焉者也。故"稽于圣人",以圣人之知乐。乐所以通万物之情而顺自然之命,故曰"圣也者,达于情而遂于命"。"遂"者,遂成之也。"天机不张",所谓遂命。"不张"犹不动也。"五官皆备",所谓达情,此之谓天乐。《天道篇》云:"与人和者谓之人乐。与天和者谓之天乐。"人乐必本之天乐,故前云"吾奏之以人,征之以天",此前后文之相呼应,不可不知也。"无言而心说","说"同悦,心之悦非言可传,故曰"无言"也。于此言"无言"者,欲人于上之言,能求之于言语之外,《外物篇》所云"安得夫忘言之人而与之言"者也。"有焱氏","焱"读若焰,本或作炎。"为之颂"者,颂此咸池之乐也。引此以为稽之圣人之证。取有焱氏为言者,"焱",火华也。于离卦为火。离,南方之卦也,以与北门成对。"听之不闻其声"以下四句,为颂辞。"苞"同包。虽不闻不见,而充满天地,包裹六极。"充满天地",言其无所不入。"包裹六极",言其无所不包也。夫如是,是岂耳力之所及!故曰"女欲听之而无接焉"。听之而无接,故惑,故又曰"而故惑也"。"而故惑",犹言乃所以惑也。

"惧故祟",此"祟"与《天道篇》"其鬼不祟"之祟不同。彼"祟"训祸,此"祟"取警义。徐锴《说文系传》曰:"祟,神出以警人。"是也。"怠故遁","遁"即《遯卦》之遯。遯,遁之本字。《易》两言"遯世无闷",一见于

《乾卦》初九之文言，一见于《大过卦》之大象。惟无闷者能遯，故言"怠故遁"也。"惑故愚"，"愚"，老子言之多矣，不待释。"愚故道"者，惟愚乃合于道也。"道可载而与之俱也"，"道"字当略顿，言与道合，然后可载而与之俱行。载而与之俱行，盖谓运也。

　　孔子西游于卫，颜渊问师金曰："以夫子之行为奚如？"师金曰："惜乎，而夫子其穷哉！"

　　颜渊曰："何也？"师金曰："夫刍狗之未陈也，盛以箧衍，巾以文绣，尸祝齐戒以将之。及其已陈也，行者践其首脊，苏者取而爨之而已。将复取而盛以箧衍，巾以文绣，游居寝卧其下。彼不得梦，必且数眯焉。今而夫子，亦取先王已陈刍狗，取弟子游居寝卧其下。故伐树于宋，削迹于卫，穷于商、周。是非其梦邪？围于陈、蔡之间，七日不火食，死生相与邻，是非其眯邪？

　　"夫水行莫如用舟，而陆行莫如用车。以舟之可行于水也，而求推之于陆，则没世不行寻常。古今非水陆与？周、鲁非舟车与？今蕲行周于鲁，是犹推舟于陆也，劳而无功，身必有殃。彼未知夫无方之传，应物而不穷者也。

　　"且子独不见夫桔槔者乎？引之则俯，舍之则仰。彼人之所引，非引人也，故俯仰而不得罪于人。

　　"故夫三王五帝之礼义法度，不矜于同，而矜于治。故譬三王五帝之礼义法度，其犹柤梨橘柚邪！其味相反，而皆可于口。故礼义法度者，应时而变者也。

　　"今取猿狙而衣以周公之服，彼必龁啮挽裂，尽去而后慊。观古今之异，犹猿狙之异乎周公也。

"故西施病心而矉其里，其里之丑人见而美之，归亦捧心而矉其里。其里之富人见之，坚闭门而不出；贫人见之，挈妻子而去之走。彼知矉美，而不知矉之所以美。惜乎，而夫子其穷哉！"

此借孔子以发其古今不同而礼法必变之论，信所谓寓言也。何以言之？考《史记·孔子世家》，孔子游卫者凡五次：一在去鲁司寇时，最早；一在匡围之后，由蒲往（蒲，卫之西邑也）；一自陈往；一西见赵简子，临河而返，复入于卫；一自楚往。自蒲、自河皆东行。自陈、自楚皆北行。今曰"孔子西游于卫"，则是始去国时也。始去国，而道及"伐树于宋，削迹于卫，穷于商、周，围于陈、蔡之间"，是皆未来之事，则其非实言可知矣。

抑孟子称孔子为"圣之时者"。见《孟子·万章篇》下孔子自言，则曰："殷因于夏礼，所损益可知也。周因于殷礼，所损益可知也。其或继周者，虽百世可知也。"见《论语·为政篇》继周而当有损有益，其非守周之成法而不变，甚明。即安得有"行周于鲁"之事！

况庄子深于《易》者，《易》"穷则变，变则通，通则久"，孔子系《易》之辞也，庄子宁不知此？而乃有此文？是意在申其所见，以讥夫儒家之泥古者耳，初非为孔子发也。然则谓庄子贬斥孔子，以为非圣无法者，固非。因此疑庄子之学，尊老而排孔，与孔子为两涂者，亦未为能知庄子者也。

"师金"，《释文》引李颐《集解》曰"师，鲁太师。金，其名也"，殆出臆测。吾以为此亦"天根"、"云将"之类，言其言可师，如金之不可磨灭，未必真有是人也。"而夫子"，汝夫子。"穷"，言不通、不遇也。

"刍狗"，如刍灵，以茅草扎作人形，以殉葬，则谓之刍灵；以祭祀，则谓之刍狗。后世画神像于纸，以竹为骨而张之，谓之纸马，即刍狗之变。纸马非马，知刍狗非狗矣。李颐云："结刍为狗。"非也。王弼注《老

子》"以万物为刍狗",分刍与狗为两事。曰:"地不为兽生刍,而兽食刍,不为人生狗,而人食狗。"其说尤为荒缪。盖自秦以后,刍狗之制已不存。故魏、晋间人已不知刍狗为何物,而各以其意说之。不知刍之为言苟也,以其暂制而用之,故谓之苟,岂象狗形者哉?"陈",谓祭时陈列之。"盛"读成,谓盛受也。"箧衍"叠文,犹言箧笥。"巾"者,覆盖之物,此作动辞用,即谓覆盖之。"文绣",布之有文与绣者。"尸祝",见《消摇游》注。"齐"同斋,《人间世》所谓祭祀之齐,是斋者齐其念虑。"戒",则谓不饮酒、不茹荤、不宿于内,事皆在祭前。"将之"谓奉之。"行者",行道之人。"践"谓践踏。已陈之后,刍狗弃置于地,故行人得以践踏之。"苏"为樵苏之苏。取薪曰樵,取草曰苏。"刍",草也。故言"苏者"。"爨",谓纳之灶下,用以炊也。"数"读入声,屡也。"眯"借作癙。癙亦省作寐,读寐,魇也。"彼不得梦,必且数眯"者,言纵不得恶梦,亦将屡遭惊魇。

"先王已陈刍狗",喻过时之礼法。"取弟子"之"取"读作聚,古聚、取音同也。"伐树于宋",谓"孔子适宋,与弟子习礼大树下,宋司马桓魋欲杀孔子,孔子微服而去,魋因伐其树"。"削迹于卫",谓"孔子去鲁适卫,卫灵公致粟如鲁,后有谮之者,乃使公孙余假一出一入,<small>公孙余,卫大夫名。假者假借。名曰护卫,实监视之。</small>于是孔子去卫"。"削迹",谓不容留迹,即被逐意也。"商"即宋也,已见前注。"穷于商、周",谓往来周、宋两地,而遭困穷也。"围于陈、蔡",谓"孔子时在陈、蔡之间,楚使人聘孔子。陈、蔡大夫惧楚用孔子,而不利于陈、蔡之用事者也,因发徒役,围孔子于野"。《论语》所称"在陈绝粮,从者病,莫能兴",即此事也。故曰"七日不火食,死生相与邻","邻"者,近也。"是非其梦"、"是非其眯",承上言之。此刍狗一喻也。

水行用舟,陆行用车,为第二喻。"没世"犹言终身。"寻",八尺。倍寻曰"常",则十六尺也。"蕲"同祈。"殃",祸也。"无方之传",承上水陆舟车言,谓驿传也。"传"读去声。"无方"者,无定方,言诸方皆可通也。"应物"之"物",谓水陆以至山陵薮泽皆是。成疏解"传"为转,

谓千转万变,随机应物。意未尝不是,而于文则与上不相应。此文前后皆以喻说之,不得离喻别作解也。

“桔槔”为第三喻。或曰槔,见《天地篇》或曰桔槔,一也。“俯仰而不得罪于人”,对上“身必有殃”言,谓欲免祸,莫若如桔槔,为人引而不引人也。

“三王五帝”,各本作“三皇五帝”。案:下文子贡言“三王五帝之治天下者不同”,作三王,则此“皇”自是“王”之声讹,因改归一律。“不矜于同而矜于治”,起下“柤梨橘柚”第四喻。“矜”者尚也。“柤梨橘柚”,已见《人间世篇》。“味相反”者,柤柚酸而梨橘甘也。“可于口”,适于口也,今俗尚有可口之说。

猿狙第五喻。“衣”读去声。服不必周公,而云“周公之服”者,仍承上“行周于鲁”言。周之礼法皆周公旦所制定,故此特提周公也。龁,啮以口。挽,裂以手,“挽”犹今言撦也。撦,俗省作扯。“慊”者快也。

西施、丑人第六喻。西施已见《齐物论》。“病心”,俗所云心口痛,实则胃气也。“曚”通作矉。“曚其里”者,见里人而矉其眉也。“美之”,以之为美也。“归亦捧心而曚其里”,今通云“东施效矉”,盖本乎此。“挈”,提携也。富人闭门不出,贫人挈妻子而去之走,皆言恶见之也。“彼”谓丑人。“曚之所以美”,言美不在曚,而在西施之容。连用六喻,正《天下篇》所云“不为庄语”者。文章之妙,至是止矣。

孔子行年五十有一,而不闻道,乃南之沛见老聃。老聃曰:“子来乎?吾闻子北方之贤者也。子亦得道乎?”孔子曰:“未得也。”老子曰:“子将恶乎求之哉?”曰:“吾求之于度数,五年,而未得也。”老子曰:“子又恶乎求之哉?”曰:“吾求之于阴阳,十有二年,而未得也。”

老子曰:“使道而可献,则人莫不献之于其君;使道而可

进,则人莫不进之于其亲;使道而可以告人,则人莫不告其兄弟;使道而可以与人,则人莫不与其子孙。然而不可者,无佗也,中无主而不止,外无正而不行。由中出者,不受于外,圣人不出;由外入者,无主于中,圣人不隐。名,公器也,不可多取;仁义,先王之蘧庐也,止可以一宿,而不可以久处,觏而多责。古之至人,假道于仁,托宿于义,以游消摇之虚,食于苟简之田,立于不贷之圃。消摇,无为也;苟简,易养也;不贷,无出也。古者谓是采真之游。以富为是者,不能让禄;以显为是者,不能让名;亲权者,不能与人柄,操之则栗,舍之则悲。而一无所鉴,以窥其所不休者,是天之戮民也。怨、恩、取、与、谏、教、生、杀、八者,正之器也,唯循大变无所湮者,为能用之。故曰:'正者,正也。'其心以为不然者,天门弗开矣。"

此下四节,皆记孔子受教于老子之事。孔之尝受教于老,不必讳。而此其所言,是否尽信,则实难说。孔子自言"五十而知天命",此乃云"孔子行年五十有一而不闻道",是明与圣言相悖也。意者庄子故留此隙,以启后世之疑邪? 郭注云:"此皆寄孔、老以明绝学之义。"则即子玄亦不信此为实然矣。要之此等但当通其意而不泥其文,斯为善读耳。

"沛",今江苏沛县。老子本陈国相人,据汉边韶所作《老子碑》相在今河南鹿邑县东,去沛非甚近。而《寓言篇》亦有"阳子居南之沛,邀老子于郊"语,则是老子尝居沛也。

"恶乎求之","恶"读乌,问于何求之也。"求之于度数,五年而未得",生数极于五而止。又《易·系辞》曰"天数五,地数五",故云"五年"也。"求之于阴阳,十二年而未得",阳律六,阴吕六,合之为十二;又十二年为一纪,故云"十二年"也。求之于度数未得,求之于阴阳未得,老子首发"恶乎求之"之问,则所以告孔子者,当告以于何求之。而不然,但言道不可献、不可进、不可以告人、不可以与人,此不可不深长思也。

《天地篇》引孔子之言曰"夫道覆载万物者也"。道既覆载万物,则度数阴阳即何莫非道? 然则云求之于度数、阴阳者之未是、未可也。既非求之于度数、阴阳者之未是,则其未得道也。病将安在? 曰:病不在度数、阴阳,而在于求。盖所以求者,以为有可以应其求者也。可以应其求者,惟是献、进、告、与之数涂。至知献、进、告、与之不可,而后乃知求之之非。知求之之非,则知道在天地间,无之而非是。而向之区区于度数、阴阳求之者,之所以不得也。若告以于何求之,即上穷之于冥漠,下推之于万物,亦岂能愈于求之于度数、阴阳者哉?

然又曰"中无主而不止,外无正而不行",何也? 曰:此言不可以献、进、告、与之故,即言不可以求之故也。求不于外即于中。求之于度数,求于外也;求之于阴阳,求于中也。《人间世篇》以阴阳之患与人道之患对举,又曰:"朝受命而夕饮水,我其内热与! 吾未至乎事之情,而既有阴阳之患矣。"以阴阳之患为由于内热,故知说阴阳是说人身中之阴阳。而道者合外内之道,"合外内之道",语本《中庸》。偏求之于外非也,偏求之于中亦非也。故"中无主而不止"者,言使道在外,不得中以为之主,道不得而止也。"外无正而不行"者,言使道在中,不得外以为之正,道亦不得而行也。是以"由中出者,不受外,圣人不出"。"者"字当读断,"不受于外"连下为句。下句亦同。"不受于外"即是外无正。外无正,则内施而外不应。故曰"不受于外"。如是,虽出无益,故"圣人不出"也。"由外入者,无主于中,圣人不隐","隐",藏也,纳也。"无主于中",虽纳不久,故圣人不隐。不出,就献、进、告、与者言。不纳,就求者言。故"圣人不隐"犹云圣人不求也。

"名,公器也,不可多取",此于文为宾。"仁义先王之蘧庐也,止可以一宿,而不可以久处",是为主文。"蘧"同遽。《说文》:"遽,传也。"传读去声故郭注云:"蘧庐犹传舍也。"传舍者,行旅暂宿之舍,故曰"止可以一宿,而不可以久处"。

仁义如是,故曰"古之至人,假道于仁,托宿于义,以游消摇之虚,食于苟简之田,立于不贷之圃"。其间复言"觏而多责"者,"觏",见也,

谓以仁义之名见，则以仁义责之者多。盖又合主宾之文总而言之，以见名不可多取，即仁义亦然也。消摇、苟简、不贷，皆以说道。"消摇，无为"者，道本无为也。"苟简，易养"者，即《易·系辞》"易知、简能"之义，道本易简也。"贷"，假也。"不贷"，与《德充符》言"审乎无假而不与物迁"之无假同。道者自本自根本不俟假贷也。郭注云："不贷者，不损己以为物。"盖与司马彪同以"贷"为施与。信如注言，则老子同于杨朱之为我，其害理亦甚矣。试以老子书证之，曰："圣人不积，既以为人，己愈有。既以与人，己愈多。"何为有"不损己以为物"之说哉？不贷曰"无出"者，因上"圣人不出"而云然。道既非可假贷而有，是以于告人则曰"无出"。不然，老子之书曰"虚而不屈，_{屈同竭}动而俞出"，将何以解之？"无出"与"无为"对，即"立"与"游"对。"立"言其体，"游"言其用。中间言"食"者，易简所以为养，故曰"田"也。不贷曰"圃"者，古者圃皆以自给，知"圃"之义为自给，则知不贷之为无假无疑矣。"采真之游"，"采"者采取意，谓真者取之而已，不待求也。郭注以"采"为采色，支矣。

以上言得道。以下则因"无正不行"之语，顺言正物，以尽道之大用。常人以为正物不可无权，不知惟权是亲，则念念为权所役，其中已乱，何以正物？故曰"以富为是者，不能让禄；以显为是者，不能让名；亲权者，不能与人柄"。不能与人柄，则必自操之。"操之则栗"者，其力不足以胜，故忧惧而战栗也。至于忧惧战栗，则欲托之于人以自逸；托之于人，又虑人之得权而背我也，故"舍之则悲"。"悲"者，惶惑而悲诧也。"一无所鉴"者，都无所鉴戒也。"以窥其所不休者"，"窥"借为规，谓规取之。曰"其所不休者"，权之大者愈欲其大，权之重者愈欲其重，无有满足休止时也。"是天之戮民"者，患得患失，自缠自缚，如日在徽纆桎梏之间，即与刑戮之民何异！故谓之"戮民"也。

"怨恩"犹言爱恶。"取与"犹言予夺。止非曰"谏"。劝善曰"教"。从谏教则生，不从谏教则死，是为"生杀"。此八者皆系于权，曰"正之器"者，谓权之所在焉尔。"唯循大变无所湮者，为能用之"，"循大变无

所湮",谓死生大变当前而不为之湮其神明,《德充符》曰:"死生亦大矣,而不得与之变。"故知大变为言死生。盖得道者如是。"能用之"者,能用此八者之器,即能用此权也。

"正者,正也",上"正"为正物之正,下"正"则正之字义,言惟正乃可以正物,非如常人以权为能正物也。"其心以为不然者","然"犹是也,承上"以富为是"、"以显为是"两"是"字言。以富显亲权为是,则必以上所言为不然矣。"天门弗开"者,《达生篇》云:"不开人之天,而开天之天。开天者德生,开人者贼生。"言天与人殊涂也。如富、显、亲权者,皆贼也。贼生矣,而望天门之开,何可得软! 天门不开,道之所以不止也。

孔子见老聃而语仁义。老聃曰:"夫播穅眯目,则天地四方易位矣;蚊虻噆肤,则通昔不寐矣。夫仁义,憯然乃愦吾心,乱莫大焉。吾子使天下无失其朴,吾子亦放风而动,总德而立矣。又奚杰杰然若负建鼓而求亡子者邪? 夫鹄不日浴而白,乌不日黔而黑。黑白之朴,不足以为辩;名誉之欢,不足以为广。泉涸,鱼相与处于陆,相呴以湿,相濡以沫,不若相忘于江湖。"

此节与《天道篇》"孔子西藏书于周室"节论仁义语略相近。然彼但言仁义之乱性,此则从仁义穷究到人之性上,意谓苟全其性,即仁义不待言。失性而言仁义,用力虽劳而无功。其曰"无失其朴","朴",本质,意即性也。

"播穅眯目","穅"今作糠,米皮也。"眯"读如本字,音米,谓物入目而视为病,故曰"天地四方易位"也。"蚊虻"一作蚉蝱,已见《人间世篇》。"噆"读咂,与孟子言"蝇蚋姑嘬之"之嘬同义。"昔"同夕。"通夕不寐",通夜不眠也。"憯"读惨。"憯然",痛切貌。"愦"各本作愤。《释文》云"本又作愦"。案:下云"乱莫大焉","愦"正心乱之义,则作

263

"惯"为长,故改正。

"放风而动","风"如《论语》孔子言"君子之德风"之风。放以"动"言,自是纵放。其解作依者,非也。"总德而立","总"以"立"言,总持之义也。"杰"各本不叠字,惟唐写本、陈碧虚《阙误》引张君房本并作"杰杰"。"杰杰"与《天道篇》之"偈偈"同音同义,则叠字者是也,故据补。"建鼓",鼓之以柱贯其中可树立者。盖殷之制如此,以与周之悬鼓别,故曰"建鼓","建"犹立也。"建鼓"者大鼓,别有小鼓,曰应鼓。故此言"负建鼓"者,特取其大,故曰"负",又曰"杰杰然",极写其用力之劳耳。

"鹄",今所谓天鹅也。《释文》云:"本又作鹤。"鹤古音读如确,故鹄、鹤通用。孟子引《灵台》之诗云"白鸟鹤鹤",鸟之白者莫如鹤,故以鹤鹤为之形容。"不日浴而白",言其白出乎性也。"不日黔而黑"亦同。"乌",乌鸦也。"黔"谓染黑。"黑白之朴,不足以为辩",言出乎性者,黑白皎然,不待辩说而知。"欢"各本作观,《释文》云司马本作"欢"。案:《说文》:"欢,哗也。"汲汲于名誉,正所谓"哗众取宠"者,则作"欢"为长。"观"疑即"欢"之假借,故兹改从"欢"。"名誉之欢,不足以为广",言名誉仅乃欢哗于外,不足以广大其身之德也。

"泉涸"以下二十三字,已见《大宗师篇》。此以仁义比之呴湿濡沫,而"无失其朴"比之相忘于江湖,与《大宗师》以喻誉尧非桀不如两忘而化其道者,取义不同。盖彼重在"两忘"二字,而此则重在呴湿濡沫与相忘江湖之分。细玩上下文,当自知之也。

孔子见老聃归,三日不谈。弟子问曰:"夫子见老聃,亦将何规哉?"孔子曰:"吾乃今于是乎见龙。龙,合而成体,散而成章,乘乎云气,而养乎阴阳。予口张而不能嗋,予又何规老聃哉!"子贡曰:"然则人固有尸居而龙见,雷声而渊默,发动如天地者乎? 赐亦可得而观乎?"遂以孔子声见老聃。

老聃方将倨堂而应，微曰："予年运而往矣，子将何以戒我乎？"子贡曰："夫三王五帝之治天下不同，其系声名一也。而先生独以为非圣人，如何哉？"老聃曰："小子少进！子何以谓不同？"对曰："尧授舜，舜授禹，禹用力，而汤用兵。文王顺纣而不敢逆，武王逆纣而不肯顺，故曰不同。"老聃曰："小子少进！余语女三王五帝之治天下，黄帝之治天下，使民心一，民有其亲死不哭，而民不非也；尧之治天下，使民心亲，民有为其亲杀其杀，而民不非也；舜之治天下，使民心竞，民孕妇十月生子，子生五月而能言，不至乎孩而始谁，则人始有夭矣；禹之治天下，使民心变，人有心而兵有顺，杀盗非杀人，自为种而天下耳。是以天下大骇，儒、墨皆起。其作始有伦，而今乎妇女，何言哉！余语女：三王五帝之治天下，名曰治之，而乱莫甚焉。三王之知，上悖日月之明，下睽山川之精，中堕四时之施。其知憯于蛎虿之尾、鲜规之兽，莫得安其性命之情者，而犹自以为圣人，不可耻乎？其无耻也？"子贡蹴蹴然立不安。

"三日不谈"，"不谈"亦作不言。非言谈所能表，故不谈不言也。"亦将何规哉？""规"，摹也。问将何以摹状之。"乃今于是乎见龙"，"龙"者难见之物而得见之，故曰"乃今于是"，庆幸之意尽吐露于此四五字间。《史记·老子列传》曰："吾今日见老子，其犹龙邪？"盖从此出。姚鼐《庄子章义》谓此文浅于《史记》，且斥之为非庄子之文，盖未尝详审也。"合而成体，散而成章"，言其变化不测。"乘乎云气，养乎阴阳"，言其隐见无时。"养乎阴阳"，顺阴阳之理而以自养也。成疏解作养物，于文义支矣。"口张而不能嗋"，惊叹之甚，至不能合其口也。"予又何规老聃哉！"言无得而规摹之。然见龙一喻，规摹之妙，殆无以

加。子贡会此而未能信,故欲亲一观以验之。"尸居龙见、雷声渊默",已见《在宥篇》。"发动如天地",即"神动天随"之意,而兼天地言之者,天动而地静,合动静而言之也。"赐",子贡名。"以孔子声见",谓用孔子之名以为之介也。

"倨"同居。"应"谓应见。"方将居堂而应",言将见子贡于堂上。"微"如"微见其意"之微,连下"曰"字为句。意子贡来时意气甚盛,故曰"予年运而往矣,子将何以戒我乎?""年运而往",谓行年老迈也。故作谦辞以诱之,是以谓之"微曰"。旧以"倨堂而应微"作一句,训"倨"为踞,解"微"为应声微细。古人未有踞见宾客之礼,原壤于孔子为故人,可以脱略形迹,故夷俟以待孔子,而尚不免叩胫之责。老氏固达于礼者,且在堂上,安得踞以见子贡哉!若曰应声微细,则当曰"微应"不得曰"应微"。且以"应"为应对之应,子贡尚未发问,何为有应!成疏曰:"物感斯应,微发其言。""微发其言"之说,是也。然"物感斯应",与"微发其言"分而释之则可,并作一处则不辞矣。故兹断以"应"字属上,"微"字属下,识者当知非有意立异也。

"三王"本或作"三皇"。下文言禹、言汤、言文武,自是三王,非三皇也。后亦有作"三皇"者,盖皆声误,并改正。"声名"即治之名,曰"名"又曰"声"者,以文字言曰"名",以言语言则曰"声",故"其系声名一也",犹云其系于治一也。其解"声名"作名闻音问者,盖失之。"先生",长者之称,故称老聃为先生。"独以为非圣人",成疏云:"排三王为非圣。"案:下文云"舜之治天下,使民心竞",是舜亦在非圣之中,不得云独排三王也。"独"者,对众之言。谓众皆以三王五帝为圣,而老子独不然。"如何"犹奈何,诘责之辞,非问辞也。

"少进"者,稍进也。"使民心一","一"者,无分别也。无分别,故有"亲死不哭"而不之非也。"使民心亲","亲"者,无睽异也。无睽异,故"有为亲而杀其杀"而亦不之非也。"杀"者降杀之杀,读铩。独隆其亲,余所欲降杀者,则降杀之,是为"杀其杀"。"使民心竞","竞",强

也。强则不一不亲矣。孕妇十月生子，常也。"子生五月而能言，不至乎孩而始谁"，则俗所谓早慧，是强之效也。"孩"者孩提。谓知孩笑而在提抱中者。"谁"者谁何。"不至乎孩而始谁"，谓未至孩提，而已开始分别人与物也。早慧者往往不寿，故曰"人始有夭矣"。"使民心变"，"变"谓机变。至机变，则不一不亲愈甚，而争端起矣。

"人有心而兵有顺"，下"有"字与"为"通。孟子曰："人之有道也，饱食暖衣逸居而无教，则近于禽兽。"见《滕文公篇》有为神农之言者许行章。"人之有道"，即人之为道也。故此"兵有顺"者，即兵为顺。兵为顺，谓以用兵为顺乎天理而非不当也。下云"杀盗非杀人"，即所引以为证者。《墨子·小取篇》曰："爱盗，非爱人也。杀盗，非杀人也。"此文下云"儒、墨皆起"，则所引正《墨子》之言无疑。旧以"人"字属下，而读"杀盗非杀"为句，误也。古者刑统于兵，故曰："刑罚不可废于国，征伐不可偃于天下。"语见《吕氏春秋·荡兵篇》言兵者每以兵刑并论，至班固《汉书·刑法志》犹然。此上言"兵"，而下及"杀盗"，正其例矣。

"自为种而天下耳"，"种"犹类也。"为"如上"为其亲"之为，读去声。"天下"上盖省曰字或以为字，古人文字此例甚多，如孟子言"吾君不能谓之贼"、"吾身不能居仁由义谓之自弃也"，皆若此。故此亦谓名为其类，而乃曰为天下耳。孟子曰："人有恒言，皆曰天下国家。"可见当时群相以天下为标榜，而真能为天下者，几人哉！故举此以讥之。各注解"天下"字，皆未谛当。实则意本明显，而自陷于晦塞，故愈解愈支也。

"天下大骇"，"骇"，扰动也。"儒、墨皆起"，当老子时，尚无儒、墨之名，而云然者，意在掊击儒、墨，而托之老子之言。《人间世篇》所云："其言，古之有也，非吾有也。若然者，虽直不为病。"盖借以免争而已矣。"作始有伦"，"伦"亦类也。"今乎妇女"，谓丈夫而有女子之行。如孟子言："以顺为正者，妾妇之道也。"郭注云："以女为妇，上下悖逆。"夫以女为妇，虽极淫乱之世，亦不一二见，庄子安得有此言！其失明矣。"何言哉"，谓不足言也。

"乱莫甚焉"者,乱莫甚于此也。"三王之知","知"读智。提一智字,以结前文,言三王之治天下而不免于乱者,皆机变之智以为之害也。"上悖日月之明"三句,已见《胠箧篇》。惟"睽"字为异。"睽"者,乖也。"其知憯于蛎虿之尾,鲜规之兽"十二字为一句。"蛎、虿"皆蝎之异名,其毒在尾,故以尾言。"鲜规"犹云规鲜,谓规取生物以为食者,如虎豹之类。蛎虿举其小,鲜规之兽举其大,两者本对言。注家误以"鲜规之兽"属下为文,因有小虫小兽之说,不知下文"莫得安其性命之情者",乃专就民人言,与《胠箧篇》截然不同,何与于小虫小兽之事乎!既言"不可耻乎?"又言"其无耻也?""也"读若邪,乃反诘子贡之辞。是以"子贡蹴蹴然立不安"也。于今之蹴蹴不安,则知来时固挟有盛气者矣。

孔子谓老聃曰:"丘治《诗》、《书》、《礼》、《乐》、《易》、《春秋》六经,自以为久矣,孰知其故矣。以奸者七十二君,论先王之道,而明周、召之迹,一君无所钩用。甚矣夫!人之难说也?道之难明邪?"老子曰:"幸矣,子之不遇治世之君也!夫六经,先王之陈迹也,岂其所以迹哉!今子之所言,犹迹也。夫迹,履之所出,而迹岂履哉!夫白鶂之相视,眸子不运而风化;虫,雄鸣于上风,雌应于下风而风化;类自为雌雄,故风化。性不可易,命不可变,时不可止,道不可壅。苟得其道,无自而不可;失焉者,无自而可。"孔子不出三月,复见曰:"丘得之矣。乌鹊孺,鱼傅沫,细要者化,有弟而兄啼。久矣夫,丘不与化为人!不与化为人,安能化人!"老子曰:"可。丘得之矣。"

《论语》曰:"子所雅言:《诗》、《书》,执礼。""子曰:兴于诗,立于礼,成于乐。"不言六经也。《礼记·王制》曰:"乐正崇四术,立四教,顺

先王《诗》、《书》、《礼》、《乐》以造士。"亦不言六经也。六经之名,盖起于孔子殁后,子夏辈传经之所加。则治《诗》、《书》、《礼》、《乐》、《易》、《春秋》六经,其非孔子之言明矣。孔子历聘,不过齐、卫、陈、宋诸国,西不至秦、晋,南不至吴、越,其所见之君,不过鲁定、鲁哀、齐景、卫灵等数人,则"以奸者七十二君",其非实事又明矣。庄子虽托之寓言,而必留其隙以示后人,吾于是见此老之苦心焉。

"孰"同熟。"孰知其故",犹后世言习于故事也。"奸"假借作干,谓干谒也。"周、召",周公旦、召公奭也。《诗经·国风》首《周南》、《召南》,以为王化之始基。孔子亦尝言:"人而不为《周南》、《召南》,其犹正墙面而立也与。"见《论语·阳货篇》故此于论先王之道外,特云"明周、召之迹"也。"钩",钩引。"无所钩用",言无有引用之者。"人之难说也? 道之难明邪","也"与邪同。言不知是人之难说,抑道之难明也。"说"读去声。"甚矣夫",叹其遇之不幸也。故老子应曰:"幸矣,子之不遇治世之君也。""幸矣",正针对"甚矣"言,言若遇治世之君而用之,适所以乱天下,盖犹是前章非三王之意也。

"陈迹",旧迹也。"所以迹",谓当时应变设宜,自有其所以然之故。此非执其迹者所能知也。故曰"夫迹,履之所出,而迹岂履哉",以譬六经圣人之所作,不得圣人之意,即六经亦糟魄,执以为圣人之道在是,则不然矣。

"白鵙",水鸟,以其雌雄常相睨,故取名为"鵙"。"眸子",目睛也。定睛注视,故曰"不运"。"风"如《尚书·费誓》"马牛其风"之风,谓交配也。"化"言孕育。雄鸣上风,雌应下风,如《召南·草虫》之诗云:"喓喓草虫,趯趯阜螽。"故先言鸣应、后言风化,与白鵙之先言相视、后言风化者同。郭子玄不察,以为视鸣则化,遂有不待合而便生子之说,并将"风"字略去,实误也。"类自为雌雄",则因鵙虫而推言之,言凡虫豸之类,各自有其雌雄,惟有雌雄之合,而后可以化育。此观于"风化"之上下一"故"字可见。郭注云:"夫同类之雌雄,各自有以相感。相感

之异,不可胜极。苟得其类,其化不难。故乃有遥感而风化也。"其言遥感而风化虽误,而以"类"为同类,则是也。而《释文》引或一说,乃谓"类"为鸟兽之名,据《山经》说之,言其自相牝牡。夫动物之中,一体而具雌雄二性者,信有之,然惟蚯蚓之类低等动物则然,若鸟与兽宁有是者!《山海经》志怪之书,何可据哉!诸子之书,摹状物情,率皆精审,盖亲从观察中得之,而注家仅就文字推测拟议,又不详求上下文,以是多违失原意,迷罔读者,可叹也!

细玩此文,接云"性不可易,命不可变,时不可止,道不可壅",可知言及虫鸟之风化者,意在感应之机存乎时性,故强以性之所本无,与夫时之所未宜,即皆不能不与物相凿枘,所以解孔子"人之难说、道之难明"之疑,而尤重在"命不可变、道不可壅"二语。"壅"者壅滞,即《天道篇》"运而无所积"积字之义。道之不可壅,实由命之不可变而来。盖命者天命之流行。流行之理不变,往过来续,无有停止。道欲与之相应,即安得有所壅滞哉!故曰"苟得其道,无自而不可,失焉者,无自而可"。"得其道"者,得夫无所壅滞之道也。《天运》一篇,全发明运行之义,故于篇末更一醒之。

"乌鹊",乌与鹊也。"孺"谓伏卵而孚。"沫",精也。"傅沫",雄鱼以精傅于子上。其有作"传"者,则"傅"之讹字也。"细要"之"要",通腰,指蒲卢蜾蠃之属。"化"者,不待孚而自化也。此三者,盖从上鹓虫之譬推类而得之。至"有弟而兄啼",则说明人事递嬗之理。弟生而兄让者,是道之自然也。若既有弟,而复与之争父母之爱怜,而至于啼泣,是为不知化。故与上三者义别,特作反语,以起下文"久矣夫,丘不与化为人"。注家率与上连类释之,非也。"不与化为人者",不能随化而为人。意即人而不能与化俱也。此"化"盖合"天"与"运"二字而有之。专以造化为释,似犹未能尽其意。"不与化为人,安能化人"者,谓自不能化,安能令人化也。夫苟知化,则《诗》、《书》、《礼》、《乐》、《易》、《春秋》有何不可用!即道有何不可明!故老子许之,曰:"可,丘得之也。"

庄子发微卷之三

刻 意 第 十 五

　　此与下《缮性篇》，类掇拾《在宥》、《天地》、《天道》、《天运》四篇之文与义而为之，其非庄子之作，而出诸门下之手，无疑。《缮性篇》尚有精辟之语，此篇则一意为文。始举为亢、为修、为治、无为、为寿之五者，盛张圣人之德，谓为不刻意而高，无仁义而修，无功名而治，无江海而閒，不道引而寿，立论可谓美矣、大矣。而后之所言，则仅及于养神，唯神是守，不亏其神而止，终不免偏于寿考、閒散一边，首尾未能相称，其与本师之言合天德、圣功、王道而一之者，相去远矣。

　　刻意尚行，离世异俗，高论怨诽，为亢而已矣。此山谷之士、非世之人、枯槁赴渊者之所好也。语仁义忠信，恭俭推让，为修而已矣。此平世之士、教诲之人、游居学者之所好也。语大功，立大名，礼君臣，正上下，为治而已矣。此朝廷之士、尊主强国之人、致功并兼者之所好也。就薮泽，处閒旷，钓鱼閒处，无为而已矣。此江海之士、避世之人、閒暇者之所好也。吹呴呼吸，吐故纳新，熊经鸟申，为寿而已矣。此

273

道引之士、养形之人、彭祖寿考者之所好也。

若夫不刻意而高，无仁义而修，无功名而治，无江海而闲，不道引而寿，无不忘也，无不有也，澹然无极，而众美从之。此天地之道，圣人之德也。

"刻意"，刻削其意，如荀子之所谓"忍嗜欲"。见《非十二子篇》"尚行"，如《易·蛊卦》之所谓"不事王侯，高尚其事"。"行"读去声。"离世异俗"，谓不同乎流俗、不合乎污世。"高论怨诽"，谓持论高峻，怨愤刺讥。"亢"，高也。观下云"不刻意而高"可见。此变文言"亢"者，避与上"高论"之高相犯也。"山谷"，谓隐于深山穷谷，作形容辞用。下朝廷、江海亦同。"非世"，不以世为然也。"枯槁赴渊"，若狐不偕、务光、纪他、申徒狄之徒是。见《大宗师》《外物》《让王》等篇刻意之极，至于枯槁无复生意，则沈水赴渊以死。言"好"者，彼固自甘之，故蹈之而不悔也。

"仁义忠信"上加"语"字，言其言；"恭俭推让"，言其行，此互文也。"修"谓修身。"平世"，对上山谷下朝廷言，谓守分安常，与世并处，故名之"平世之士"。或解"平"为平治天下之平，非也。上文明云"为修而已矣"，其道仅于修身而止，岂得言及平世乎！"教诲之人"，谓以教诲后学为事者。"游居学"，或游学，或居学也，此盖指仲尼之门，如游、夏之徒，散处往来，讲学传业者皆是。

"语大功"，以非常之功相标榜，而游说于当世。若有用之者，则功就名立，故复曰"立大名"。曰"语"曰"立"，亦分言与行言。"礼君臣，正上下"，谓正君臣上下之礼。以对举成文，故以"礼"字置于"君臣"字上，即下文所云"尊主"义也。"朝廷之士"，谓意在居朝廷之位，以行其说者。"致功"之"功"，读如攻，谓攻取弱乱之国而并兼其土地，故与"并兼"连言。此盖指当时兵家、法家言，如商鞅、申不害以及孙武、吴起之徒皆是。

"薮泽"，水草之地。言薮泽江海，皆对上朝廷言。薮泽曰"就"者，

谓退而就是，犹后世云退居草野，非本在薮泽草野也。"閒旷"，谓人所不居之地。"閒"如《礼记·主制篇》"以为閒田"之閒，犹空也，下"閒处"、"閒暇"，则优閒之閒，两义不同，不可不知。"閒暇"，谓优閒而暇逸也。此如许由、巢父以及《论语》所载荷蒉荷蓧丈人之辈皆是。

"呴"与欨同。老子曰："或欨或吹。"出气缓者欨，出气急者吹也。"呼"，出气。"吸"，入气。"吐故"，呼浊气。"纳新"，吸新气也。"吹呴呼吸，吐故纳新"，今之所谓深呼吸者似之。"熊经"，效熊悬树而引其颈。"申"同伸。"鸟申"，如鸟临风而展其翼。华佗以之为五禽之戏，见《后汉书·方伎·佗传》。一曰虎，二曰鹿，三曰猿，四曰熊，五曰鸟。其曰熊曰鸟，即此熊经鸟申也。今之柔软操与太极拳似之。"道引"之名，见医经，《素问·异法方宜论》作"道引"是。其术由来已久，谓通道气血，柔和肢体，可以引年也。"养形"，见后《达生篇》。"彭祖"，已见《消摇游》、《大宗师》。"寿考"，老寿也。

"无不忘"，"忘"与"有"对，盖借作亡，读若无。"无不亡"，谓刻意、仁义、功名、江海、道引五者皆无之。"无不有"，谓高、修、治、閒、寿五者皆有之。"澹然无极"承"无不亡"言。"澹"，淡之本字。"极"者限义。"无极"，谓不限于一名。"众美从之"承"无不有"言。"众美"，即高、修、治、閒、寿五者。"美"者，善也。是惟圣人能之。故曰"此天地之道，圣人之德也"。言"圣人之德"，先之以"天地之道"者，"圣人之德"一本乎天地也。

故曰：夫恬惔寂漠，虚无无为，此天地之平而道德之质也。故圣人休焉，休则平易矣，平易则恬惔矣。平易恬惔则忧患不能入，邪气不能袭，故其德全，而神不亏。故曰：圣人之生也天行，其死也物化；静而与阴同德，动而与阳同波；不为福先，不为祸始；感而后应，迫而后动，不得已而后起。去

知与故，循天之理。故无天灾，无物累，无人非，无鬼责。其生若浮，其死若休。不思虑，不豫谋。光矣而不耀，信矣而不期。其寝不梦，其觉无忧。其神纯粹，其魂不罢。虚无恬惔，乃合天德。故曰：悲乐者，德之邪；喜怒者，道之过；好恶者，德之失。故心不忧乐，德之至也；一而不变，静之至也；无所于忤，虚之至也；不与物交，惔之至也；无所于逆，粹之至也。

"恬惔寂漠，虚无无为"，《天道篇》作"虚静恬淡，寂寞无为"，虚静在前，而此则恬惔在前者。下篇《缮性》云："以恬养知，以知养恬。"意固重在恬惔，而即此亦可证二篇出于一人之手，无疑也。以"虚无"换"虚静"字，后虽有云"一而不变，静之至也"，又云"静一而不变"，然虚静自是两义，其义较备。虚无并归一件，又偏在无上，虽加补充，其与《天道》之文亦有间矣。"道德之质"，"质"，《天道篇》作"至"，此作"质"者，"质"者实也，对前"刻意为亢"以下五者说，见彼之非其本真。是则因文为义，改之允当者也。

"故圣人休焉"，"故"下各本多"曰"字，此乃涉上下"故曰"之文而衍。又下文"休则平易矣"，"休"字倒在"焉"字上，皆证之《天道篇》可知其误，故并改正。"平易"字从"天地之平"平字出。"平易"者，不偏不倚之谓。下篇《缮性》云"礼乐偏行，则天下乱矣"，亦正根"平易"为论。此从"恬惔"上推极其本说，故接云"平易则恬惔矣"，"恬惔"上增"平易"字，似枝蔓，而实非枝蔓也。"忧患不能入"，即《天道篇》所云"忧患不能处"，下又云"邪气不能袭"者，意在保身尽年。观开端五者以彭祖寿考列之最后，亦可见也。"德全"，承"忧患不能入"言。"神不亏"，承"邪气不能袭"言。神为形主，保身尽年，必先神不亏损。下云"养神"，云"唯神是守，与神为一"，云"圣人贵精"，皆发乎此。予所以讥其偏于寿考、闲散，而有异乎庄子之圣功、王道并举者，亦由乎此也。

"生也天行"四句，已见《天道篇》。"不为福先，不为祸始"，即老子

"不为天下先"之意。"不得已",见《人间世篇》,曰"一宅而寓于不得已",又曰"托不得已以养中",杂篇《庚桑楚》亦曰"有为也欲当,读去声则缘于不得已。不得已之类,圣人之道"。《庄子》一书言"不得已"者多矣。然庄子之言活,此篇之言窒。其曰"感而后应,迫而后动,不得已而后起",与《天下篇》慎到之"推而后行,曳而后往"颇相似,不知此正庄子所云"豪杰相与笑之,曰:慎到之道,非生人之行,而至死人之理"者也。即"不为福先,不为祸始",意虽本乎老子,而亦未能全明老子之意。《天下篇》之论老子,有云:"人皆求福,己独曲全,曰苟免于咎。"夫曰"曲全",曰"苟免",则迫于时势使然,非以是为即天下之至道也。今论道德之质,论圣人之德,而必曰"不为福先,不为祸始",则真成荀子所云:"有后而无先,则群众无门者。"见《荀子·天论篇》天下又何贵乎有圣人哉! 即此亦可知其决非庄子之作也。

"去知与故",亦见《管子·心术篇》。彼"知"作"智",知、智字通。"故"者习也。孟子曰:"天下之言性也,则故而已矣。"以故对性言;本书《达生篇》曰:"始乎故,长乎性,成乎命。"以故对性命言;即《管子·心术篇》"去智与故"上亦云"人者,立于强,谓强勉也。读去声。务于善,本于能,"能"即孟子之所谓"良能"。今各本"本"字作"未",盖形误,因改正。动于故"者也,以故对能言。合而观之,可知当时言"故"犹言"习"矣。性本自天,习起于人。起于人则不能自然,而非故加之意不可,故曰"故",今世俗犹有"故意"之言,是即"故"之本义。荀子以"伪"对"性"。伪者人为,则伪亦故也,习也。注家解故为巧、为诈,失之矣。"循天之理",即循乎自然也。"无天灾"四句,亦见《天道篇》,但"灾"作"怨",而以"天怨""人非"对文、"物累""鬼责"对文。彼盖本诸己而言之,故以"知天乐"发端。则"无天怨"者,无怨天;"无人非"者,无非人。与孔子言"不怨天,不尤人"同意,其义切。此则以自外至者言之,则是天不为灾,物不为累,人不之非,鬼不之责而已,其义浅矣。

"生若浮,死若休",出于《大宗师》之"生为附赘悬疣,死为决疯溃

痌"。"不思虑",出于《天地篇》之"居无思,行无虑"。"不豫谋",出于
《德充符》之"圣人不谋"、《大宗师》之"不谟士"。"光而不耀",语本老
子"信而不期",即不必信义。"言不必信",孟子语。见《离娄篇》。哀十六年
《左传》:"期死,非勇也。"杜注云:"期,必也。"《论语》:"毋意,毋必。"见
《子罕篇》朱子《集注》亦云:"必,期必也。"是"期"与"必"同训。"其寝不
梦"二句,已见《大宗师》。"其神纯粹",义见下。"其魂不罢","罢"借
为疲,《天道篇》正作"其魂不疲"。

　　"虚无恬惔,乃合天德",言欲合天德,惟虚无恬惔乃能之,故下文
于悲乐喜怒好恶一概绝之,曰"悲乐者,德之邪;喜怒者,道之过;好恶
者,德之失"。又曰"心不忧乐,德之至也"。是与魏之何晏论圣人无喜
怒哀乐何异! 见《三国志·王弼传》注《齐物论》言"不喜求",未尝言不喜
也,《大宗师》言"不知说生,不知恶死",未尝言不说不恶也。且言"喜
怒通四时",亦见《大宗师》是明明有喜怒矣。言"其好之也一,其弗好之
也一",亦见《大宗师》是明明有好恶矣。《德充符》末结以有人之形,无人
之情,而旋即自解曰:"吾所谓无情者,言人之不以好恶内伤其身,常因
自然而不益生也。"夫不以好恶内伤其身,常因自然而不益生者,即《中
庸》"喜怒哀乐发而中节"之谓。喜怒哀乐发乎本性,是即自然,是即天
理,岂有以悲乐喜怒好恶不问其中节与否,而悉指为"德之邪、道之过"
者哉! 违其师说,悖乎通道,是非小疵而已也。

　　《天道篇》云"静则动,动则得矣",此云"一而不变,静之至",则静
而不能动。《天道篇》云"虚则实,实者备矣",此云"无所于忤,虚之
至",则虚而不能实。至"不与物交,惔之至",则是绝物也。"无所于
逆,粹之至",则是逃世也。于文则巧,于道则支矣。

　　故曰:形劳而不休则弊,精用而不已则劳,劳则竭。水之
性不杂则清,莫动则平;郁闭而不流,亦不能清,天德之象也。
故曰:纯粹而不杂,静一而不变,淡而无为,动而以天行,此养

神之道也。夫有干越之剑者,柙而藏之,不敢用也,宝之至也。精神四达并流,无所不极,上际于天,下蟠于地,化育万物,不可为象,其名为同帝。纯素之道,唯神是守;守而勿失,与神为一;一之精通,合于天伦。野语有之曰:"众人重利,廉士重名,贤人尚志,圣人贵精。"故素也者,谓其无所与杂也;纯也者,谓其不亏其神也。能体纯素,谓之真人。

"弊"与敝通。司马谈《论六家要旨》归重于道家,其曰"神大用则竭,形大劳则敝",_{大读太,见《史记·自序》}。盖本于此。而"弊"作敝,敝谓疲敝,正与劳对。"劳则竭","竭"谓枯竭。独以劳为言者,太史公所谓:"神者生之本,形者生之具,精竭而神亡,神亡而形随之。"故此文前后言神,意固仍在形也。"水之性不杂则清"数语,在此文中最为精核。而"郁闭而不流,亦不能清"云云,尤为能阐发运而无所积之义。其曰"天德之象",曰"动而以天行",亦皆与《天道》《天运》等篇不悖。而下言"有干越之剑者,柙而藏之,不敢用也,宝之至也",则意终偏于静,于上下文皆不免龃龉。《养生主》亦言善刀而藏,然其藏在动刀甚微、踌躇满志之后,所谓用则行、舍则藏者,非一味以藏为贵也。且如下云"精神四达并流,无所不极,上际于天,下蟠于地,化育万物,不可为象,其名为同帝",曰"达"曰"流"曰"际"曰"蟠"曰"化育",皆动之、用之而后至,岂柙而藏之而能若是乎?大抵此文醇杂不一,精粗迭见,犹未若《骈拇》《马蹄》《胠箧》之作者自伸其说,而前后为能一贯也。

"干",司马彪注云:"干,吴也。吴越出善剑。"是也。盖"干"本国名,后为吴灭,字亦作邗。哀九年《左传》"吴城邗沟,通江淮",是吴因邗以通于中国,故中国称之为干。《荀子·劝学篇》亦有"干越夷貉之子"之说,则吴越称干越,固当时语也。"柙"同匣。"并流"犹旁流。"极",至也。"蟠",委也。_{《礼记·乐记》"及夫礼乐之际乎天蟠乎地",郑康成注:"蟠,委也。"}"不可为象",言不可得而迹象之。"同帝",谓同乎天也。"纯

素"即上云"纯粹"。"纯素之道"变"粹"言"素"者,"素"有本质义,盖兼寓返本还源之意焉。"唯神是守",专守其神使不外驰也。"守而勿失,与神为一"者,守之之久,形与神一,即《在宥篇》广成子告黄帝"神将守形,形乃长生"者也。"精通"之精,与《易·乾卦·文言》云"纯粹精"之精同,非上文"精用而不已则劳"之精也。"精通",犹言通精,谓造乎纯粹之极,故能"合于天伦"。"伦"犹理也。上言"循天之理",犹我是我,天理是天理。此言"合于天伦",则我与天理为一。由与神为一而与天为一,是其次第也。

"野语",谓谚语也。"圣人贵精","精"即精通之精。注家或以精神之精释之,非也。"能体纯素,谓之真人","体"如《天地篇》云"体性抱神"之体。"体纯素"者,谓以纯素为之体也。《大宗师》说古之真人,至费数百字而未已,此仅以"能体纯素"四字尽之,可谓简矣。然在彼不觉其繁,而在此惟觉其略,何也?有体而无用,则偏而不全;有表而无里,则似而不真。其病则虽言养神,终是为形而养。吾断其偏于寿考、闲散一边,非苛论也。

缮 性 第 十 六

此篇要旨,全在"复初"二字。"复初"者,复其性也,观"无以反其性情而复其初"语可见。故文中"性"字"初"字交错叠出。

缮性于俗学,以求复其初;滑欲于俗思,以求致其明;谓之蔽蒙之民。古之治道者,以恬养知;生而无以知为也,谓之以知养恬。知与恬交相养,而和理出其性。夫德,和也;道,理也;德无不容,仁也;道无不理,义也;义明而物亲,忠也;中纯实而反乎情,乐也;信行容体而顺乎文,礼也。礼乐偏行,则天下乱矣。彼正而蒙己德,德则不冒,冒则物必失其性也。

"缮"谓补缮。性本无缺,有,复之而已,何须于补?曰"缮性",斯其为俗学可知矣。"俗"字旧重。"俗学"、"俗思"对文,于文义不当重,因校删。"滑"同汩,谓汩没也。"欲"与"性"对。《礼记·乐记》曰:"人生而静,天之性也。感于物而动,性之欲也。"此欲正与彼同,乃感于物而动之性,与常言私欲之欲别。欲本有其明,致之而已矣。何为自汩?汩而求明,是反镜而索照也。即此便是"俗思",不必如后文"溺情轩

冕"方谓之俗思也。"谓之蔽蒙之民","蔽"者蔽于俗,"蒙"者蒙其本明,"民"犹人也。

"治道"犹言为道。"恬"即《天道篇》"虚静恬淡"之恬,从上"复其初""初"字出。人性之初,本虚静恬淡,故《乐记》亦言"人生而静"也。"知"从"致其明""明"字出。若以中庸通之,恬则诚也,知则明也。"以恬养知",所谓自诚明也。"以知养恬",所谓自明诚也。"生而无以知为"者,"生"读如性,谓任其性之自然,用知而与不用同,故曰"无以知为"也。孟子曰:"如智者若禹之行水也,行其所无事,则智亦大矣。"义与此同。旧本有重"知"字,而作"知生"者,疑不知者臆增,非其本也。"知与恬交相养",所谓诚则明矣,明则诚矣。知恬,诚明,虽分二名,实则一性而已,故接云:"和理出其性。"和出于恬,理出于知也。"理"者条理之谓。

"德,和也;道,理也",见道德本乎性也。"德无不容,仁也;道无不理,义也",见仁义本乎道德也。本乎道德,亦即本乎性也。"义明而物亲,忠也",兼仁义而言之,所谓合外内之道也。"中纯实而反乎情,乐也","纯实"犹充实,"乐"言"反乎情"者,《乐记》所云"乐盈而反,以反为文"者也。"信行容体而顺乎文,礼也","礼"言"顺乎文"者,《乐记》所云"礼减而进,以进为文"者也。"信行"之"行"读如字,谓信行乎容体也。信行乎容体,容体之所以敛饬也。乐盈而反,是乐中有礼也;礼减而进,是礼中有乐也。礼乐之相为用,犹仁义之不可分也,故接云:"礼乐偏行,则天下乱矣。""偏"旧作徧,徧、偏古亦通,然作"偏"较明,因改正。

"彼正而蒙己德","蒙"即蔽蒙之蒙,言物本各正,而乃自蒙其德。此"德"为"德性"之德,与上"德"与"道"对言者不同,观下文"德则不冒,冒则物必失其性也",以"性"与"德"交说可知。"冒"承"蒙"言。"德则不冒"者,言果得乎性,则必不冒。《说文》云:"冒,冡而前也。"冡,蒙本字。言蒙则仅覆盖义,言冒则兼不明义,故变蒙而言冒也。"冒则

物必失其性也"者，言惟不致其明，所以不复其初也，此正文字前后照应处，注家不知，训前蒙为蒙昧，而训后蒙为蒙被，以冒为强加于人，失之甚矣。

　　古之人在混茫之中，与一世而得澹漠焉。当是时也，阴阳和静，鬼神不扰，四时得节，万物不伤，群生不夭，人虽有知，无所用之，此之谓至一。当是时也，莫之为而常自然。逮德下衰，及燧人、伏羲始为天下，是故顺而不一。德又下衰，及神农、黄帝始为天下，是故安而不顺。德又下衰，及唐、虞始为天下，兴治化之流，澆淳散朴，离道以善，险德以行，然后去性而从于心。心与心识知，而不足以定天下，然后附之以文，益之以博；文灭质，博溺心，然后民始惑乱，无以反其性情而复其初。

　　首节之言，大抵本诸六经，故精粹而明畅。此节称太古而卑唐虞，与《在宥》、《天运》诸篇为近，则老氏之绪论。盖庄子本兼祧孔、老两家，故其门下亦复尔尔也。"混茫"犹浑沌，后文所云"淳朴"是也。"澹漠"即恬恢寂漠之省文。"与一世"，"与"读若举，谓举世无不然也。"人虽有知，无所用之"者，无可用知之地，则以知养恬而已矣。"此之谓至一"，"一"者，一于性而不离也。

　　"逮"，及也。"燧"，木燧，用以钻木取火者。燧人氏始为此，以教民火食，故称之曰"燧人"。"伏羲"已见《人间世篇》。《大宗师篇》作伏戏，他书亦作庖牺。羲、戏、牺字通。始教民养牺牲以供庖膳，故称之曰"庖牺"或"伏羲"也。曰"始为天下"，则非莫之为而一任自然者。"顺"者，顺乎性而不逆也。曰顺乎性，则已与性离矣，故云"顺而不一"。"安"，如"知其不可奈何而安之若命"之安。惟逆而后须安之，故曰"安而不顺"。

"唐、虞",尧、舜也。兴治化而曰"流"者,言非其源也。"漓"一作浇,"淳"一作醇,字并同。淳者而薄之,是为浇淳。"朴"同樸。樸者而斯之,是为"散朴"。"离道以善",则善而失其理。"险德以行",则行而失其和。"险"之为言不易也。不易,斯不和矣。"去性而从于心",即去性而从于知也,故曰"心与心识知"。言知又言识者,"识"者,识人之心。识人之心,而后又起一知以应之。《人间世》云:"知也者争之器也。"盖谓是也。"附之以文","文"谓礼文。"益之以博","博"谓博学。"文灭质",则去复初也益远矣。"博溺心",则求致明也益难矣。故曰"然后民始惑乱,无以反其性情而复其初"。"惑乱"应"蔽蒙"言,蔽则未有不惑,蒙则未有不乱者也。

由是观之,世丧道矣,道丧世矣。世与道交相丧也,道之人何由兴乎世,世亦何由兴乎道哉!道无以兴乎世,世无以兴乎道,虽圣人不在山林之中,其德隐矣。隐故不自隐。古之所谓隐士者,非伏其身而弗见也,非闭其言而不出也,非藏其知而不发也,时命大谬也。当时命而大行乎天下,则反一无迹;不当时命而大穷乎天下,则深根宁极而待;此存身之道也。古之存身者,不以辩饰知,不以知穷天下,不以知穷德,危然处其所而反其性,已又何为哉!

"丧",败也。世愈下而道益漓,所谓"世丧道"也。道益漓而世愈难复于古,所谓"道丧世"也。"世与道交相丧"句,喝起下文。"道之人",谓明道之人,即下云圣人也。圣人不兴于世,则世皆俗学,"世亦何由兴乎道哉!""圣人不在山林之中而其德隐"者,世不足以知圣人,非圣人必不使人知也,故曰"隐故不自隐"。"故"与固通。

"隐士"承上而言,即圣而隐者,以别于当时山谷江海之士,故曰"古之所谓隐士"也。"时命大谬",言悖乎时而遭命之穷也。就世言

之,则谓之时;就己言之,则谓之命。"当时命而大行乎天下",道之行也。道行而天下反于一德,莫见其功,是为"反一无迹"。"不当时命而大穷乎天下",道之穷也。道穷,而不改其恬愉之故,是为"深根宁极而待"。"深根"者固其本,"宁极"者安其中。极,如《尚书·洪范》"皇极"之极,故训为中。曰"根"曰"极",皆谓性也。"待"者,待时命之迁移也。

"存身",即《养生主》所云"保身",而《易·系辞传》所云"安身"也。此对上"非伏其身而弗见"说,意谓不必伏其身而身自可存。"不以辩饰知",对上"非闭其言而不出"说,谓出言皆自中理,不必待辩以为之饰。"不以知穷天下,不以知穷德",对上"非藏其知而不发"言,谓知虽时发,而未尝以此困天下,亦未尝以此自困其德也。

"危然",如《论语》"危言危行"之危,见《宪问篇》盖特立不倚之貌。"处其所",犹云止其所。"反其性",即复其初也。"己又何为哉",所谓莫之为而常自然也。

道固不小行,德固不小识;小识伤德,小行伤道。故曰:正己而已矣。乐全之谓得志。古之所谓得志者,非轩冕之谓也,谓其无以益其乐而已矣。今之所谓得志者,轩冕之谓也。轩冕在身,非性命也;物之傥来,寄也。寄之,其来不可圉,其去不可止。故不为轩冕肆志,不为穷约趋俗,其乐彼与此同,故无忧而已矣。今寄去则不乐,由是观之,虽乐未尝不荒也。故曰:丧己于物,失性于俗者,谓之倒置之民。

"道固不小行",故宁穷而不肯自贬。"德固不小识",故宁隐而不求人知。"小识",与孔子言"君子不可小知"之小知同,语见《论语·卫灵公篇》非"贤者识大,不贤者识小"之比也。识大识小,见《论语·子张篇》。夫圣人所以不自贬损而求售者,非独为存身也,亦所以保道德之全之纯,故曰"小识伤德,小行伤道"。"正己而已矣"者,己正而物正,初不待强

加之人也。孟子曰："有大人者,正己而物正者也。"见《尽心篇》。"乐全之谓得志"者,德全者性全,性全者乐全。学之初志如是,而今得之,故谓之得志也。

"轩",车也。得位则乘轩而服冕。"古之所谓得志,非轩冕之谓"者,志本不在乎轩冕高位也。志本不在乎轩冕高位,则得之于其乐何所益,故曰"谓其无以益其乐而已矣"。此"谓"字与"为"同。为读去声《史记·李广传》"士卒咸乐谓之死",《汉书》作"士卒亦佚乐为之死",是古"谓"、"为"通用,至汉犹然也。"轩冕在身,非性命也","非性命",犹言非性命之比。"物之傥来寄也","傥"者,或然之辞。"傥来寄",犹言偶来寄。"寄之",犹言寄者。读时于"之"字当略顿。"圉"与御同。来不可御,去不可止,是所谓寄也。两"不为""为"字,皆去声。"肆",放也,荒也。"不为轩冕肆志"者,不因得位而荒其志。注家多以"得志"、"肆志"解作得意、快意,不免将"志"字看轻矣。"约"与"不仁者不可以久处约"之约同。见《论语·里仁篇》"穷约",即穷困也。"不为穷约趋俗"者,不因困穷变而从俗。"其乐彼与此同",谓在彼与在此同。彼者轩冕,此者穷约,乐本不关于穷通贵贱,故视之一如。若曰乐轩冕与乐穷约同者,则是轩冕犹有可乐,与今之得志者何别!非其旨矣。"故无忧而已矣"者,乐在无忧。有忧即非真乐。"今寄去则不乐",是寄去则忧,故"虽乐而未尝不荒也"。"荒"者,当其乐时,患得患失之心往来搅扰,无复宁静,终是忧多而乐少,是以谓之荒也。

不正己,则丧己于物矣;不反性,则失性于俗矣。故结曰:"丧己于物,失性于俗者,谓之倒置之民。""倒置"者,本末易位,轻重失所也。始于蔽蒙,终于倒置,其势有必然者,言之可谓痛切矣。

秋 水 第 十 七

此篇河伯、海若问答一章，实撮内七篇之精蕴而熔炼以出之，且有发七篇所未发者，自是庄子经意之作，而惜乎杂入公孙龙问于魏牟及惠子相梁两段，意既浅露，文亦迫隘，不仅瑜中之瑕，几等佛头之粪，当由门弟子模拟而附益之，欲以尊其师，而不知适所以浅视其师也。文出于学，岂易为哉！

秋水时至，百川灌河，泾流之大，两涘渚崖之间不辨牛马。于是焉，河伯欣然自喜，以天下之美为尽在己。顺流而东行，至于北海，东面而视，不见水端，于是焉，河伯始旋其面目，望洋向若而叹，曰："野语有之，曰：'闻道百，以为莫己若'者，我之谓也。且夫我尝闻少仲尼之闻而轻伯夷之义者，始吾弗信，今我睹子之难穷也，吾非至于子之门，则殆矣。吾长见笑于大方之家。"

北海若曰："井鱼不可以语于海者，拘于虚也；夏虫不可以语于冰者，笃于时也；曲士不可以语于道者，束于教也。今

287

尔出于涯涘,观于大海,乃知尔丑,尔将可与语大理矣。天下之水,莫大于海,万川归之,不知何时止而不盈;尾闾泄之,不知何时已而不虚;春秋不变,水旱不知。此其过江河之流,不可为量数。而吾未尝以此自多者,自以比形于天地,而受气于阴阳,吾在天地之间,犹小石小木之在大山也,方存乎见少,又奚以自多!计四海之在天地之间也,不似礨空之在大泽乎?计中国之在海内,不似稊米之在大仓乎?号物之数谓之万,人处一焉;人卒九州,谷食之所生,舟车之所通,人处一焉;此其比万物也,不似豪末之在于马体乎?五帝之所运,三王之所争,仁人之所忧,任士之所劳,尽此矣。伯夷辞之以为名,仲尼语之以为博,此其自多也,不似尔向之自多于水乎?”

此第一问答,即《消摇游》“小知不及大知”之说也。“秋水”,孟子所云“七八月之间雨集,沟浍皆盈”者。见《离娄篇》“时至”,以时而至也。“泾”与径通,崔譔本作径,曰“直度曰径”是也。其作泾者,以其言水,故改而从水,此正古转注法也。“两涘”,河两岸。“渚”,河中小洲。“崖”与涯通,故字又作涯,就水言之曰涯,就山言之曰崖,一也,观下言“涯涘”可见。“之间”,兼上两涘、渚崖二者而言,谓两涘之间与渚崖之间也。“不辨牛马”,牛马皆大物,而不能别,以见泾流之大如此。

“河伯”,河神,即《大宗师篇》之“冯夷得之以游大川”者。称之伯者,河为百川之长,故号曰伯,冯夷则其名也。“欣然”,自喜貌。“以天下之美为尽在己”,水而言美者,为下闻道语道发端也。“北海”,渤海也。“东面”,面东也。“不见水端”,谓不见水之所际,言端犹言边也。“旋其面目”,转变其欣喜之面目也。“望洋”一作盳洋,望、盳声通,盖茫然自失貌。唐孙樵《骂僮志》“忽恍乎若病醒之未醒,盳洋若痴人之冥行”,以“盳洋”与“忽恍”对用,其义可知。故以望洋解作望海者,固非;谓之远望与仰视者,亦非也。“若”,海神,海神谓之若者,若有若

无,犹南海之帝为儵,北海之帝为忽,儵忽之义也。"闻道百以为莫己若",百与若叶韵。由一而十而百而千而万,百居数之中,以百望一、十则多,以百望千、万则少。闻道止此,而以为天下莫能如己,语盖讥其浅小。曰"我之谓",谓己正蹈此讥也。"少"亦轻也。"闻"谓多闻。孔子当时以博学多识著,故云"仲尼之闻"。此文意重在此,若伯夷之义,则以作陪衬耳。"方"即《天下篇》"方术"之方。"大方"对"小道"言,今人称能书画、能诗文者辄曰"大方家",失其义矣。

"井鱼",各本作"井蛙",王引之《经义述闻》据《太平御览》引作鱼,而以《释文》至后"坎井之蛙"始出"蛙"字,以证《御览》之是而各本之非,其说确凿有征,故兹改作鱼。井得有鱼者,古井如今所云土井,往往与沟渎相通连,故《易·井卦》九二爻云"井谷射鲋",是有鱼之证也。"虚"本亦作墟,墟后起字。"拘于虚",犹云拘于地也。"夏虫",如《消摇游》蟪蛄之属,经秋则死或藏者。"笃",笃守。"笃于时",犹云守于时也。"曲士",即《天道篇》所云一曲之人,《天下篇》则曰"不该不遍,一曲之士"也。老子言"曲则全",曲者全之反,故不该不遍谓之一曲之士。此"曲士"对上"大方之家"言。"束于教","教"谓所受学也。"丑"对上"以天下之美为尽在己"美字言。知丑则知不足。知不足,则非旧学所可束缚,故曰"将可与语大理矣"。荀子曰:"蔽于一曲而暗于大理。"见《解蔽篇》"可语大理",则非曲士矣。

"尾闾",假人体以为名,言海水所从宣渫之处。或以《玄中记》沃焦当之,谓在东海中,海水灌之而即消。此明言渫,岂沃焦之谓乎! 误显然矣。"渫"与泄同。"不可为量数","为"读去声,犹以也,见王引之《经传释词》言不可以量计。"自多",自以为多,犹自满也。"比"借作庀。"比形",具形也。"大山","大"读太,即泰山。"见少",见其少。"礨"即礧字,读雷。"空"读去声。"礨空"者,转石所成之孔也。"稊米",稊稗之米。不取常米而取稊米为喻者,极欲以形其小也。"大仓","大"亦读太,谓国仓也。"号物之数谓之万,人处一焉",此人对物言,人于

万物居其一,谓人类也。"人卒九州,谷食之所生,舟车之所通,人处一焉",此人对人卒言。"人卒"者,人众也,亦即人类。《天地篇》云:"人卒虽众,其主君也。"此人卒正同。"九州",邹衍之所谓大九州,非《禹贡》之九州也。九州之地,凡谷食所生,舟车所通,人众布焉。于此而居其一,谓中国之一人也。两"人"字,名同而义不同,注家混而一之,非也。"此其比万物也,不似豪末之在于马体乎?"此指中国之人言,于万物之中而有人,于人之中而有中国之人,今以中国之人与万物比,故似豪末之在于马体也。"豪"同毫。毫而曰末,则小之又小矣。

"五帝之所运","运"今各本作连,惟陈碧虚《阙误》引江南古藏本作运,连盖运字之缺,兹据改。"运"者运转,谓递相授受,如尧、舜之禅让,是故用以与"争"字对举也。"仁人"指儒家言。"任士"指墨家言。儒家亟言仁,不待释。知任士为墨家者,《墨经》云:"任,士损己而益所为也。"为读去声《经说》曰:"任,为身之所恶,以成人之所急。"为读平声他家未有专以任为教者,而墨子独然,故任士之称惟墨家足当之。庄子每以儒、墨并言。任士为墨,则仁人为儒可知也。"尽此"者,其所运、所争、所忧、所劳不能出此中国之人之外也。"伯夷辞之",辞孤竹之君而不为也。"仲尼语之",语五帝三王之道欲以为治也。伯夷何尝以为名,仲尼何尝以为博,又何尝自多,而云然者,于仲尼、伯夷且有所未足,则余者自桧以下可以无讥焉尔。此微意也。

河伯曰:"然则吾大天地而小豪末,可乎?"北海若曰:"否。夫物,量无穷,时无止,分无常,终始无故。是故大知观于远近,故小而不寡,大而不多,知量无穷;证于曩今,故遥而不闷,掇而不跂,知时无止;察乎盈虚,故得而不喜,失而不忧,知分之无常也;明乎坦涂,故生而不说,死而不祸,知终始之不可故也。计人之所知,不若其所不知;其生之时,不若未

生之时；以其至小求穷其至大之域，是故迷乱而不能自得也。由此观之，又何以知豪末之足以定至细之倪！又何以知天地之足以穷至大之域！"

　　此第二问答，即《齐物论》之旨，而分"量"、"时"、"分"与"终始"四者言之。"量"与"时"，就宇宙言。"分"与"终始"，就人事言。言终始而及死生，则穷至人生之究竟，于是与《养生主》、《大宗师》之篇亦有沟通者焉。"量无穷"，空无尽也。"时无止"，时不停也。"分无常"，"分"者分际，读去声。"无常"，言随时空而变也。"终始无故"，"故"借作固。"无固"，言迁转往复，无得而固定也。郭注曰"日新也"，则以故为旧故。此于"无故"可通，于下文"终始之不可故"则不可通矣。马其昶《庄子故》因郭注之不通，乃改而训故为端。然其于下句之不可通，亦与郭注同。今作固释之，则于上下文既皆无窒，而与无穷、无止、无常之义亦复一贯，余所以敢守之而不疑也。

　　"观于远近，故小而不寡，大而不多"，此"故"字用与"则"字同，下三"故"字亦然。"小而不寡"，即小而不小；"大而不多"，即大而不大。言小不小、大不大，而先之以观于远近者，盖大者而远观之，则大者亦小；小者而近观之，则小者亦大，以此知小而可大、大而可小、小有更小、大有更大，故曰"知量无穷"。

　　"证于曏今"，各本皆作"证曏今故"，案：《释文》引崔撰注云"曏，往也"，则曏今即往与今。言曏今，犹言今昔今古也。"今"下"故"字，自是涉下"故遥而不闷"故字而误重。不知何时"证"下脱"于"字，郭子玄乃以"证曏今故"为句，而训曏为明，合上证字，以为连文。夫上言"观于远近"，下言"察乎盈虚"、"明乎坦涂"，皆用一字，不应此独用连文也；且一证字意已足，又焉用明字以益之？今特补"于"字，而删"故"字，以还其旧。"证于曏今"，则"遥而不闷，掇而不跂"者，"遥"，远也。谓古而以今证古，则古犹今也，未尝不明也。"闷"如老子"其政闷闷"

之闷,犹昧也。"掇"谓可掇取者,近也。而以古证今,则刹那刹那不停,今且古矣,不可得而跋及也,故曰"知时无止"。

"察乎盈虚",则"得而不喜,失而不忧"者,盈者有时而虚,虚者有时而盈,是得或失之,失或得之,何喜何忧之有! 故曰"知分之无常也"。

"明乎坦涂",则"生而不说,死而不祸"者,《大宗师》曰:"死生,命也。命,谓天命之流行。其有夜旦之常,天也。"以死生为夜旦,是则所谓"坦涂"也。明乎此则生有何可说! 同悦死有何可祸之有! 故曰"知终始之不可固也"。

"计人之所知,不若其所不知;其生之时,不若未生之时",即《养生主》"生也有涯,而知也无涯"之说。"以其至小求穷其至大之域",所谓"以有涯随无涯殆已"者,"是故迷乱而不能自得也"。"倪",端也。"又何以知豪末之足以定至细之倪",谓豪末不必小,《齐物论》所以言"天下莫大于秋豪之末"也。"又何以知天地之足以穷至大之域",谓天地不必大,《大宗师》所以言"狶韦氏得之以挈天地"也。

河伯曰:"世之议者,皆曰:'至精无形,至大不可围。'是信情乎?"北海若曰:"夫自细视大者不尽,自大视细者不明。夫精,小之微也;垺,大之殷也。故异便,此势之有也。夫精粗者,期于有形者也。无形者,数之所不能分也;不可围者,数之所不能穷也。可以言论者,物之粗也;可以意致者,物之精也;言之所不能论,意之所不能察致者,不期精粗焉。是故大人之行,不出乎害人,不多仁恩;动不为利,不贱门隶;货财弗争,不多辞让;事焉不借人,不多食乎力,不贱贪污;行殊乎俗,不多辟异;为在从众,不贱佞谄;世之爵禄不足以为劝,戮耻不足以为辱。知是非之不可为分,细大之不可为倪。闻曰:'道人不闻,至德不得,大人无己。'约分之至也。"

此第三问答,由大小而说到是非,即从宇宙而归之人事,然后知《齐物论》乃所以为《养生主》、《人间世》以至《德充符》廓清涂径,立之根基,穷理即所以尽性,而非如名家之辩者穷极微渺,终不免强于物而弱于德也。_{"强于物、弱于德",语见《天下篇》。}

"是信情乎","情"实也,"信"亦实也。然情实之实,乃言实际理地,其义实;信实之实,仅谓实然与否,其义虚,故用之不同也。

"自细视大者不尽",如观太空不能尽其边际。"自大视细者不明",如观微虫不能辨其毛里。以视有不尽,因谓之至大。视有不明,因谓之至精耳。此洞极理窟之谈,而出以寻常日用之语,使愚夫孺子闻之者无不可以解会。人知庄子之文奇诡恣肆,而不知其朴实说理处乃明白简易如此也。"小之微"者,谓小中之微,犹言小之至。"垺"同郛,谓郛郭,即不可围围字义。"大之殷",谓大之至。"殷"者盛也。"便"读去声。"异便",言大小各有所便。便异则势异,故曰"此势之有也"。"势之有",犹言势之然。"期"如期必之期。"精粗期于有形"者,谓必有形而后可言精粗也。"数"者形之所起,故无形者数之所不能分。"不可围者,数之所不能穷","穷"谓尽也。"可以言论",谓见之语言。"可以意致",谓得之想像。"致",推致也。"意之所不能察致","致"上加"察"字者,《徐无鬼篇》云:"辩士无谈说之序则不乐,察士无凌谇之事则不乐。"意致者,察士之所长,以是为察士之事,故加"察"字以显之也。_{"察士"即名家,见后注。}"不期精粗"者,谓不能必其精粗,即精粗之名,皆不可得而加也。

"大人之行","行"读去声。"不出乎害人",言其利人。"不多仁恩",不以仁恩自多,无仁恩之见存也。"动不为利","为"读去声。"门",门子。"隶",徒隶。"门隶"皆为利而动者,而不贱之,无义利之见存也。"货财弗争,不多辞让",无争让之见存也。"事焉不借人",谓不借人力以从事。"不多食乎力",谓不使食浮于力。皆言其廉也。而"不贱贪污",无贪廉之见存也。"辟"同僻。"僻异"犹言矫异。"行殊

乎俗而不多矫异”，则非有意与俗相违也。“佞谄”谓佞上谄上。为在从众而不贱佞谄，则非有意阿众取悦也。凡此皆任理而动，不独无人己之见存，亦无同异之界隔，故“爵禄不足以为劝，戮耻不足以为辱”也。

“知是非之不可为分”，总结“大人之行”以下文字。“细大之不可为倪”，总结“不期精粗”以上文字。“倪”者端倪，端倪并有极限义，故“不可为倪”犹言不可为限也。

“闻”者，闻诸古圣人也。“道人不闻”，闻道如不闻也。“至德不得”，得德如不得也。“大人无己”，即《消摇游》之至人无己。此变至人为大人者，以论大小发端，对小而言，故曰大也。上言“大人之行”，称大人亦然。“约分之至也”，释所闻三言之义。“分”者性分，与孟子言“君子所性，大行不加，穷居不损，分定故也”之分同。_{“君子所性，虽大行不加焉，虽穷居不损焉，分定故也”，见《孟子·尽心篇》上。}“约”如“约我以礼”之约，_{“约我以礼”，颜子语，见《论语·子罕篇》。谓要约也。要读去声}故此“约分”犹言尽性。尽性而得其要，以至无己，是为“约分之至”也。

河伯曰：“若物之外，若物之内，恶至而倪贵贱？恶至而倪小大？”北海若曰：“以道观之，物无贵贱；以物观之，自贵而相贱；以俗观之，贵贱不在己。以差观之，因其所大而大之，则万物莫不大；因其所小而小之，则万物莫不小；知天地之为稊米也，知豪末之为丘山也，则差数睹矣。以功观之，因其所有而有之，则万物莫不有；因其所无而无之，则万物莫不无；知东西之相反而不可以相无，则功分定矣。以趣观之，因其所然而然之，则万物莫不然；因其所非而非之，则万物莫不非；知尧、桀之自然而相非，则趣操睹矣。昔者尧、舜让而帝，之、哙让而绝；汤、武争而王，白公争而灭。由此观之，争、让

之礼,尧、桀之行,贵贱有时,未可以为常也。梁丽可以冲城,
而不可以窒穴,言殊器也;骐骥骅骝,一日而驰千里,捕鼠不
如狸狌,言殊技也;鸱,夜撮蚤,察豪末,昼出,瞋目而不见丘
山,言殊性也。故曰:'盖师是而无非,师治而无乱乎?'是未
明天地之理、万物之情者也。是犹师天而无地、师阴而无阳,
其不可行明矣。然且语而不舍,非愚则诬也。帝王殊禅,三
代殊继。差其时、逆其俗者,谓之篡夫;当其时,顺其俗者,谓
之义之徒。默默乎,河伯! 女恶知贵贱之门、小大之家!"

此第四问答,因大小而论及贵贱,而断之曰"贵贱有时,未可以为
常也"。提出一"时"字,便将《应帝王》"应"字、《天运篇》"运"字一齐纽
串,要之一《齐物论》之"物化"而已。

"恶至而倪贵贱? 恶至而倪小大?""恶"读同乌,问贵贱小大以何
为端始,故曰"恶至"。言"恶至",犹言奚自也。

"以道观之,物无贵贱"者,道通于万物,行于万物者道也,语见上《天地
篇》。物性平等,本无贵贱可言也。"以物观之,自贵而相贱"者,物我对
立,畛域斯分,则贵己而贱彼,贵贱本起于主观也。"以俗观之,贵贱不
在己"者,贵贱虽起于主观,而一夫唱之,众人和之,以俗之贵为贵,俗
之贱为贱,忘己而从俗,则贵贱由人,故曰"不在己"也。此三者,略等
于《齐物论》之"以明"。以下则《齐物论》"因是"之说也,观其皆以"因"
字发端可知。

"以差观之","差"如今云比较。自小观大,是因其所大而大之,故
曰"则万物莫不大"。自大观小,是因其所小而小之,故曰"则万物莫不
小"。"知天地之为稊米"者,自太虚空观之,世界无量,天地非稊米乎?
"知豪末之为丘山"者,自彼细菌之类观之,微尘刹土,豪末非丘山乎?
"差数睹",犹言差数明也。"以功观之","功"如今云功用。万物皆有
其用处,故曰"因其所有而有之,则万物莫不有"。万物亦皆有其无用

处,故曰"因其所无而无之,则万物莫不无"。置其无用而用其有用,则万物无不可用者,故曰"知东西之相反而不可以相无",无东则无西,无西则无东,亦犹无无用则不见有用之可贵也。"功分定"者,功各有其分际,逾其分际而求之,则功或转为无功,故曰"功分定"。"定",言其有定限也。"以趣观之","趣"如今云趋向。趋向于公者,则其所然必公而后然之。而私者反是。趋向于私者,则其所非凡公必皆非之。而公者反是。故曰"因其所然而然之,则万物莫不然;因其所非而非之,则万物莫不非"。尧为公,<small>为读去声,下句同。</small>桀为私,故尧之所然,桀之所非;尧之所非,桀之所然也。"知尧、桀之自然而相非,则趣操睹"者,所趋向在是,则所操守亦在是,故即其然非而可知其趣操,是之谓"趣操睹"也。

"之、哙",谓燕相子之与燕王哙。哙让其国于子之而顾为臣,三年,国大乱,将军市被与太子平攻子之,围公宫,不克,数月,死者数万人。齐因而伐燕,杀子之,王哙亦死,事见《史记·燕世家》及《孟子》。"白公",楚故平王太子建之子胜也,初随建亡在郑,郑杀建,胜走入吴。惠王立,令尹子西<small>公子申也</small>召胜于吴,以为巢大夫,号曰"白公"。"白",其封邑名也。后六年,白公与勇力死士袭杀子西及司马子期于朝,劫惠王,王亡走昭夫人宫,白公自立为王。月余,叶公沈诸梁自蔡入讨,与国人攻白公。白公入山自缢死,事见哀十六年《左传》与《史记·楚世家》。燕哙让非其人,楚胜争不以道,其绝其灭,似不得归罪于让与争。然使燕哙不让,楚胜不争,则亦不得有绝灭之祸。由是言之,虽谓罪在争让可也。且庄子特假此以明争让之有时,不可执一耳。若其人之贤愚、事之类否,初所不计。不然尧之与桀,岂可相提并论者!此等处固当善体其意,而无泥其文可也。

"丽",栋也,与梁一类,已见前《人间世篇》注。"可以冲城"者,古城皆用土版筑,故用大木可撞陷之也。"窒",塞也。"骐骥骅骝",皆骏马名,别而言之,则"骐"青黑色,文如博棋者,"骅"后世所谓桃花马,

"骊"紫黑色,皆以毛色为之名;"骥"则冀地所产,以地名者也。"狸狌",狸与狌也,见前《消摇游篇》注。"鸱",各本作鸱鸺,然《释文》不出鸺字,曰:"崔云:鸱,鹠鸺。"以鹠鸺释鸱,即鸱下无鸺字,明矣。其作鸱鸺者,盖因误读《释文》而衍,王引之、吴汝纶说皆云然,兹据删。"蚤",今所谓跳蚤。"撮"者,爪取之也。"瞋目"犹怒目,谓目张大也。鸱,夜出之鸟,昼不见物,故曰"瞋目而不见丘山"。"瞋"本或作瞑,盖形似而讹。郭庆藩《庄子集释》乃反疑作"瞑"为是。夫瞑者合目,合目则自不见,又何待言!郭氏亦太不详审矣。曰"殊器"、曰"殊技"、曰"殊性",实则皆为功分作发挥。盖功分之分,即性分之分。知功分之有定,则知性分之有定。三者以言性终,意可知已。

"师是而无非,师治而无乱",两"而"字用与"则"字同,谓以是者为师,则可无非;以治者为师,则可无乱也。"盖"者,大都之辞;或读作盍,非也。不知是不必尽是,是中有非;治不必永治,治中有乱。若必谓是而无非,治而无乱,则是道无变通,而物无改易,则天地亦几乎熄矣,故曰"是未明天地之理、万物之情者也"。夫天之与地,阴之与阳,人知其不可缺一也,故又曰"是犹师天而无地,师阴而无阳,其不可行明矣"。"语而不舍",犹云语而不休。"非愚则诬"者,"愚"为不知,"诬"则知而妄言,自欺以欺人也。

帝者传贤,王者传子,故云"帝王殊禅"。"禅"犹传也。夏尚忠,而殷继之以尚质;殷尚质,而周继之以尚文。故云"三代殊继"。"差其时、逆其俗者,谓之篡夫",如子之、白公是也。"当",合也,读去声。"当其时、顺其俗者,谓之义之徒",如舜、禹、汤、武是也。"默默乎河伯",戒其勿言,而实欲其默识也。"女恶知贵贱之门、小大之家",小大云"家"者,对上"大方之家"言;贵贱云"门"者,对上"至子之门"言。盖于是而一齐扫却矣。

河伯曰:"然则我何为乎? 何不为乎? 吾辞受趣舍,吾终

奈何?"北海若曰:"以道观之,何贵何贱,是谓反衍;无拘而志,与道大蹇。何少何多,是谓谢施;无一而行,与道参差。严乎若国之有君,其无私德。繇繇乎若祭之有社,其无私福。泛泛乎若四方之无穷,其无所畛域。兼怀万物,其孰承翼?是谓无方。万物一齐,孰短孰长?道无终始,物有死生,不恃其成;一虚一满,不位乎其形。年不可举,时不可止;消息盈虚,终则有始。是所以语大义之方,论万物之理也。物之生也,若骤若驰,无动而不变,无时而不移。何为乎?何不为乎?夫固将自化。"

此第五问答,归结到一"化"字,"化"即《齐物论》"物化"之"化"。故曰"物之生也,若骤若驰,无动而不变,无时而不移。何为乎?何不为乎?夫固将自化"。"若骤若驰,无动而不变,无时而不移"者,此天道之运而无所积也。"何为乎?何不为乎?夫固将自化"者,此圣道与帝道之运而无所积也。圣人明于天,因于道,顺其自然而与之变化,是为自化。自化之中,固有许多财成辅相之功在。财与裁同。"财成辅相",见《易·泰卦象辞》。若以自化为听其自然,则是一天道足矣。圣道、帝道何事乎?《阴符经》曰:"圣人知自然之道不可违,因而制之。""因而制之"之因,即《齐物论》"因是"之因。彼言制,此言化者,以"何为乎"言,则曰化;以"何不为乎"言,则曰制,其义未始不同也。世之读《老》、《庄》者,不会《老》、《庄》之旨,每以无为为无所事事,其于自化也亦然,故特著而辩之。

"然则我何为乎?何不为乎?"盖以上言无贵贱、无小大,则行无准的,故疑而发问也。又曰"吾辞受趣舍,吾终奈何"者,"趣"与趋同。物可无贵贱、无小大,而人不能无辞受、无趋舍也。有辞受趋舍,则即有贵贱小大矣。曰"吾终奈何"者,此反诘之辞,与何为、何不为之为问辞者语气有异,不可不知也。

"何贵何贱,是谓反衍"者,贵可反而为贱,贱可衍而为贵。贵贱无常,则贵贱之判泯矣。"衍"与延通,进之义也。"何少何多,是谓谢施"者,多可谢而为少,少可施而为多。多少非定,则多少之判亦泯矣。"谢"者,代谢之谢。"施"者,易施之施,移也,见前《人间世篇》"哀乐不易施乎前"注。"施"古音亦读如拖,故与多、差_{差古音读蹉}叶韵。"无拘而志","无一而行",上句言志,下句言行,盖互文。"拘"犹执也。曰拘曰一,合之则执一也。"而"与汝同。此戒河伯无执一。所以然者,执一则非道,故曰"与道大蹇"、"与道参差"。"蹇"者,阻塞难行。"参差"者,龃龉而不合也。

"严"读俨。"俨乎"犹俨然,言其敬也。"繇繇"与由由同。由由乎,言其和也。"国之有君"、"祭之有社",皆众之所共戴也。故曰"无私德"、"无私福"。"福"谓降福。"德"犹惠也。"泛泛乎",普遍之貌。"四方",言天之所覆也。"无所畛域",无限隔也,此以天之形言。"兼怀万物,其孰承翼",此以天之德言。"兼怀"者,兼在怀抱之中。"承",后承前也。"翼",上翼下也。"孰承孰翼",无上下、无前后也。"翼"与域、福、德叶韵。德福怀,仁也。无私、无畛域,公也。必仁必公,岂无所事事之谓乎!

"是谓无方",结上以起下文。"无方"对"执一"言。执一者死法,无方者活法也。"万物一齐,孰短孰长",重申所以无方之故。"一齐"者,一皆齐也。"道无终始,物有死生,不恃其成","成"者不变也,"恃"犹持也。不持其不变,是一无方也。"一虚一满,不位乎其形","位"犹守也。不守乎其形,是亦一无方也。"年不可举",古举、与字通。"举"如《论语》"岁不我与"之与,言不可与之偕也。人不可与年而偕往,更不能挽之使待我,故又曰"时不可止"。"消息"承"死生"言。息者生而消者死也。"盈虚"承"虚满"言。"终则有始"承"道无终始"言。"消息盈虚"者,物也。"终则有始"者,道也。终而复始,则无终始矣。前屡言"以道观之",即自无终始者观之也。既无终始矣,复何有贵贱多少

哉！故曰"是所以语大义之方，论万物之理也"。曰"大义"，犹曰大理
大道也。

"物之生也，若骤若驰"，是化之速也。"无动而不变，无时而不
移"，是化之密而隐也。于此而能应之不失其机，处之不违其则，方得
谓之与化符，方得谓之自化。然则非夫运而无所积之圣人，其孰能
之！曰"何为乎？何不为乎？"是即无可无不可之深旨，无可无不可，语见
《论语·微子篇》。而乃浅视之、易言之，不亦谬乎！

河伯曰："然则何贵于道邪？"北海若曰："知道者必达于
理，达于理者必明于权，明于权者不以物害己。至德者，火弗
能热，水弗能溺，寒暑弗能害，禽兽弗能贼。非谓其薄之也，
言察乎安危，宁于祸福，谨于去就，莫之能害也。故曰：'天在
内，人在外，德在乎天。'知天人之行，本乎天，位乎得，蹢躅而
屈伸，反要而语极。"曰："何谓天？何谓人？"北海若曰："牛马
四足，是谓天；落马首，穿牛鼻，是谓人。故曰：'无以人灭天，
无以故灭命，无以得殉名。'谨守而勿失，是谓反其真。"

此第六问答。"何谓天？何谓人？"以下，只是上"天人之行"之注
释，故不复分焉。前二问答，言"帝王殊禅，三代殊继"，以及"无所畛
域，兼怀万物"，盖与《应帝王》为近。此云"天人"，言"反真"，则直揭
《大宗师》之要，由外王而复返之内圣，观夫"反要语极"之言亦可见也。

"知道者必达于理"，道者理之总名，理者道之别相。知总而不知
别，则是侗侗而无分析也。"达于理者必明于权"，理者所以观常，权者
所以制变。达常而不达变，则是笃守而无机用也。"不以物害己"者，
役物而不役于物。役于物，则害中于己，此不明于权之过也。"至德"
者，即知道者。上文云："道人不闻，至德不得。"以闻道言，则谓之道
人。以得道言，则谓之至德。其实非有二也。"火弗能热，水弗能溺，

寒暑弗能害,禽兽弗能贼",所谓不以物害己。"非谓其薄之也","薄"犹迫也。《阴符经》曰:"沈水入火,自取灭亡。"是则薄之者,故曰非谓此也。

"言察乎安危,宁于祸福,谨于去就,莫之能害也",安危言察,祸福言宁,盖互文。"宁"为宁静之宁,不以祸福之来而惊扰,是之谓宁。惟宁始能察,亦惟察而后能宁,故用是分言之。郭注云:"知其不可逃也,安乎命之所遇。"训宁为安,大误。若果安之而不避,则无为言"谨于去就"矣。"莫之能害",实由"谨于去就",而"谨于去就",又由"察乎安危,宁于祸福"。一部《周易》,以吉凶悔吝教人,盖全在此,故《系辞传》曰:"刚柔者,立本者也;变通者,趋时者也;吉凶者,贞胜者也。"贞胜云者,谓能以正胜夫吉凶,而非一听吉凶之安排也。其要存乎变通趋时。变通趋时,即此之所谓权。而上二节言时言化,意亦贯注夫此。故此"秋水"一大段文字,直摄取《大易》之精微,而托之海若之口以出之。不通乎《易》,而以寻常安命之说作释,宜其悖也。

"天在内,人在外",此云内外,犹《易·泰卦象传》言"内阳而外阴、内健而外顺、内君子而外小人",谓以天为体而以人为用也。又云"德在乎天"者,应上"至德"为说,以见至德之德即天德之德也。"知天人之行","行"读去声。《大宗师》首云:"知天之所为,知人之所为,至矣。"天人合言,此《庄子》一书之要旨。褚伯秀《南华义海纂微》附有《管见》,乃谓"天"当是"夫",音符。或者更以陈碧虚《阙误》引江南古藏本作"乎",以证褚说之是,不知古藏本"乎"实"天"字之讹,褚氏不详上下文义,欲改"天"作"夫",特一时误见,岂可据以为是乎!下云"本乎天",正承"天"字言。"本乎天",所谓天在内也。"位乎得","得"者中也。_{中读去声}中谓中权,承上"人"字言,所谓人在外也。或以"得"为与"德"通,直解作德,亦误也。"蹢躅"与踯躅字同,犹《养生主》言蹄躇也,盖审慎之义。"蹢躅而屈伸",所谓"谨于去就"也。"反要",犹老子言"归根",亦即下文之"反真"。"要"言其约,"真"言其实也。"语

极"者,极穷尽也。至此则言语之所不能及,故曰"语极",禅师家所谓"言语道断"者也。

注家以"语极"与"反要"为对文,不知"要"可云"反","极"不可言"语"也。郭注云:"常不失其要极。"轻轻将"语"字抹过。成疏云:"所有语言皆发乎虚极。"知"语"字不可抹过矣。然以"语极"解作"语言发乎虚极",不独于义不顺,于文亦不可通。且前有云:"可以言论者,物之粗也;可以意致者,物之精也;言之所不能论,意之所不能察致者,不期精粗焉。"夫至于要,则正言之所不能论,意之所不能察,故曰"语极"。谓言语至是而穷,于本文有明征矣。而奈何注家无一注意及此者,不亦异乎!

"落马首","落"与络同,即《马蹄篇》"刻之雒之"之雒。落、雒皆假借字也。马则络首,牛则穿鼻,随物而施,是因之道也。故"无以人灭天",非谓人可无也,但不之以灭天耳。"无以故灭命",非谓故可无也,但不以之灭命耳。郭注曰:"人之生也,可不服牛乘马乎?服牛乘马,可不穿落之乎?牛马不辞穿落者,天命之固当也。苟当乎天命,则虽寄之人事,而本在乎天也。"推子玄之意,殆以庄子有是天非人之心,而以落马首、穿牛鼻为即灭天灭命,故乃宛转为说,冀以弥缝庄子之失,而杜责难者之言。实则庄子无此心也。若果有是心也,则必不曰"天在内,人在外"矣,亦必不曰"知天人之行",而以天人相提并论矣。吾尝怪荀子言"庄子蔽于天而不知人"未能真知庄子之学。庄子特以当时人知日强,而天知日损,故发为"无以人灭天,无以故灭命"之论,以指其过而矫其偏,此其救世不得已之苦心。以子玄深入庄子之室而尚有误会其旨者,则宜乎后之学者疑庄子为欲尽废人事而返之洪荒者矣。

"无以得殉名","得"即上"位乎得"之得,"名"为形名之名,非名誉之谓也。"殉名",则守常而不知通变。守常而不知通变,则不得矣,故曰"无以得殉名"也。《齐物论》曰:"唯达者知通为一,为是不用而寓诸庸。庸也者用也。用也者通也。通也者得也。适得而几矣,因是已。"

此两言得,皆根《齐物论》"通也者得"而言,与"德本乎天"之德,一言体,一言用,不容混也。"谨守而勿失"者,守夫"天人之行"而内外之判也。若是则即用即体,人与天合,故曰"是谓反其真"。或解作守此"无以人灭天"之三言者,亦未然也。

夔怜蚿,蚿怜蛇,蛇怜风,风怜目,目怜心。夔谓蚿曰:"吾以一足趻踔而行。予无如矣。今子之使万足,独奈何?"蚿曰:"不然。子不见夫唾者乎?喷则大者如珠,小者如雾,杂而下者不可胜数也。今予动吾天机,而不知其所以然。"蚿谓蛇曰:"吾以众足行,而不及子之无足,何也?"蛇曰:"夫天机之所动,何可易邪?吾安用足哉!"蛇谓风曰:"予动吾脊胁而行,则有似也。今子蓬蓬然起于北海,蓬蓬然入于南海,而似无有。何也?"风曰:"然。予蓬蓬然起于北海,而入于南海也。然而指我则胜我,鳍我亦胜我。虽然,夫折大木,蜚大屋者,唯我能也。故以众小不胜为大胜也。"为大胜者,唯圣人能之。

此节发明天机之用,亦即发明权之用也。何以知其为发明权之用?权之用,在夫"谨于去就",莫之能害而已,此云"以众小不胜为大胜"。衡夫大小之间,去小而就大,是以物莫能胜,非权之大用乎!然发明权之用,而先之以天机者何?权之用在不测,不测之谓神;若有心而用之,不窒则险,其能中者鲜矣,更何神之云!夫天机者,无心也。故此文言"风怜目,目怜心",而文至于风而止,于目于心更不著一字,盖有深意焉。将以不见之见言目,无心之心言心,此非言语文字所可为也,故留此一空白,以待读者之自参,而又虑夫读者不能会及此意也,因于上文下一语,曰"予动吾天机,而不知其所以然"。知权之出乎天机而不知其所以然,则知夫以机变巧诈为权,以行险侥幸为权者之

徒,冒乎权之名,而实为权之贼也,故卒曰"为大胜者,唯圣人能之",明夫唯圣人为能用权,非他人所可得而伪托也,此庄子之微意也。

"夔",如牛,无角而一足,见《山海经·大荒东经》。"蚿",马蚿,虫之多足者,俗亦谓之百足。"怜",爱羡也。"趻踔"与踸踔同,行不安也。"无如"为无如何之省。言一足而难使已如此,故于蚿之使万足,而问其独奈何也。蚿足不能及百,而云万足者,极言其多耳。"唾"犹㘞也,谓以口含水而喷之,故下云"喷则大者如珠,小者如雾,杂而下者不可胜数也",若以咳唾之唾解之,则误矣。"胜"读平声。"数",算也。"不可胜数",谓算之不能尽也。"今予动吾天机",指动其众足,犹《齐物论》"蛇蚹蜩翼"之说,故曰"不知其所以然"。天机之所动何可易者,天机虽一,而其动不同,则不得以彼易此,是盖与《骈拇篇》云"性长非所断,性短非所续"一意,故曰"吾安用足也"。"动吾脊胁而行,则有似"者,脊胁非足,而动之以行,犹有类夫足者,故曰"有似"也。"蓬蓬然"者,风起则蓬随之而飞转。风无形,不得不假有形者以状之,故云"蓬蓬",成疏云"尘动貌",近之。又曰"风声",则非也。"似无有"者,似无物也。"鰌",《释文》云"本又作踏",踏与蹴同,鰌其假借字也。"指我则胜我,蹴我亦胜我",言有手指足蹴者,风不与之争也。若夫大木大屋,则折之、蜚之,唯风为能矣,故曰"以众小不胜为大胜也"。风之言止此。"为大胜者唯圣人能之",此因风之言而推及圣人,见圣人用权之不测,亦如风之无物。缴此一笔,文便收煞,则知不言目心非遗脱矣,而姚惜抱《庄子章义》必以为此文有残缺,何哉!"蜚"与飞通。

孔子游于匡,宋人围之数匝,而弦歌不惙。子路入见,曰:"何夫子之娱也?"孔子曰:"来,吾语女!我讳穷久矣而不免,命也;求通久矣而不得,时也。当尧、舜而天下无穷人,非知得也;当桀、纣而天下无通人,非知失也。时势适然。夫水

行不避蛟龙者,渔父之勇也;陆行不避兕虎者,猎夫之勇也;白刃交于前,视死若生者,烈士之勇也;知穷之有命,知通之有时,临大难而不惧者,圣人之勇也。由处矣,吾命有所制矣。"无几何,将甲者进,辞曰:"以为阳虎也,故围之。今非也,请辞而退。"

此举孔子匡国之事,以为"察乎安危,宁于祸福,谨于去就,而莫之能害"之榜样也,盖紧承上节"为大胜者唯圣人能之"而言,故不曰圣人之权,而曰圣人之勇。《易·系辞传》曰"巽以行权",而《巽卦象传》则曰"刚巽乎中正而志行,柔皆顺乎刚,是以小亨"。又初爻,其主爻也,其辞曰:"进退,利武人之贞。"以是观之,则行权虽用柔,而刚武实主之。此文引孔子之言,由智而归之于勇,其意正与《易》合,以是知庄子于《易》深矣。

"孔子游于匡","游"非游玩之谓。古者学于异国曰游学,仕于异国曰游宦,故子曰"父母在,不远游;游必有方"。见《论语·里仁篇》"游"者,适于异国之辞也。《论语》亦有"子畏于匡"之言。畏者,有戒心也。见《子罕篇》。"有戒心",乃朱子注语。《史记·孔子世家》云:"去卫,将适陈,过匡,颜刻为仆,以其策指之曰:'昔吾入此,由彼缺也。'匡人闻之,以为鲁之阳虎;阳虎尝暴匡人。匡人于是遂止孔子,孔子状类阳虎,拘焉。"曰畏、曰止、曰拘,即此所云"围之数匝"。"匝",周也。惟司马彪注云:"宋当作卫。匡,卫邑。"注家多从之。而司马贞《史记索隐》则云:"匡,宋邑也。"考卫与宋为邻国,当时疆场之邑,一彼一此,语见昭九年《左传》所属不常,亦即难定指以为属卫,当依本文作宋,无为率改也。"惙"借作"辍",止也,故《释文》云"本又作辍"。

"子路",孔子弟子仲由也。"见"音现,见于孔子也。"娱",乐也。"讳",忌也。"穷",困也。"通",泰也。命与时对言,则此命谓所遭之会,古人云遭命者是也。尧、舜之时,人各得尽其才,故曰"无穷人"。

桀、纣之时,人不得遂其业,故曰"无通人"。"知得"、"知失"两"知"字皆读同"智"。"时势适然",然指穷通言,穷通由于时势,不关智力,故曰非知得知失也。"蛟",龙属而无角。"兕",今所谓河马也,滇、越交界处尚有之。"由处矣"者,"处",止也。盖子路欲与匡人斗,故孔子止之。"吾命有所制矣",言命制自天,不在匡人也。《论语》曰:"文王既没,文不在兹乎?天之将丧斯文也,后死者不得与于斯文也。天之未丧斯文也,匡人其如予何!"命有所制,盖是之谓。

"无几何",无几时也。"将甲",《释文》云:"本亦作持甲。"将、持一义。围时著甲,今解围,故脱甲而持之,以示不战。"进辞"者,进而辞谢也。孔子履危而安,履险而夷,此所谓"莫之能害"也。故老子亦曰:"善摄生者无死地。"

公孙龙问于魏牟曰:"龙少学先王之道,长而明仁义之行;合同异,离坚白;然不然,可不可;困百家之知,穷众口之辩。吾自以为至达已。今吾闻庄子之言汒然异之。不知论之不及与?知之弗若与?今吾无所开吾喙,敢问其方。"

公子牟隐机大息,仰天而笑,曰:"子独不闻夫坎井之鼃乎?谓东海之鳖曰:'吾乐与!吾跳梁乎井榦之上,入休乎缺甃之崖;赴水则接腋持颐,蹶泥则没足灭跗;还虷蟹与科斗,莫吾能若也。且夫擅一壑之水,而跨跱坎井之乐,此亦至矣。夫子奚不时来入观乎!'东海之鳖左足未入,而右膝已絷矣。于是逡巡而却,告之海曰:'夫千里之远,不足以举其大;千仞之高,不足以极其深。禹之时,十年九潦,而水弗为加益;汤之时,八年七旱,而崖不为加损。夫不为顷久推移,不以多少进退者,此亦东海之大乐也。'于是坎井之鼃闻之,适适然惊,规规然自失也。且夫知不知是非之竟,而犹欲观于庄子之

言,是犹使蚊负山、商蚷驰河也,必不胜任矣。且夫知不知论极妙之言而自适一时之利者,是非坎井之鼃与? 且彼方跐黄泉而登大皇,无南无北,奭然四解,沦于不测;无西无东,始于玄冥,反于大通。子乃规规然而求之以察,索之以辩,是直用管窥天、用锥指地也,不亦小乎! 子往矣。且子独不闻夫寿陵余子之学行于邯郸与? 未得国能,又失其故行矣,直匍匐而归耳。今子不去,将忘子之故,失子之业。"公孙龙口呿而不合,舌举而不下,乃逸而走。

此文东海之鼃一段,纯为摹拟海若口吻而作,故当是庄子门下文字搀入之者。"公孙龙",辩者之魁,《齐物论》中尝引用其指非指、马非马之说,而发为天地一指,万物一马之论,虽《天下篇》讥其为辩者之囿,要亦道术之散,自为一家。彼方且与庄子争鸣于时,安有闻魏牟之言,"口呿而不合,舌举而不下,乃逸而走"者乎! 诬诋如是,不过欲力尊其师,而不知实悖乎其师之意也。"龙",赵人,尝为平原君客。《史记·孟子荀卿列传》云:"赵亦有公孙龙,为坚白异同之辩。"是龙为赵人无疑。"魏牟",魏公子牟也,故下文亦称公子牟。《让王篇》云:"魏牟,万乘之公子也,其隐岩穴也,难为于布衣之士,虽未至乎道,可谓有其意矣。"意牟亦负一时之盛名者,故假其言以抑龙而扬庄也。

同异坚白,然不然、可不可,注并已见前。"百家之知","知"读智,下"知之弗若"亦同。"达",通也。"汒然"犹茫然。"异",怪也。"无所开吾喙","喙",口也,谓开口不得。"敢问其方",问所以解之之术也。

"机"同几。"大"读太。"大息",叹声也。"仰天而笑",笑之甚也。"坎井",井之陷者。"鼃"本又作蛙,古今字也。"鳖"亦作鳖。"乐与"之"与"读欤。"跳梁",见《消摇游》注。或曰跳梁即跳踉也。"井榦",井栏也,古以木为之,故曰榦曰栏,皆从木。"甃",井壁砖也。井已坏,故曰缺甃,言残破也。"崖"同涯。"接"与挟通。"接腋",挟其两腋也。

"持"，承也。"颐"，颔也。"持颐"，以前肢承其颔也。此写鼋游泳之状，亦可谓维妙维肖矣。"蹶"如"材官蹶张"之蹶，"材官蹶张"，见《史记·申屠嘉传》。踏也。"跗"读同蹼，趾间幕也。"没"、灭一义。"还"音旋，顾也。"蚷"，蚧蛤之属，故与蟹并称；旧以为井中赤虫，非其伦矣。"科斗"即鼃之子。"莫吾能若"，无能如我之乐也。"擅"谓专有之。"堑"，坑也。"跨跱"犹盘踞也。"且夫"至"之乐"十四字当作一句读。"此亦至矣"，谓乐之至也。"奚不时来入观"，欲其及时而来观。

"左足未入而右膝已絷"者，言井小不足以容。"絷"者绊也。"逡巡"，不进貌；"却"，退也；合之则谓倒退。"告之海"，以海之大告之也。"极其深"，穷其深也。"潦"同涝，雨大而水淹也。"旱"，不雨。"崖"，岸也。"水弗为加益"，"崖不为加损"，两"为"字皆读去声，因也。"顷久"犹久暂。"推移"谓改变。"多少"，言雨水多少也。"进退"即谓益损。"适"音敌，"适适"犹切切也。"规规"，局促也。"自失"，不自得也。

"知不知是非之竟"，上"知"读智，下"知"如字；"竟"谓究竟，或解作境，非也。"是非之竟"，即下文所云"极妙之言"。非平常是非之域所限，故谓之曰"竟"，犹云其至也。"使蚊负山"，语本《应帝王》。"商蚷"，司马彪注云："虫名，北燕谓之马蚿。"然则商蚷即上文夔怜蚿之蚿，蚿也而谓之商蚷，此亦与上文非出一手之证也。"蚷"，陆地之虫，而使之驰于河上，鲜有不溺者，故与使蚊负山同谓之不胜任也。"胜"读平声。"自适一时之利"，谓取一时之便也。

"跐"，蹈也，今俗用踹字，读如柴之上声。"黄泉"，地深处，今所云地下水层也。"大"读如太。"皇"者，皇天之皇。"太皇"，天高处。"跐黄泉而登大皇"，犹《刻意篇》言"精神上际于天、下蟠于地"也。"奭然"，盛貌。"沦"犹入也。"奭然四解"言其充，"沦于不测"言其密，"始于玄冥"言其微，"反于大通"言其远。"无南无北"、"无西无东"，犹《刻意篇》言"四达并流，无所不极"也。"无西无东"，各本皆作"无东无

西",王念孙云:"北、测为韵,东、通为韵,东、西字误倒。"是也,因据改。
"索"亦求也。察以心言,辩以口言,故辩士亦谓察士,《荀子·不苟篇》
曰"说不贵苟察",即指惠施、邓析所谓名家者言之,两相勘比,可知当
时言察之义矣。"用管窥天",不能见天之大也;"用锥指地",不能量地
之大也,故曰"不亦小乎!"

"寿陵",地名,成疏云"燕邑",或有所据。"邯郸",赵之都也。"余
子",孟子所谓余夫,盖未成丁之少年也。"学行",他书引用皆作学步,
言步言行,一也。"国能",犹云一国之能。"故行",谓旧行也。"匍
匐",伏地而行。"直匍匐而归"者,极言其不堪也。"呿"读去之平声,
张口也。"举",上也。"逸"犹逃也。

案《列子·仲尼篇》云:公子牟悦赵人公孙龙,乐正子舆之徒笑
之,谓公孙龙佞给而不中,_{中读去声}漫衍而无家,好怪而妄言。公子牟
曰:"智者之言,固非愚者之所晓。"又曰:"子不谕至言_{谕同喻}而以为尤
也,尤其在子矣。"_{文多节略}似此,魏牟方盛推崇龙,与此文乃大相反。
《列子》虽出晋人纂辑,而所据亦先秦古籍,非其私撰。由是言之,则此
文不独诬庄子,亦且诬魏牟矣,吾所以始终于此文无取焉。

庄子钓于濮水。楚王使大夫二人往先焉,曰:"愿以竟内
累矣。"庄子持竿不顾,曰:"吾闻楚有神龟,死已三千岁矣,王
巾笥而藏之庙堂之上。此龟者,宁其死为留骨而贵乎? 宁其
生而曳尾于涂中乎?"二大夫曰:"宁生而曳尾涂中。"庄子曰:
"往矣! 吾将曳尾于涂中。"

此庄子之"谨于去就"也。原文当直接孔子匡围之后,以见己与孔
子虽出处不同,而"察乎安危,宁于祸福,莫之能害",则一也。"濮水",
在今山东濮县,庄子时隐于此。"楚王",楚威王也。《史记·庄子列
传》云:"威王闻庄周贤,使使厚币聘之,许以为相。"此言"愿以竟内

累"，"竟"同境，盖即指为相事。使二人往先者，先往宣示此意也。

"持竿不顾"，"竿"，钓竿；言不为之动也。"不顾"，如今云不理睬。"神龟"，谓用以占卜、决事如神者。"巾笥"，包之以巾，藏之于笥也。"庙堂"，宗庙之堂。"宁"者愿辞。"涂中"，泥涂之中。言为龟计者，愿贵而死乎？愿困而生乎？"吾将曳尾于涂中"，喻贫困可以远害也。《史记》所载庄子语与此不同，而云："子亟去无污我。"即此"往矣"之言。又云："我宁游戏污渎之中自快。"与此言"曳尾涂中"亦略仿佛。盖史公采之他书，故与此文不尽合也。

惠子相梁，庄子往见之。或谓惠子曰："庄子来，欲代子相。"于是惠子恐，搜于国中，三日三夜。庄子往见之，曰："南方有鸟，其名为鹓鶵，子知之乎？夫鹓鶵发于南海，而飞于北海，非梧桐不止，非练实不食，非醴泉不饮。于是鸱得腐鼠，鹓鶵过之，仰而视之曰'吓！'今子欲以子之梁国，而吓我邪？"

以庄、惠相交之厚，惠子岂有不知庄子之轻视万乘者，而乃疑其欲夺之相位乎？且云"搜于国中三日三夜"，使搜而得之，而庄子果有相梁之意，将遂加害于庄子乎？惠子虽贪恋相位，谅必不至此，然则搜之何为？即此亦可知其为虚构矣，吾故断以为庄子之徒造为此文，而以附入之者。且以此列于下文庄、惠问答之前，殊觉不类，欲径删之，而格于体例，有所未可，幸读者能知其意，是所望焉。

"搜"，大索也。庄子，宋人，于梁为南，故以南方之鸟设喻。"鹓鶵"盖鸾凤之类，《诗·大雅·卷阿》之篇曰：卷读如拳"凤凰于飞，于彼高冈。梧桐生矣，于彼朝阳。"此云鹓鶵非梧桐不止，盖本诸此。"练"同楝，今谓之苦楝，其实如小铃，可用以练丝，故谓之练。《淮南子·时则训》"七月，其树楝"，高诱注云："其实凤皇所食。"是也。成疏以练实为竹实，注家多从之，非也。"醴泉"，甘泉也，《小戴礼记·礼运篇》曰

"天降膏露,地出醴泉",言难得也。"腐鼠",死鼠也。"鹓鶵过之",过其上也。故鸱仰而视之曰"吓"。"吓"者,恐其夺己,故怒其声以惊去之也。《大雅·桑柔》之篇曰:"反予来吓。""吓"一作"赫",郑笺:"以口距人曰吓。"今鸱之鸣声正类此,因借此字以形之,"欲以子之梁国吓我"者,比梁相于腐鼠,言岂将亦如鸱之向鹓鶵作此吓声乎?

　　庄子与惠子游于濠梁之上。庄子曰:"儵鱼出游从容,是鱼之乐也。"惠子曰:"子非鱼,安知鱼之乐?"庄子曰:"子非我,安知我不知鱼之乐?"惠子曰:"我非子,固不知子矣;子固非鱼也,子之不知鱼之乐,全矣。"庄子曰:"请循其本。子曰'女安知鱼乐'云者,既已知吾知之。而问我,我知之濠上也。"

　　此节与上"夔怜蚿"节相应。言"鱼乐"者,即言天机也。《中庸》说"君子之道费而隐",引《诗》云:"'鸢飞戾天,鱼跃于渊。'言其上下察也。"朱子注曰:"子思引此诗,以明化育流行、上下昭著,莫非此理之用,所谓费也。"又引程子之言,曰:"此一节子思吃紧为人处,活泼泼地。"庄子此文盖即《中庸》引《诗》之意,正所谓"化育流行、上下昭著",与夫"活泼泼地"者也。

　　"濠",水名,在今安徽凤阳县北,有庄子墓在焉。"梁"者,以石绝水,后世所谓堰也。"儵"借作鯈,读如条,今俗谓之苍条鱼,身窄小而有条文,故名。"从容",自得之貌。前文云"蹢躅而屈伸",从容与蹢躅、屈伸意亦相近,盖得之天者,必不迫切。迫切惟勉强为然,此天与人之别也。向来读者于"从容"字多忽略过去,不知鱼乐正从其从容处体勘得来,故为指点出之。

　　《天下篇》举惠施之说有曰:"泛爱万物,天地一体也。"以是言之,则人鱼同体,安得有"子非鱼,安知鱼之乐"之言乎!而施云然者,盖以胜人为心,亦遂自悖其宗旨而不觉矣。"子之不知鱼之乐,全矣"者,谓

311

即我不知子之言,足证子之不知鱼之乐。"全",言其不可破也。"请循
其本","循",从也。"本",指首先发问之辞。"既已知吾知之",当读
断。"而问我"句,连下"我知之濠上也"成文。"知之濠上"者,谓即其
出游从容而知之。濠上濠下,同是一片天机。鱼乐人亦乐,岂有间哉!
知此,则知反要、反真矣,故以此终篇焉。